現代産業社会の展開と科学・技術・政策

兵藤友博 著

人類社会形成の新しい時代に向けて

Industrial Civilization
Human Society
Science,
Technology and Policy

晃洋書房

まえがき
──新展開の一方で混迷を深める現代産業社会──

　世界の19世紀以降の GDP の推移によれば，日本を含む中国，インド，その他のアジアの GDP シェアは，19世紀前半は過半を占めていた．しかし20世紀前半にかけて減らし，その一方で，欧米は拡大させた（図1-4，p.8参照）．こうした歴史的変動の背景には，欧米諸国によるかつての帝国主義的な植民地政策によるアジア・アフリカ等の諸国に対する抑圧がある．また，従来の農業を主とする産業活動に加えて，イギリスで始まった産業革命がまずは欧米諸国を中心に拡がり，産業構造を転換させてきたことが基底となっている．

　生産力の増大の礎となる産業技術を先取りした欧米諸国が19世紀から20世紀にかけて GDP を伸ばした．とはいえ，20世紀後半になると，日本を含むアジア諸国は拡大させている．依然として欧米の比重が大きいものの，20世紀後半は世界の産業活動の転換期である．

　2022年に世界の人口は80億人に達したという．世界の人口は，産業革命期の1800年に10億人，1900年に16億人，1950年に25億人程度で（国連経済社会局人口部「世界人口推計　2022年改訂版」），特に急増したの20世紀後半以降である．この人口問題で留意すべきは，産業革命で先行した欧米諸国は，人口割合は10数％で相対的に少ない．それに対して世界の GDP に占める割合は半分近くを占め，経済的富は欧米諸国に偏っている．つまり，人口の偏在は GDP のシェア，すなわち経済的富の偏在とは整合していない．近年，新興国・途上国の経済は伸長しているが，「南北問題」は依然として解消していない．やがてアジアのみならず，アフリカを含む国々で産業活動が進展していけば，南北問題は解決することになろうか．そうであるならば，資本と技術が移転し生産力が根付くことは意義がある．

　問題はこれだけでない．周知の地球環境問題は脱炭素を焦点化しているが，地球温暖化は気候変動のうちの大気圏をとらえたもので雪氷圏や海洋圏などの問題がある．「気候変動に関する政府間パネル」（IPCC：Intergovernmental Panel on Climate Chang）によれば，雪氷圏の減退，氷床の消失，永久凍土の融解などだけでなく，海面水位の上昇，海の貯熱量に伴う昇温，海洋熱波の増加，海洋の酸性化・貧酸素化などが進行し，生態系の変化・破壊にともない生

物種に大きな影響をもたらしているという.

　それだけではない. 産業化・都市化に伴う開発が地球的自然を減退させている. 直接的には資源採掘にともなう過度な原生林の伐採・原野の開発をはじめとして熱帯雨林や針葉樹林の乱伐, 川砂・海砂の無法な採取など, 19世紀後半以降の重化学工業化の進展は, 地下資源依存型の製造業, エネルギー多消費型産業を世界各地に拡散させた. だが, それは同時に地球環境問題を必然化させる道筋でもあった. しかも, 資源枯渇までの猶予はさほど遠くないと指摘されている.

　「人新世」なる地質年代の提起がなされている. これは人類社会が行き着いた現代産業社会のあり方が, 地球地質年代に確かな痕跡とまでなっていることを示すものだ. 地球的自然が限界点に接近し, あえいでいる, そうした事態の警告を発しているものといえよう.

　本書では, 文明を起点とする産業化・都市化, 産業革命に由来する産業経済の拡大, ことに20世紀から21世紀にかけて急速に世界化した重化学工業化は地下資源採掘問題と共に地球環境問題を引き起こした. そして, 産業化を規定とした二つの世界大戦, 国民国家間のブロック経済化と軍産複合体の常態化, その象徴は核兵器であるが, 今日, AI 技術の進歩の一方で, 感染症の蔓延など, 人類社会は複層的な課題を抱えるに至っている. 対処の仕方を間違えれば, 人類絶滅を招く複合危機の時代を迎えているともいえよう.

　こうした現局面を前にして人類社会はどう立ち向かうのか, その姿勢, 態度が問われている. 本書は, これらの現代産業社会の問題を, "科学・技術と社会", "科学・技術政策" の部面から考察するものである.

　2023年 8 月

　　　　　　　　　　　　　　　　　　　　　　　　著　　　者

目　　次

第 I 部

現代産業社会と科学・技術

　第 I 部では，20世紀から21世紀かけての現代の産業技術が抱えている問題を取り上げる．現代の産業は，今日，情報通信技術との連携を深めているものの，その本体はものづくりの根幹を担う重化学工業であり，その原材料の多くは地下資源に依存している．しかもこれを構成する産業技術は大量生産方式を原理とし，重厚長大な構成となっている．それがゆえに，エネルギー多消費型産業と化して，今日の地球環境問題を必然化している．

　20世紀から21世紀にかけての地下資源依存型の重化学工業化と人口の急増は，人類社会の歴史の中でも特異な世紀となっている．現状では大量生産ゆえに流通・消費・廃棄もおびただしいものになっている．大量生産方式の原理とその実態との見極めが欠かせないが，あわせて近年伸長する軍民両用（デュアルユース）技術の実際について，事例を上げて検証する．また，日本のかつての「高度経済成長」とは産業技術的に見て何だったのか，この点について検討する．どちらにしても，地下資源依存型，言い換えれば自然収奪型の産業技術から脱却し得ていない事態にあるが，この点に関して考察を加える．

第1章
産業経済社会の現局面に見られる諸問題と
科学的・技術的解決の可能性

　現代の産業経済はどういった状況におかれているのか．今日の産業では情報通信産業の隆盛が目に付くが，その根幹は，19世紀後半から発達してきた鉄鋼，電力，化学を基幹産業とする重化学工業である．端的に指摘すれば，その素材が示すように地下資源依存性の強い産業で，今日，この種の生産活動が世界に展開し，莫大な原燃料を掘削し，素材生産を進め，さまざまな耐久消費財を大量に製造している．その結果，消費・廃棄を大量に発生させ，地球環境問題を引き起こすに至っている．このような事態に至っている産業経済をマクロ的に検証し，人類社会が問われている課題について考える．

1　産業活動はこれまで地球環境にどのような負荷，歪みをもたらしたのか

　日本の産業活動に投入される総量はどの程度であろうか．環境省「環境白書・循環型社会白書・生物多様性白書」によれは，2018年度15.49億トンであるという．この総物質投入量を2000年度21.34億トンに比すると約7割にまで減じている．この減少は省資源化もあろうが，それだけでなく国内産業の海外展開，そして国内の産業の収縮を反映している．とはいえ蓄積純増（耐久消費財の保有，社会インフラ整備等），エネルギー消費・工業プロセス排出は依然として大きなウエイトを占めている．なお，廃棄物の循環利用量が1割程度増加しリサイクルが進んでいるが，メインテナンスやリユース，リデュース（資源節約，廃棄縮減）を行うことも大切である．
　ここで指摘しておきたいことは，近年の環境白書には資源採掘，建設工事にともなう「隠れたフロー」が示されなくなっていることである．これは，地下資源・海底資源等の採取，それにともなう捨石・不用鉱物の堆積・放置や地盤や河岸・海岸の崩落，大地の浸食，さらには森林の間接伐採，建設工事に伴う掘削，及び家畜の飼料捕集にともなう草地・牧場等による自然の収奪によるも

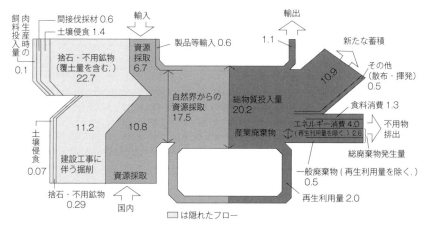

図1-1　日本の物資収支（1998年）

（注）　水分の取り込み（含水）等があるため，産出側の総量は総物質投入量より大きくなる.
（資料）　各種統計により環境庁試算.
（出所）　環境省「平成12年版　図で見る環境白書」.

　のである．これは生産活動に直接利用されるものではなく，副次的に大地や森林などが改変（壊変）されることから「隠れたフロー」といわれる．図1-1の数値はかつての日本の物質収支（1998年）に示されている「隠れたフロー」のものであるが，産業活動に投入される総物質投入量の1.7倍という莫大な量ものだということである．

　どちらにしても，これらの総物質投入量と隠れたフローとをあわせた総量は，日本だけで50数億トンにも達し，これらを日本の GDP シェアの世界における相対的割合から考えると，世界的には数100億トン程度の物質が地球上で毎年，資源採取や森林伐採，建設工事等で，地球が改変されていることになる．地球環境問題というと，CO_2などの大気汚染が近年注目されるが，重金属，プラスチックごみ等による土壌・海洋汚染はもちろんのこと，「隠れたフロー」による地球そのものの自然改変による破壊が進んでいることに留意する必要がある．この産業活動の物質収支は，今日の生産活動，産業経済社会が地下資源依存型になっているという構造的問題が抱えていることを示している．

　そしてなお，指摘しておかなくてはならないことは，こうした構造的問題を内包した産業活動が，先進国・新興国を中心に大量生産方式を基礎に，しかも売上・利益拡大路線にこだわり，過剰な設備投資だけでなく需要を先に見越し

た積極的な開発投資による行き過ぎた開発，そしてまた耐久性を見切った「使い捨て」製品の製造が進められていることである．そして，途上国は，資源を輸出し完成された産業製品を輸入する枠組みから抜け出せず，南北問題から脱却できえないでいる．どちらにしてもこうした路線が続く限り，自然環境を破壊するという現代の産業文明の基本問題は解決されえない．

　周知のように，2015年パリ協定（第21回気候変動枠組条約締約国会議 COP21）が採択された．日本はのちに批准したものの，当初消極的でルール作り参加しなかった．アメリカはトランプ政権時代，パリ協定から離脱，2021年バイデン政権誕生で参加表明をした．2021年には COP26 が開催された．だが，石炭火力発電が問題となる中，日本政府はその廃止の署名に参加しなかった．石炭火力に固執しているとして，環境 NGO は日本に再び「化石賞」受賞国に選んだ．

　なお，注意しなくてはならないことは，温室効果ガスは二酸化炭素だけではない．水蒸気をはじめとして，メタンやオゾン，一酸化二窒素，フロンなどもある．気候変動寄与は，確かに二酸化炭素が6割から7割程度を占めているが，メタンは15%程度，一酸化二窒素は6％程度，フロンは2％程度であると指摘され，これらの排出も要注意である．

2　20世紀後半の特異性「地下資源依存型の大量生産・流通・消費」をめぐって

　先ほど見たように，産業革命を契機として19世紀後半，そして大量生産が本格化した20世紀，GDP は急拡大し，人口も急増した．すなわち生産活動は，ことに20世紀後半の急拡大によって大量の資源投入が行われるようになった．すなわち世界の鉱物生産量，具体的に言えば石炭・石油・天然ガス，鉄鉱石，亜鉛，銅，鉛，ニッケルなど，どれもこれも素材は地下資源由来のものである．

　たとえば，鉄鋼は，その半分が建設資材，もう半分は自動車鋼板や家電本体に用いられているといわれている．実際，日本の自動車生産や家電製品普及率と生産推移（図1–3）は，20世紀後半になって，これらの耐久消費財の製品を形づくる製品に右肩上がりで利活用されている．要するに，こうした耐久消費財の生産をまかなうために，川上にあたる素材生産も大量生産となる．

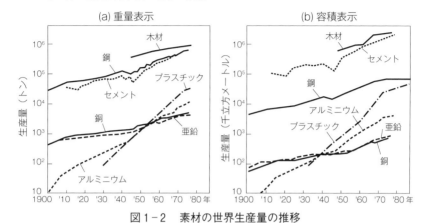

図1-2　素材の世界生産量の推移

（出所）　W. F. Duckworth, "Future Metal Strategy," The Metals Soc., London 1980, p. 156.

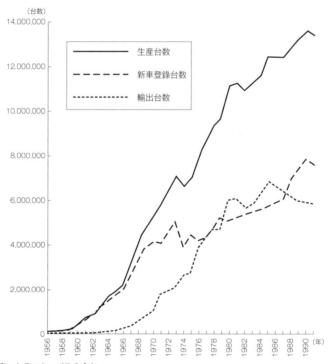

（注）　乗用車，トラック，バスを含む.
（出所）　日本自動車工業会編『主要国自動車統計』1978，1992年版を基に筆者作成.

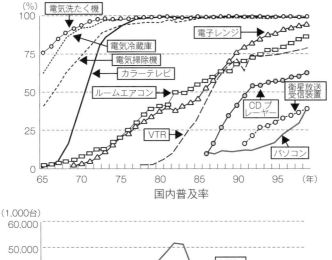

国内普及率

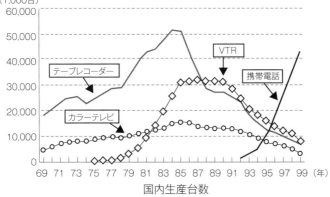

国内生産台数

図 1-3 20世紀後半における日本の自動車生産台数, 主な家電製品の普及率, 生産台数

（注） 国内生産台数は 3 期移動平均値.
（出所） 経済企画庁「消費動向調査」, 経済産業省「機械統計年報」よりを基に筆者作成.

　確かに, 日本の家電産業はかつての勢いはなく陰りを見せているが, 日本の自動車産業は今日でも依然として世界的に高い地位を占めている. このような地位の根底には, 1960年代, 1970年代の成長, その延長線上に位置する, 国内生産とその海外輸出の一方で, 円高ドル安の変動為替相場制下での生産拠点の海外展開を図り, 大規模生産を世界に広げ, こうした展開を構造化させている.

　今日の状況は, 中国の経済の開放にともない, 中国市場は「世界の工場」と化すまでに至っている. 下記は2019年の生産台数であるが, 中国市場を筆頭と

表1-1　2019年4輪車生産台数

国・地域	台数		国・地域	台数		国・地域	台数	国・地域	台数
7 ドイツ	3,515,488	2	アメリカ	10,892,884	1	中　国	25,750,650	アフリカ計	1,113,651
9 スペイン	2,822,632	12	カナダ	1,916,585	3	日　本	9,684,507	世界合計	92,183,011
10 フランス	2,175,350		北米計	12,809,469	4	インド	4,524,366		
EU 計	18,002,188	5	メキシコ	4,013,137	6	韓　国	3,950,614		
CIS 計	2,076,566	8	ブラジル	2,944,988	11	タ　イ	2,013,710		
欧州合計	21,575,118		中南米計	7,350,932		アジア計	49,333,841		

（注）　アミ掛けの欄の数字は生産台数の順位を示す.
（出所）　日本自動車工業会.

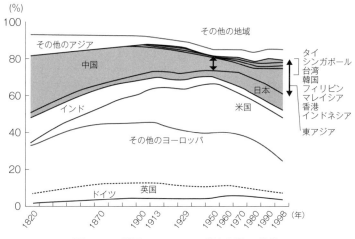

図1-4　世界の GDP の19世紀以降の推移

（注）　GDP は1990年ゲアリー＝ケイミス・ドル表示.
　　　　上記資料で各国・地域ごとに統計が掲載されている年が異なるため，便宜上，共通して掲載されている年
　　　〈1820, 1870, 1900, 1913, 1929, 1950, 1960, 1970, 1980, 1990, 1998年〉をグラフにプロットし，その間
　　　の期間は直線で結んだ.
（資料）　①　1949年までのデータ；Angus Maddison（1995）『世界経済の成長史　1820～1992年』東洋経済新
　　　　　報社から作成.
（資料）　②　1950年以降のデータ；Angus Maddison（2001）A. Maddison, *The World Economy : A Millen-*
　　　　　nial Perspective, Development Centre of OECD, 2001. から作成.
（資料出所）　IMF.
（出所）　経済産業省「通商白書　2002」.

するアジア市場：4933万台，欧州：2157万台，北米市場：1280万台で，北米，欧州とならぶどころか，それらをはるかに上回る地位を占めるに至っている．ただし，現況はコロナ禍で変動をこうむっている．2020年の自動車生産台数は2019年比16％減の7771万台，2021年の生産台数は同13％減の8014万台であったという．とはいえ，ポストコロナ後，さらにアジア市場がこれまで20世紀が経験してきた規模をはるかに超えるものになろう．

　このような新興国・途上国を巻き込んだ生産活動は，確かに富の平準化，前述した南北問題の偏在の解消の現れでもあり，これまでと異なった新たな展開の明らかな始まりである．しかしながら，地下資源採取に基づく膨大な素材の生産活動への供給という，依然として20世紀型の地下資源依存型の生産活動の延長線上にあることに変わりない．20世紀後半から21世紀前半にこの地球上で生きている私たちは，人類の歴史から見れば，「特異な状況」下，すなわち物質生産の世界的な急拡大，同時に人口の急増期に当っていることを理解することが欠かせない．

　先に物質収支から産業活動の非効率性を見てきたが，こうした過剰生産ともいえる大量生産活動は，後述するように，20世紀前半のアメリカにおいて急拡大した．そして日本では戦後にその技術が移転された．今日では新興国で展開され，やがて途上国へと技術が移転し，その経営手法が展開されるに至るだろう．確かに，前述したように生産活動の効率性（リサイクル）は多少改善されたが，このままでは非効率な生産技術とその方式が，売上・利潤を目当てに拡大再生産されていかざるを得ない．

　日本経済は，高齢化・少子化社会，労働人口の低減，また製造関連の企業の海外進出も進行している．しかも，現状の事態の進展は，業種（ことに家電産業）によって異なる部面もあるが，東アジア市場，ASEAN 市場，インド市場などのボリュームゾーン市場が拡大しており，その煽りを受けて，日本の GDP は相対的に漸減し，かつて10％台半ば占めていたシェアは今や5％台に至っている．GDP の絶対額としても増えず，現況はコロナ禍の進行で当然のことながら漸減している．

　こうした事態を顧みれば，日本はいつまでも20世紀後半の「成長神話」に浮かれている場合ではない．産業経済は，地球環境問題や地下資源依存問題を克服する持続性のある産業経済へと移行し，20世紀の重化学工業から21世紀の新たな産業をへと移行していくことが求められている．

　地下資源依存型の現代産業社会が抱える問題を受けて，今後の産業技術のあり方をエネルギー消費，その技術の改良を例に，その望まれる方向性・可能性について考えてみよう．

3　エネルギーの資源種は適正か，エネルギー生産・消費は果たして効率的なのか

　エネルギー資源種は，20世紀前半期はほとんど石炭，後半期になって石油，ガス，そして1970年代以降の40-50年間に原子力が利用されているものの，その割合は相対的に少ない．

　世界の人間一人当たりのエネルギー消費量の歴史的推移を比較すると，原始時代の狩猟・採集の獲得経済から農耕・牧畜の生産経済への移行にともなってエネルギー消費は増大した．しかし，その量は今日に比すれば20分の1程度であった．古代から中世までの農業を主体とした時代は緩慢で，今日の10分の1程度にまで増加した．その後，エネルギー消費が明らかに増大したのは，近代の産業革命期以降である．産業革命を契機として工業，商業，輸送活動，またグローバル経済の進展で急速に増大した．

　今日の一人当たりのエネルギー消費は1000年前の中世の農業を主体とした社会に比して10倍のエネルギーを使用している．自給自足的な農村生活に対して，第二次・三次産業の発達した工場・店舗・事務所，家電製品，自動車等をそなえた産業化された都市生活を対比すれば，両者のエネルギー消費の落差は大きい．地下資源依存型の重化学工業の工場設備，具体的に挙げれば，製鉄・アルミ電気精錬・石油化学プラントをはじめ，鉄道・航空機・自動車や家電などの輸送機器・耐久消費財などを含め，その総重量は膨大で，エネルギー多消費型産業（第3章参照）となる．

　部門別の最終エネルギー消費量の近年の傾向は，産業部門は景気の低迷と生産拠点の海外展開により増大基調にはないが，運輸部門のウエイトが意外と大きく，業務用・家庭用も拡大はしていないが一定のウエイトを持つ．

　水力を加えた近年の再生可能エネルギーは，**図1-5**に見られるように，日本は20％に迫ってはいるものの，エネルギー先進国といわれる EU 諸国は，フランスを除いて40％にまで迫っている（これは，各国の発電電力量に占める再エネ比率を2018年度実績で比較，日本のみ2019年度実績である）．

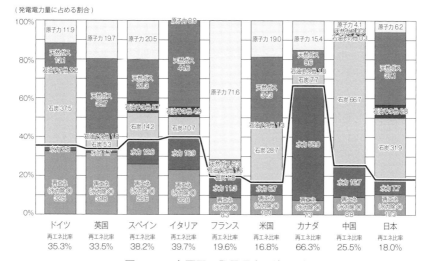

図 1-5　主要国の発電電力の資源種

（出所）　IEA「Data Services」，各国公表情報にもとづき資源エネルギー庁作成.

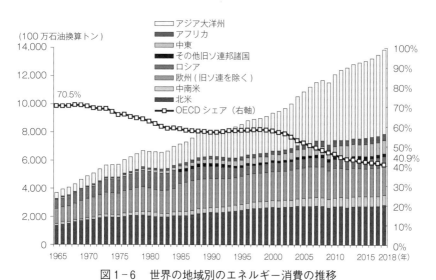

図 1-6　世界の地域別のエネルギー消費の推移

（出所）　経済産業省資源エネルギー庁「令和元年度　エネルギーに関する年次報告（エネルギー白書2020）」.

　ところで，世界のエネルギー消費は，図1-6に示されるように，1970年頃に比し今日では石油換算で3倍化し，さらに増加傾向にある．軽工業・重化学工業を根付かせる産業革命は，新興国，途上国へと展開し，ことに20世紀後半はアジア地域のエネルギー消費を拡大させている．そうした世界的な流れはOECDのシエアを相対的に漸減させている．はたして現在消費の少ないアフリカ地域でも産業化が本格的に展開した折には，その需要をまかないきれるかといった恐れもあるが，とてつもないエネルギーが消費されることになろう．省エネ対策はもちろんのことであるが，エネルギー資源種の社会的選択を再生可能エネルギーに舵を切っていくことが求められよう．

4　石炭火力発電技術は改良によって効率的になればよいのか

　国際的にCO$_2$放出の温暖化問題が指摘されている石炭火力発電について検討する．主要国の20世紀末から21世紀初めにかけての石炭火力発電の効率において，日本のそれは40％強，欧米各国のそれは30％台後半，中国・インドに至っては30％台前半である．効率が低いということは，それだけ燃料を無駄に

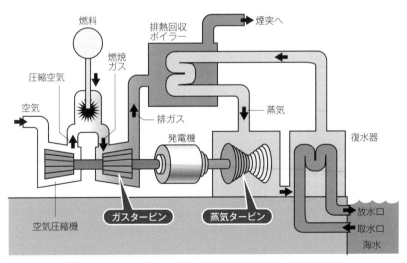

図1-7　コンバインドサイクル複合発電方式の模式図

（出所）松田勇治「ガスタービンとは？　燃料に石油要らず，発電効率も高い火力発電」（TECH-MAG）.

燃やし，CO_2を大気中に放っていることになる．

　日本の火力発電所も1960年代，効率は30％台後半で，今日の欧米と同様であった．だが，近年，石炭火力発電は超臨界圧（臨界圧力を超えて一瞬に蒸気になる状態），超々臨界圧（臨界圧力よりさらに高圧，例えば臨界圧の50％高い圧力で作動させる状態）を用いて，熱効率38-40％程度，41-43％を実現しているという[1]．

　火力発電の中核技術は，発電機を回転させて電気を発生させるタービン・ボイラーにあり，その性能によってプラント自体の出力，また CO_2 の放出量も決まる．石炭ガス化複合発電（IGCC）は，石炭をガス化してガスタービンと蒸気タービンの二方式を同時並行で作動させるコンバインドサイクル複合発電方式（MACC：More Advanced Combined Cycle）で，熱効率は46-50％とされる．

　業界が石炭火力にこだわる理由の一つにこうした技術が開発されたことがある．だが，この最新鋭の IGCC は CO_2 排出量が比較的少ないとしても，1 kWh 当り0.733キログラムの CO_2 を排出し，LNG 火力発電方式に比べると2倍相当になる．ちなみに，EU では1 kWh あたり0.1キログラム以上 CO_2 を排出するものはグリーンとは認めていない．また，石炭火力は，資源の廉価さとその安定的確保が売りのようであるが，輸入に頼る石炭などの化石燃料は円安為替相場下では電力料金の高騰に繋がる．

　以上，簡略ではあるが石炭火力の最新の技術について述べた．概して発電技術は，①プラント大型化による採算性（燃費効率，設備投資節減），②ボイラー内の環境条件の高度適正化／高温・高圧に耐える素材改良による臨界点付近での操業，③発電技術の新たな仕組み構造の採用／貫流式，コンバインドサイクルなどである．

　やはり石炭火力の問題点は CO_2 排出量が多いので，石炭火力への依存は取り返しのつかないことになる．カナダ，スウェーデン，デンマークなどは再生可能エネルギー発電比率（2019年）が70％前後に達している．欧州の独仏英では石炭火力発電は2020年代に全廃するか，2030年代までには段階的に廃止する方針にある．日本の石炭火力発電への固執は，国際的な動向を察知しない，「原子力村」ならぬ「石炭火力村」の関係業界の技術至上主義ともいうべきもののようである．

5　地下資源の埋蔵量・可採年数について

　可採埋蔵量の規模が大きな地下資源でも，毎年採取する生産量が多ければいずれは枯渇する．例えば鉄鉱石を挙げれば，埋蔵量は千億トンを超えているが，年当り採取生産量十億トン超えているため，70年後には枯渇する．可採年数の最も長い地下資源はチタンの130年である（参考：環境省「平成23年版　環境・循環型社会・生物多様性白書」）．新たに未確認の鉄鉱資源が発見されればこの限りではないが，多くの地下資源種は21世紀中に，それでなくとも21世紀前半期で枯渇してしまう．

　将来の人類の産業経済活動を基礎にした社会生活を考えれば，どう見ても人類は持続的な社会生活はできない．数世代もたてば危機的状況に陥る．21世紀に生きる人類が資源を使い果たし，枯渇させてよいのか．生活用品，社会的インフラによっては金属からしかできないものもある．その意味では，地下資源の有効な利用を図って，未来の世代に残して置くことも考慮すべきである．

　再生可能エネルギーへの移行の必然性はもとより，限定的な地下資源の利用，また，地下資源にかわる代替素材（炭素繊維はすでに利活用されているが，植物性プラスチックなどの新素材）の開発，また使い捨ての廃棄ではなく製品のメインテナンス・再利用，生産プロセスにおける資源節約，資源の再利用・再生（リサイクル）へと移行することを目標とすることが欠かせない．

　資源は地球的自然に起源をもつもので，地球的自然の平衡が失ってまで採掘しては，かえって私たち人類の生存をあやうくする．そうした基本的考え方を前提にして，資源採掘の可能性を未来の人類社会にも託す，資源民主主義の考え方をとる必要がある．

　そのためには，製品の開発・設計，製造技術・生産システム，流通システムを見直し，クリーナープロダクションとしての物質循環システムを構築していくことが必要である．

6　社会的規制と科学力・工学力による解決の期待

　現状，地下資源使用からの脱却としての事例としては，国際的には，地球温暖化問題の進行にともなう石炭火力発電の抑制・撤退，原発メルトダウン事故

を契機とした原発からの撤退，下記の家電製品の素材の毒性物質の使用規制，建築材料としての石綿使用禁止，あるいは石油由来のプラスチック製品の抑制，等々，が始まっている．

　とはいえ，こうした問題は単に技術的に解決できればよいということにとどまらない．これを促進し，実体化するためには，国際的もしくは国内・地域の政策的規制が必要となろう．

　1997年の京都議定書（気候変動枠組条約締約国会議 COP 3），2015年のパリ協定（COP21）の取扱いに見るように，これらは一筋縄ではいかない．京都議定書は総量規制を目的としたものであったが，近年，IPCC の国際的な交渉も積み重ねられ，各国の政界，経済界も以前に比べれば，意識も高まり取り組みも本格化してきている．

　例えば，ガソリンや重油を燃料とするエンジンを搭載した化石燃料車に対する，これまでの CO_2，NOx，粒子状物質等を対象とした排気ガス規制を超えて，近年では欧米諸国・中国などを中心に2025年，2030年，2035年を目処とした，エンジン（内燃機関）を搭載した自動車本体の販売規制による新エネルギー車（電気自動車，燃料電池自動車等）への移行，さらには2019年以降の中国の化石燃料車製造に関する製造企業の投資規制（「自動車産業投資管理規定」）などもこれらの例としてあげられよう．

　また，1995年に施行された製造物責任法の例がある．この法律は，「製造物責任」として，「製造業者等は，その製造，加工，輸入又は前条第三項第二号若しくは第三号の氏名等の表示をした製造物であって，その引き渡したものの欠陥により他人の生命，身体又は財産を侵害したときは，これによって生じた損害を賠償する責めに任ずる」との規定で，生命，その他の侵害をした際の賠償責任にとどまっている．それだけでなく「その損害が当該製造物についてのみ生じたときは，この限りでない」といった要件，さらには「免責事由」や「消滅時効」も付されており，事業者の責任は抑制的，限定的となっている．製造物責任法は，言葉通りの製造物責任とは異なって，損害賠償の責任にとどまっている．

　資源・地球環境の観点から求められるべきは，製品の製造，販売，提供にかかる事業者の回収・再資源化への積極的な対応である．この点では，循環型社会形成推進基本法が2000年以降法制化され，そして資源有効利用促進法が1991年法制化され，また各種製品：容器包装，家電製品，自動車，食品資源，建設

資材などのリサイクル法等が1995年以降法制化されている.

　だが, 日本の規制は不十分であることが指摘されている. 現状は, 改善されてもいるが, 事業者は自治体や消費者と協力関係を得ての取り組みとなって, 自治体, 消費者頼みとなっている. 製造物が使命を終えて廃棄された後に, 最終処分に向かえばよいが, いまだ製造物責任が拡大生産者責任とは至ってはおらず, 事業系の廃棄物の排出者責任, さらには処理業者責任など, どう実質化していくのかが課題である.

　近年, 日本では例えばレジ袋が有料化した. これはプラスチックゴミの海洋汚染などが問題となる中, 容器包装リサイクル法の見直しによるものである. だが, 依然として一過性のプラスチック製のペットボトルや食品トレーが多用されているように, 再資源化の義務づけを強化したにせよ元から見直すような発生を抑制する仕組みにはなっていない. ペットボトルのリターナブルでなくともデポジットシステムの導入を行なうか, 紙トレーにするか, 等々, 食料品販売を考えただけでも課題は大きい. 省資源化を進めつつ包括的な回収・再資源化の規制法の法制化, そのシステムの構築が待たれる.

　なぜこういう問題が起きるのか. それは財をつくるにはつくった. だが, それらの財の寿命がやがてつきる. 使用済み後の行方・始末を考えてつくってはいないからである. 売上・利益は享受するがそれ以外のことに生産者が責任をとっていない. 製造物責任を超えて「拡大生産者責任」が説かれるのかは, この点にある. 製品に対する物理的, 経済的な生産者の責任を問うだけでなく, 製品の使用済みに至るすべての責任を問わねば, 現下の環境問題は解決できない. なお, ここに製品と記したが, 単に狭義の製品にとどまらず, 原材料資源とその掘削や獲得過程, 中間生産物, 工場建屋, 社会インフラ, エネルギーの生産・供給, それらの財の調達, 生産, 供給プロセスにおいて生み出される, また不用として廃棄, 放出される固体はもちろん, 液体, 気体状のものも含め, すべてにわたって責任を問うということである.

　EU においては, 製造に入る前に製品につかわれる部材・素材について規制をかけている. 政策的規制としては, 製品製造の EU の規制, すなわち RoHS (Restriction of Hazardous Substances)指令2006年, 改正2013年/WEEE (Waste Electrical and Electronic Equipment Directive)指令, REACH (Registration, Evaluation, Authorization and Restriction of Chemicals) 規制2007年がある.

　こうした規制に当たって, 教育や社会的啓発を推し進めることが, 政治的協

定のバックアップとなろう．この点で，東日本大震災を契機とした3・11後の状況は，人々の認識を大きくかえる節目となった．しかし，10年経って，元に戻ってしまったような傾向も散見される．

　科学・技術を直接担う科学者・技術者の社会的責任とは何か，そして社会を構成する市民は立ちはだかっている現下の問題にどう立ち向かうのか．経営者は目先の企業的利益にこだわって，また政治家は業界の意向を優先して，対策を先延ばしにするきらいが強い．経営者や政治家の社会的責任もまさしく問われるが，こうしたときに，科学者・技術者が確かな科学に裏付けられた見通しを持って，現下の事態を社会的，政治的局面から，とくに技術的局面から科学的根拠をもって提起していく．そして，経営者や政治家はもちろん，社会を構成する市民が連携し受けとめていくことが欠かせない．

注

1）　水の臨界圧力218.3気圧，臨界温度374.2℃，すなわちこの臨界点（限界）を超えると，水の中に気泡が見られない液体と気体が共存する状態，一瞬のうちに蒸気になる．臨界温度を超えると，いくら圧力をかけても液化しなくなる．超々臨界圧の事例としては，Ｊパワー（電源開発株式会社；1952年国策的に設けられた特殊法人に由来する．現状（2020年）では石炭火力と水力をそれぞれ30数％程度保有し，新エネルギーによる発電は2％程しか保有していない）の松浦火力発電所・2号機や磯子火力発電所・新1号機等がある．加えて，IGCC という石炭ガス化複合発電技術も開発され，2021年に勿来 IGCC（52.5万 kW），広野 IGCC（54.3万 kW）の発電所が稼働している．

第2章
大量生産方式とデュアルユース型研究開発，そして国家科学の推進

　イギリスに始まった産業革命は，今日，新興国・途上国のみならず展開するに至っている．第1章で20世紀における重化学工業化の進展，その地下資源依存性について述べてきたが，重化学工業化の一方で，20世紀初めにアメリカは大量生産方式を成立させた．この章では，この大量生産方式とは何かを検討する．それと共に，20世紀のアメリカをして展開させた軍民統合のデュアルユース型研究開発が，軍事的緊張・対立の中，二つの戦争を契機に進められたが，このデュアルユース型研究開発の背景，すなわち政策的推進役としての「国民国家」，その「国家科学」推進について考える．

1　大量生産とその功罪をめぐって

　大量生産というと，流れ作業が目を引き，さらに注目されることは，「オートメーションを中心とする高度の生産設備のもとで，生産工程を単純化，合理化することによって，コストの引下げ，生産物の質の改善など，生産性に大き

図2-1　1930年代フォードのベルトコンベアによる流れ生産

く寄与する」（『ブリタニカ国際大百科事典』ブリタニカ・ジャパン）ことにある．

　この大量生産方式を活用した，その筆頭は自動車Ｔ型フォードの量産化を実現したアメリカのフォード・システムである．Ｔ型フォードは，当時米国内で数十社メーカーがひしめいた時代，流れ生産による大量生産で価格を引下げ，1923年頃まで全米の販売台数の半分近くを占めた．なお，アメリカの自動車産業の20世紀前半期の盛衰を振り返ってみると，この生産方式の問題とは別に，製品技術としての乗用車の車体成形が今日の標準形モノコックボディとして相前後して定まり，参入した自動車企業の合併，参入・退出が進み，業界の淘汰が進んだ．

　量産化は製品価格を低減させる．その一例を示せば，図2-2は私たちの生活に身近な耐久消費財，パソコンの国内出荷台数と普及率の推移と情報通信機器の国内物価指数の推移を示したもので，量産化効果を示している．確かに左図と右図の出荷台数と物価指数（価格）とを比較すると，反比例している．図2-3は1995年から2013年までの電子・情報通信機器の物価指数を示したものであるが，物価はあまり変動していないのに，情報通信機器のそれは右下がり，実際ノートパソコンの平均価格は2004年の頃は14万円であったものが，2012

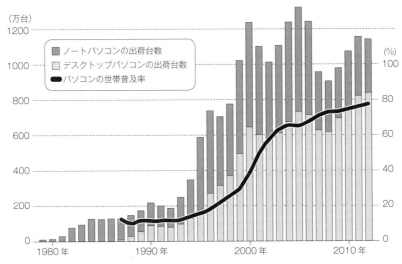

図2-2　パソコンの国内出荷台数と普及率の推移

（出所）　勝村幸博・大橋源一郎「パソコン30年の進化史」『日経パソコン』2013年.

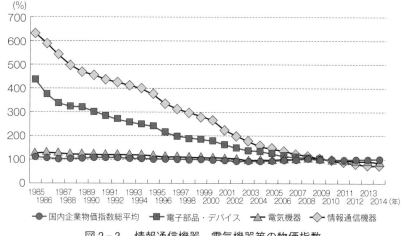

図2-3 情報通信機器, 電気機器等の物価指数

（出所） 総務省「情報通信白書 2015年」.

年には8万円に低減している.

　このように大量生産方式は, その量産効果で価格を低減させ, これらの情報機器を廉価なものにして, 私たちの生活を成り立たせるのに欠かせないものとなっている.

　それにしても, 前章で示したように, 重化学工業を中心とした生産活動は地下資源依存型で, どう見ても持続可能な生産活動とはいえない. それだけではない. もう一つ今日の生産活動は, 大量生産方式によって製造された膨大な生産物が大量消費されることによって, 大量廃棄を生み出さざるを得ず, 「大量生産」は「悪の権化」とも評されることがある.

　にもかかわらず, なぜこれらの製品を製造する企業は大量生産方式にこだわるのか. それは生産性の確保・向上をすることによる量産化効果で製品の低コスト化を図ることで, 製品の市場競争力を強め大量販売を実現し, 経営業績が増大するからである. そして, 大量生産方式は, 作業者の手作業の任意性を排除するために, 互換性生産を踏まえた機械化工作を礎に品質の均質性を保持しえてもいる. ときに管理が悪く欠陥商品も話題となるが, 大量生産方式は本来, 製品の均質性, ひいては耐久性を基本的に担保するものだといってもよい.

　しかし，大量生産は一方で大量廃棄を生み出さざるをえないものでもある．そこには大量廃棄につながるような生産のあり方，資源の利用の仕方に問題がある．より具体的に言えば，①製品トラブルに対して修理対応が可能な設計になっているか，あるいは使用済みになった後，リサイクルしやすいよう各部品が解体しやすい製品設計になっているかなど，製品自体に由来する問題，②生産の採算性すなわち効率的な量産を進めるあまり，ジャストインタイムのため過度なサプライヤーシステムになっていたり，果ては廃材・排ガスを回収しないなどといった生産システムにあり方に由来する問題，③製品の部材そのものがリサイクルしにくい素材，モジュール設計のため部材が複合化し，しかも素材も複合化するという，素材資源利用の仕方に由来する問題にあるだろう．

　これらを解決するためには，できるだけ廃棄を減らすリデュース，可能な限り資源利用するリサイクル，さらには製品の再利用可能なリユースを追求することが望まれよう．言い換えれば，使用済み後の解体を考慮した製品設計，原材料・部材の合理的選択，廃棄物を最小化する製造過程になっているかが問われる．現実に行われている大量生産を見極めれば，資源を無駄遣いするものとそうではないものとがある．これらの問題が解決可能ならば，必ずしも大量生産は大量廃棄にはつながらない．

　それゆえ，実際に行われている大量生産そのものと，その原理としての大量生産方式とは異なる．大量生産をどう進めるかはよく見極めなくてはいけない．大量生産方式は原理の問題であって，もはや大量生産方式がなくてはこの世界は成立しないが，これに単純に大量廃棄のレッテル貼りをするのは検討の余地がある．

2　大量生産方式とは

　それでは，大量生産方式とはどういうものなのか．実際の大量生産のあり方を見極めるためにも改善するためにも，その原理を見定めることが必要である．

　その第一の原理は分業化である．これは16世紀の繊維産業にみられるマニュファクチュア（工場制手工業）に始まる．イギリスはもちろんオランダやイタリアにも展開した．生産工程を素過程へ分割させ，かつ作業に適合した専門化された道具を用いることで，未熟練の労働者でも作業への対応を可能とさせた．

こうしたマニュファクチュアは賃金労働者を雇用し工場で作業に当たらせる資本制的生産の初期形態とはいえ大経営的なもので，従来の小経営，すなわち親方─職人─徒弟で構成されるギルド的な工房の手作業とは異なる．

　これはマルクスの『資本論』による整理であるが，分業には，分散的に生産される部品を１カ所に集め組み立てる異種的マニュファクチュア（馬車，時計／自動車，家電など）と，一連の作業工程を分割して順次仕上げていく有機的マニュファクチュア（綿糸，縫針／合成繊維・樹脂，金属ケーブルなど）との二つのタイプがある．

　大量生産方式の第二の原理は機械化である．歴史的にはイギリス産業革命が機械化の画期として指摘される．1760年の綿業の精紡工程の紡績機の作業機の開発に始まり，ついで汎用性のある工場用動力機としての蒸気機関の開発，加えてこれらの作業機や動力機を製作する工作機械の開発が続く．おおすじ1830年頃には工場内の直接的生産にかかる綿業の機械化は一定の段階に達した．その後，19世紀半ばにかけて間接的な部門としての鉄道・通信事業の近代化により原材料・製品の大量輸送が実現され，電気通信による商業通信（市場情報の把握・伝達）が展開された．

　概して，紡績機や織機等の作業機が先行し，これに対応しえる蒸気機関などの動力機が続く．なお，前述のように，紡績工程の機械化は，分業化された混打綿＝梳綿＝練条＝粗紡＝精紡の紡績工程のうちもっとも労働者の投入人数の多い精紡工程から始まった．紡績工程のこれらの各工程が機械化され，混綿機＝打綿機＝梳綿機＝練条機＝粗紡機＝精紡機の一連の異種の機械の分業ができあがる．なお，これに対して同種の機械が工場内に集合化する単純協業がある．マルクスは前者を「連鎖体系」といい，後者を「空間的集合」と特徴づけている．

　第三の原理は互換性生産方式である．機械製造は部品加工とその組立の大きく二つのプロセスから成り立っている．この二つのプロセスの関係は部品加工が精確にでき上がっていれば，擦り合わせの調整をしなくても組み立てられる．その際に不可欠な原理が互換性生産で，これは機械製品を構成する個々の部品の規格化（標準化）をおこない，これらの部品を専用機とジグ（部品や工具の作業位置を指示・誘導するために用いる器具）を用いて加工する仕方のことである．

　この互換性生産は19世紀から20世紀にかけてアメリカで発達した．というの

は，アメリカでは熟練した職人的な資質をそなえた労働者を容易には雇えない環境下にあり，単能工ならば未熟練労働者を養成することもできた，また故障の場合には互換性（部品の標準化による製品同士の共有可能）ゆえに不具合を起こした部品だけ取り外して交換すればよい有利さがあったからだといわれる．

　なお，フォードの大量生産方式は，上記の三つの原理にかかわって，労働者の動きを，すなわち作業分析や時間分析を行う科学的管理法（テーラーリズム）を導入し，分業化しているラインの同期化を図り，仕掛品（完成していない中間生産物）を出さないようにした．ラインによる流れ生産以前は，固定された場所で組立作業をおこなう定置組立式で労働者は多様な作業を行う多能工であったが，フォード・システムでは労働者は単能工として分業化ラインにはりついた．

　なお，以上では量産化技術を軸に述べてきたが，新旧の技術は基本的に併存する．量産的なパン工場，豆腐工場，和菓子工場などもあれば，街のパン屋工房，豆腐屋，和菓子屋などもある．文字を記載するにしても機械装置のプリンターで対応することもあれば，道具的な鉛筆を使うこともある．交通手段にしても，機械的な動力付きの鉄道や自動車，飛行機もあれば，人力の自転車や荷車などもある．すべてが機械化による高度化が追求されるわけではなく，その状況に見合って最適性が追求される．工作機械による自動制御加工が追求されるけれども，場合によってはロット数の多少の程度，作業の難度によって熟練性を要する道具も利用される．

3　デュアルユース型研究開発と軍民転換

　アメリカ型技術革新のもう一つの論点は，旺盛な研究開発活動にある．アメリカにおいてはこの研究開発の展開は政府・大学，企業が連携して軍需と民需とが互いに絡む．その結果，民需製品と軍需製品の両者を事業化している場合がしばしば見られ，そうした状態を常態化させるアメリカならでは特異性が際立っている．

　アメリカの1920年代以降の研究開発費と研究者数は**表2-1**の通りである．物価の変動を考慮しないで単純に算定すると，30数年で研究開発費は90倍近く，GDP 比率で20倍程度である．ちなみにこの間，研究者数は80倍程度に増えている．

表2-1　国民総生産 GDP と研究開発費，その GDP 比率

(単位：百万ドル)

	GDP	研究開発費	GDP 比率
1920年	78,100	59	0.08
1930年	77,660	166	0.21
1940年	83,915	345	0.41
1950年	239,408	2,870	1.20
1955年	326,023	5,400	1.66

(出所)　J. W. Kendrick, *Productivity Trends in the United States*, p. 109, 1961. なお，1940年以前の数値は V. Bush, *Science, the Endless Frontier, the Endless Frontier*, 1950年以降の数値は NSF の予備報告に基づく.

　それにしても研究開発がなぜ重要視されるのか. 一つには，18世紀後半から19世紀前半のイギリス産業革命期は繊維産業の軽工業が中心だったが，19世紀末から20世紀にかけて重化学工業に移行し，電力産業が勃興し電子管工業なども誕生した. 20世紀後半にコンピュータなどの情報通信産業，半導体産業が台頭し，ハイテク関係の製品を製造する産業へとシフトした. いってみれば，重化学工業製品や情報通信機器等の特性から，科学を基礎にした研究開発は不可欠となってきたことによる.

　さらになお，そうした産業構造への変化にともない，それらの製品を形づくる，レアメタルを含む金属資源，合成繊維・樹脂などの素材の開発が展開されたことにある. そして今日では石油・天然ガスの依存から新エネルギー資源へとどう脱却していくか，また21世紀にかけてあらわになってきた AI・IoT を活用した生産の適正化・自動化，製品機能の電子化・高度化をより進化させていくことが求められ，科学を基礎にした研究開発が欠かせなくなってきている.

　ところで，アメリカの1920-30年代は経済の大変動，転換期であった. 世界大恐慌後の不況をニューディール政策（公共投資）で下支えし，失業率は一時改善するものの，1938年に再び10数％後半に達し，米国政府は中立政策をやめて不況を軍需生産シフトで脱却する経済政策をとった（第4章参照）. そして第二次世界大戦を通じて軍産複合体制を強化し，アメリカ経済は結果として軍民統合のデュアルユース研究開発政策を採用するに至った.

　なぜこういう政策を採用せざるをえないか. その根底には，当然のことなが

ら軍産複合体制が経済活動として定着していることがある．一度軍事経済にシフトすると民需中心への転換は易くはなく脱却が難しい．一般に民生用製品はコンパクトでコストは廉価で製品機能も標準的である．これは顧客が市民であるからである．これに対して，軍事用製品は仮想敵国に対する優位確保の観点から最先端技術を求め高機能化する．その結果，必然的に重厚なものが多くコストは高くつき，高価格になる．とはいえ軍事用製品の顧客の筆頭は政府で価格は問題とはならない．購入経費は税金等の国費で賄われ，民生用製品の市場競争価格とは異なる．軍事企業の売上利益は保証されているといってよい．

　もう一つ，前述に関連して契約方式の問題がある．民生用は一般的に固定価格であるが，軍事用は調達費用に上限はなく費用償還方式の契約を取ることが多い（公共事業もこの枠組みのものもある）．この点で軍民転換は容易ではない．こうして米国政府は膨大な国防予算を計上し，世界に米軍を派遣する覇権国家となっている．

　そのアメリカでは，1980年代になって，軍民統合の立ち位置を変える事態が生じた．第二次世界大戦後のアメリカの GDP は世界の3分の1程度に達する，比類のないものであった．長期にわたるベトナム戦争の煽りを受けたと指摘されているが，1970年代，1980年代初めにかけて，アメリカの地位はゆらいできた．耐久消費財部門での貿易赤字の増加，部品輸入の増加，人件費上昇など，民需での競争力は低下した．そうした事態を最初に指摘したのは1980年の「大統領競争力白書」である．

　やがて政府は米国大統領産業競争力諮問委員会を設置，キャッチアップしてきた日本研究を進め，1985年ヤング・レポート「世界的競争・新しい現実」をまとめた．そして1987年のレーガン大統領の年頭教書「最高への希求」は，①政府と企業の協力による民間手動でのセマテック（半導体開発コンソーシアム）の推進，②プロセス・イノベーションを進める製造技術の重視，③知的財産の保護，④ビジネススクール等を含む高等教育の改革を説いた．

　この民生用重視の政策は，1990年代においても引き継がれた．確かにブッシュ政権時代の湾岸戦争では軍事ドクトリンを遂行しただが，クリントン政権の時代になると，全米情報基盤 NII（National Information Infrastructure）構想がスタートし，1993年にはコンピュータを光ケーブルなどによる高速通信回線で結ぶ「情報スーパーハイウェイ構想」が提案された．これは日本の NTT が1990年に打ち出した VI&P（Visual, Intelligent & Personal Communications Service）

構想に触発されたものといわれる．技術的に類似した点もあるが，1990年代に
始まったインターネットの普及で当初構想された姿とは異なる形で実現さ
れた.

　ところで，インターネット INTERNET は，もとは国防総省の高等研究計
画局（ARPA，現在の DARPA）で取り組まれてきた ARPANET をもとにして
いる．このことを根拠に，しばしば軍民転換の事例として挙げられる．しかし
ながら，INTERNET へと完成されていく過程には民間の研究者たちのオープ
ンな取り組みも欠かせなかった.

　その起点は1969年，カリフォルニア大学ロサンゼルス校 とオーグメンテン
ション研究センター（親組織：スタンフォード研究所），カリフォルニア大学サン
タバーバラ校，ユタ大学の計算機科学科の４カ所をつなぐことから始まった.
その後，全米科学財団（NSF）は1981年 CSNET（Computer Science Network）を

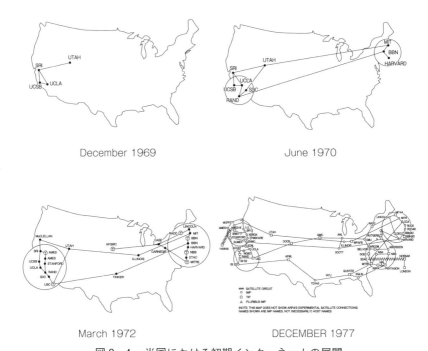

December 1969

June 1970

March 1972

DECEMBER 1977

図2-4　米国における初期インターネットの展開

（出所）　ARPANET Technical Information : Geographic Map　（mit, edu）.

開発し，ARPANET に接続し拡張した．翌年インターネット・プロトコル・スイート (TCP/IP)，すなわちコンピュータ同士の情報交換方式が標準化され，各方面のネットワーク群を世界規模で相互接続するインターネットが提唱された．1986年までに先の CSNET が全米各地の研究教育機関から複数のスーパーコンピュータへの接続へと拡張され，全米科学財団による NSFNET へと展開した．やがて営利目的のインターネット・サービス・プロバイダ (ISP) がサービスを提供する時代となった．なお，日本でも1984年学術機関を中心に構成された JUNET が試みられている．

　インターネットに不可欠なパケット通信の開発プロセスの興味深い事実がある．英国物理学研究所 NPL のドナルド・ワッツ・デービスは1960年コンピュータ・サイエンス部門長となり，アメリカに訪問した際にタイムシェアリングの研究を調査し，これを参考にコンピュータ間の通信方式としてパケット通信を，アメリカのポール・バランの核攻撃対応のものとは別に，1965年に考案し「オンライン・データ処理のための全英通信サービスの開発提案」をまとめた．ARAPANET の責任者ローレンス・ロバーツはこのデービスの考案からその技術的内容を伝え聞いた (参考：岩山知三郎『インターネット・サイエンスの歴史人物館——情報通信技術の礎を築いた科学者たち——』インプレス R&D，2012年．ジャネット・アバテ著，大森義之・吉田春代訳『インターネットをつくる』北海道大学出版会，2002年)．

　軍事研究部門のバランの研究と非軍事部門のイギリスのデービスの両者の研究の取り組みからすると，ARPANET の軍事主導が功を奏したとはいえず，非軍事の民生研究なしには INTERNET の中核となる技術は開発しえなかったともいえよう．

　軍民転換の可能性は，軍事研究は政府 (国家) によって政策的に裏付けられた潤沢な資金にバックアップされている関係上，一般に民間における研究に比してよりアドバンスな段階に達していることが多い．そうした事情から，軍事研究は民間へも転用されたりもするが，国際的な情勢の変化したり，あるいは技術そのものが一般化し陳腐化すると，軍事研究でも技術輸出されたりする場合がある．その事例として，第二次世界大戦後のアメリカが世界戦略として「アトムズフォーピース」の名の下に原発を同盟国へと技術輸出したことが挙げられる．これが原子力の軍事利用から民生用への転用で，日本にも持ち込まれた．こうした展開から技術研究における軍事主導説が唱えられたりすること

もある．実に，研究開発は単純ではない．というのも民生用の研究開発は研究資源，なかでも資金面で厳しい事態に追い込まれることがある．しかも原子力技術の場合，民生用に転用されたにせよ，立地問題や使用済み核燃料の処理・最終処分問題など，直ちに解決できない難題が立ちはだかっている．

　基本的に，研究開発においては研究者間のオープンな交流が許容される研究環境が欠かせない．察するに，企業内研究では市場での競争優位を勝ち取るというインセンティブもある．そうした部面を対比すれば，民間の研究は，政府がバックアップする統制的な（機密が優先される）軍事研究より優位性を持つともいえる．研究の進捗は資金調達，あるいは組織統制にもよるが，どちらにしても新規の創意が求められる研究開発は，組織や国境を超えた自由な研究風土，研究交流が求められる．

4　20世紀における国家科学の展開

　ヘリガ・カーオ（デンマーク）はその著書『20世紀の物理学史』[1]において，P.フォアマンの見解，すなわち第二次世界大戦と冷戦の期間に物理学（量子エレクトロニクス）研究の背後において国家安全保障問題が追求される中で，防衛関連の資金が大規模に物理学領域に投入されて基礎研究から応用研究へとシフトし，科学の軍事化に拍車をかけたとする見地を受けて，「戦争によって生じた分水嶺は，科学への資金提供の規模と構造の変化，とりわけ連邦政府からの資金のめざましい増加に，たいへん大きく依存していた」と指摘している．

　話題となる科学・技術の軍事利用として，核科学と核兵器開発，宇宙ロケット（エンジン・姿勢制御装置）とミサイル開発，生物・化学兵器と農薬，事例は多岐にわたる．1945年のヒロシマ・ナガサキ原爆を開発した米国のマンハッタン計画は，戦時に実施され，原子力は軍事主導の典型であるかのようにいわれるが，原子核分裂の発見は第二次世界大戦前の1938年で，それ以前にも連綿とした核化学・核物理学の非軍事の基礎研究がある．また戦後米国に渡り NASAの軍民融合のロケット開発に加わったドイツのフォン・ブラウンは，確かに第二次世界大戦中のナチス政権下でロケット兵器 V2号の開発・製造に関与した．だが，そもそも彼のロケット研究はドイツ宇宙旅行協会に入会したことから始まる．同協会のヘルマン・オーベルトが1923年に論文「惑星間宇宙へのロケット」を発表し，このオーベルトの液体燃料ロケットエンジンの試験を手

伝ったのが出発点である．

　なお，さらに事例を挙げれば，化学兵器の開発問題がある[2]．化学兵器につかわれる化学物質の製造は，先行する染料や肥料，医薬の開発・製造の民生用の実用化研究のための有機化学や合成化学の研究が基礎となっている．しばしば話題とされる抗生物質ペニシリンは，第二次世界大戦で傷病兵士を救ったことから軍事開発なのだといわれる．だが，もとは1928年イギリスのロンドン大学教授アレクサンダー・フレミングによって青カビの研究から発見されたもので，1940年に単離さ，さらに1942年ファイザー社の研究者がコロンビア大学の研究者の力を得てベンジル・ペニシリンとして実用化したのだった．

　上述に示したように，科学の基礎研究は軍事とは無縁に行われていることが多い．だが，この成果を国家（政府）は戦争準備に利用するのである．なぜ国家が介入すると研究が進展し実現されるのか．軍事技術の開発には多額の資金と国家の名に基づく動員体制を要する．政府は莫大な予算を持ち，これを為政者の意向で資金を投入し企業や大学等を動員する．いみじくも国家（政府）は，科学者を動員し科学研究（軍事研究）に向かわせようとする．事態としては，政府は研究開発に組織的・資金的関与こそすれ，研究開発の本体を担うのは科学者で，政治家や官僚はそれ自体に関与することなく，その点での貢献はない．

　今日の米国・ロシア・中国などの大国の意思と行動は，一国とはいえその絶対量は比類のないもので，グローバルに影響をもたらす．こうした動きは経済的・政治的・軍事的緊張が緩和の方向に向かわない限り関係国を巻き込み，由々しき事態を引き起こす．しかも今日では「デュアルユース」と称して民生利用と軍事利用とは区別しえないのだと，科学の軍事利用をカモフラージュする言説が展開される．これでは科学の発展は跛行し健全性を失いかねない．軍事技術は一般に重厚長大で，民生用の技術は軽薄短小といわれ，仕込まれる技術が異なる．

　ここに「国家科学」と称されるけれども当該一国にはとどまらない，現代社会における容易ならざる科学・技術の問題が提起される．私たち人類社会はこれにどう対処するのか，判断が求められる．なお，ここで注視すべき事柄は，こうした民需から軍需への重点のシフトは，軍事産業という非生産的技術の展開，そしてその帰結として戦争は，人命の殺戮と都市破壊，最大の地球環境の破壊活動であるということである．

注

1 ）　ヘリガ・カーオ著，（岡本拓司監訳）『20世紀物理学氏――理論・実験・社会――（上・下)』名古屋大学出版会，2015年.

2 ）　殺虫剤 DDT は，化学物質の危険性を取り上げた，レイチェル・カーソンの『沈黙の春』（青樹簗一邦訳『生と死の妙薬――自然均衡の破壊者科学薬品』新潮社，1964年；原書1962年）で，地球の生態系に深刻な悪影響を及ぼす環境汚染物質の代表格とされた. 実は，DDT の殺虫性は，1930年代スイスのガイギー社の P. H. ミュラー（1948年ノーベル賞受賞）を中心とする研究グループが繊維の防虫剤を研究する過程で発見された. ガイギー社は農業用・防疫用殺虫剤として商品化を目指した. この DDT の殺虫活性が戦場における兵士の疫病の回避に役立つことから，英米は1943年頃に DDT を工業化, 蚊によって媒介されるマラリア患者を激減させることができた.

　　ところが，1970年代には母乳から DDT 類が検出されるなど，その有害性が検証され，使用が禁止されるようになった.2001年の残留性有機汚染物質に関するストックホルム条約（2004年発効）が採択され，DDT の製造・使用は制限されることになった. なお，先のプロセスからすると戦時に DDT が開発されたように見えるが，DDT 自体は 1874年に合成されている.

第3章
欧米技術の導入と資本集約型技術進歩の功罪

　この章では，日本の産業経済のキャッチアップについてこれまでの経緯と特徴について示す．戦後の「技術革新」は欧米技術の導入によるものであった実態や，また機械・装置の大規模化による資本節約型技術進歩について，鉄鋼生産を事例に取り上げ，その展開は関連の各種生産部門や流通部門の大規模化を伴ったこと，そして，このような生産の大規模化はエネルギー多消費型産業と化して，地球環境問題の温床につながったことを示す．

　また，ドルショックを契機とした変動為替相場制への移行は，生産拠点の海外移転を進行させることになった．それは地下資源依存型の重化学工業のグローバル展開の契機となると同時に地球環境問題を世界に拡散させることになった．現代の生産活動は各国の GDP を成長させたが，基本的に自然収奪型のままである．人類社会は抜き差しならない課題をここに至って共有する時代を迎えている．

1　GDP を押し上げた「高度経済成長」とは何だったのか

　日本の産業経済は，1950年代から1970年代にかけて欧米技術の導入とその国産化をおこない，技術競争力をつけて「高度経済成長」を図った．その特質は海外のより進んだ技術を国産化し自前のものにすることでもあったけれども，この技術の社会化は欧米先進国で培われた大量生産方式の重化学工業を導入するところにある．その意味で戦後日本の「高度経済成長」は「大量生産・大量消費・大量廃棄」という欧米由来の産業活動に埋め込まれた構造的問題を引き継ぐものだった．また，欧米先進国の産業技術にキャッチアップする「途上的性格」を持つものであった．

　日本の GDP は，1960年前後は100兆円にも満たなかった．「高度経済成長」を受けて，物価はインフレ下ではあったものの1980年代 GDP は300兆円を超え，その後バブル経済期の GDP の上昇で500兆円に達した．だが，21世紀に

入って GDP はアップダウンこそすれ「ゼロ成長」ともいうべき時代が続いている.

　この日本の経済変動をどう考えるべきか. 先に「途上的性格」を持つとしたが,「技術革新」という名の技術導入と国産化, 品質管理, おう盛な設備投資, 低廉な労働力, 産業保護・支援政策, 相対的低所得下における国内市場の成長, 固定価格 1 ドル360円の輸出貿易などの有利さがあった. なお, 21世紀に入ってからの低迷は, デフレ経済とも特徴づけられる. 問題は欧米先進国の産業経済の新展開だけでなく, 東アジア市場の台頭・拡大という複層的事態に対峙せざるを得ない事態に至ったことである. また, 1980年代半ばに始まる変動為替相場の影響, これに対応するために日本企業は生産拠点の海外シフト(後述 6 節を参照) を進めた. さらには少子化社会の労働人口縮小問題もある.

　図 3 - 1 から分かるように, 人口は江戸期前半期に増え, 20世紀に急増している. なお, 興味深い点は, 日本の人口は1950年代から80年代前半までは比較的多子化の時代で21世紀に入って高齢少子化の時代へと転換している. ということは, 今日と同様に20世紀前半までは労働人口が相対的に少ない時代であったともいえる. つまり, 日本の標準的な人口モデルは両極端に触れ変動してきている.

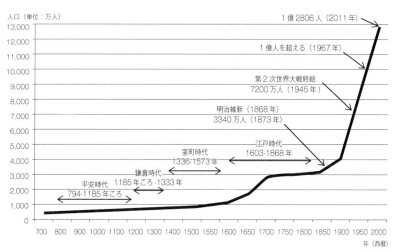

図 3 - 1　日本の人口の移り変わり

（出所）国土交通省「平成21年度　国土交通白書」図表 1 を基に筆者作成.

　これらの背景的要因の検証にはいろいろな分野からの考察が必要であるが，ここでは科学・技術の歴史社会的部面を対象とし，技術展開や設備投資などの状況を取り上げて示す．

2　戦後の旺盛な技術導入と技術の国産化

　日本の産業経済の近代化といえば，19世紀半ばの明治維新を契機とした文明開化，あるいは富国強兵・殖産興業政策にあると指摘されている．しかしながら，明治期の日本の産業経済の立ち上がりは，すなわち GDP の伸びは緩慢で1910年前後になっていくぶん増加傾向の兆しがみられる．この時期の日本の人口は今日の人口の4分の1，約3300万人を超えた程度であった．

　事態としては，明治維新の政治体制の転換はあったが，維新後の政治体制は薩摩・長州・土佐・肥前，なかでも薩長出身者を中心とした藩閥政治と特徴づけられるもので必ずしも刷新されていとはいえなかった．1870年代，1880年代にかけて，戊辰戦争や西南戦争，神風連の乱，秋月・萩の乱など，「不平士族」の乱を含む内戦的争乱が続いた．また，国会開設・立憲政体を求めた自由民権運動，また秩父困民党の農民蜂起等が展開され，これらを抑制する弾圧も行われれた．

　一方，経済社会の状況といえば，工部省は1870年設置されたものの，「お雇い外国人」の指導に依存した欧米技術の導入で，官主導の殖産は必ずしも思うようには進まず，官営工場払下げ，1885年には工部省は廃止となった．学制改革が実施されたのは1873年，だが，学齢児童の就学率は1873年28％，1879年41％であった．欧米への留学生派遣はどうだったか．文部省在外研究員は，明治期1873-89年：453名（年平均27名），1890-1912年：642名（同28名），ようやく大正期1913-26年：1479名（同105名）で3-4倍となった．

　この時期の工業化の事態が転ずるのは，1881年の農商務省の設置，つづく1885年の逓信省の設置後，特権的保護を受けた軍事的重工業などを典型とする上からの政策と，民間の在来産業がかみ合う1886年以降から20世紀初めを待たねばならない．実に鉄道事業が伸長するのも，人口の増加傾向が上向くのも，この時期である．

　明治・大正期の日本の工業化には三つの問題があるとの指摘がある．第1に産業化に結び付く研究開発力が脆弱であったこと，第2に大量生産システム技

術，なかでも互換性生産技術，また金型加工，専用工作機械技術など，産業を近代化する前提が十分に準備されているとはいえない状況にあった（参考：中岡哲郎・鈴木淳・堤一郎・宮地正人編『産業技術史』山川出版，2001年）．しかも，この時代は半封建的な諸関係が依然として生産過程でも流通過程でも維持されていた．

　さて，20世紀初期の日本の GDP は物価指数を考慮し換算すると100兆円程度，それに対して今日の GDP は500-600兆円に達している．規模的に考えれば，日本の本格的な工業化は20世紀の後半からといえる．

　その成長要因に上げられるものに，旧・通産省の指導の下で進められた，欧米先進国からの技術導入がある．図3-2に見られるように，技術輸出は毎年度50件未満，これに対して技術導入は，甲種（特許権実施対価支払１年以上）と乙種（１年以内）あわせて昭和30年（1955年）：185件，昭和35年（1960年）：588件，昭和39年（1964年）：1041件で急増している．

　ところで，技術導入には技術提携と技術模倣（リバースエンジニアリング）とがある．技術導入は技術提携のことで，技術模倣は含まれていない．技術模倣は，既存製品の，例えば機械の動作を観察したり分解したりして，その機械（技術）の構造を分析し，それらの製品設計の思想まで踏み込んで動作原理や製造方法をひも解く．単にまねるコピー製品ではなく，自主開発で技術を創り出すことを指す．とはいっても，技術模倣は当然のことながら既存製品を購入したり，公開されている関連情報を収集したり，開発投資を行わないことには確かな技術はつくり出すことはできない．

　これに対して技術提携で技術導入する場合に注意しなければならないことは，意外と提携先ではその技術が陳腐化したものであることだ．科学技術庁「科学技術導入年報」（1967年）によれば，1956年に導入された技術の48％は第二次世界大戦前か大戦中，1967年に導入された技術でも16％は同様に戦前戦中のものであった．また，1963年に導入された技術のうち，提携先ではすでに本格生産段階になっているものが70％で，工業化段階や基本特許段階のものはそれぞれ13％，８％に過ぎなかった．

　また，技術提携で注意を要する点は，機械製品の場合は多数の部品を調達し組み立てて出来上がっている．つまり技術提携先の企業，例えば自動車のアセンブリメーカーが自動車の基幹部品の特許を保有していたにしても，サプライヤーから調達する個々の部品の特許を保有しているとは限らない．そうした事

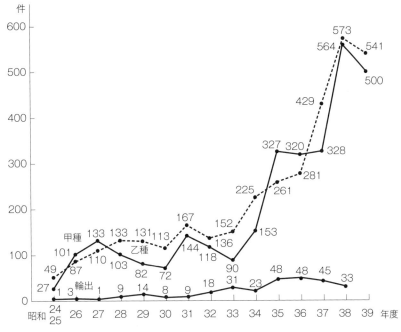

図 3 - 2　技術導入および技術輸出件数推移

(出所)　科学技術庁「昭和40年　科学技術白書」.

情からアセンブリメーカーとの契約だけでは自社製造するには到らない.

　このように，技術導入は一面で面倒な開発プロセスを経ずとも技術を自前の
ものにすることはできる．だが，上述のように導入技術が陳腐化していたり，
また契約したとしても自社製造には至らなかったりすることもある．こうした
1950-1960年代の日本の技術導入を指して「技術導入一辺倒」であったと評さ
れるのは，こうした諸問題がありながらも兎にも角にも技術導入をしたことを
指す.

　さて，その後はどう変化したのか．導入された技術が日本において新技術で
あったものは，1965年は45.5％，1970年には26.3％となり，その割合は減じ
た．国産技術が成長し，競合状況は1965年44.2％であったが，1970年には68.8％
へと上昇した．それだけ技術の自主開発による国産化率が高まり，日本の技術
は自立化した．とはいえ，確かに技術導入は相対的にその割合は小さくなった

が，総体としての導入件数自体，すなわち絶対数は増大基調にあった．1980年代以降は情報通信産業の発達を反映して，ことにソフトウェア技術の導入件数が増えている．

　以上，戦後技術導入とは何だったのかについて示してきたが，特許を取得しているということは，それだけ企業の技術力，ひいてはその国の産業の自立性，競争力を保有していることを示している．ことに企業活動がグローバルに展開する状況にあって，主要国の対外特許登録数はその状況をよく物語っている．

　20世紀はアメリカの世紀と評されることがあるが，1966年の上位数カ国のうち同国の技術占有率は46％，そして同国の登録件数7.5万件，ちなみに西ドイツ4.2万件，イギリス2万件，フランス1.4万件，スイス1.3万件である．1985年のアメリカのそれは32％，6.4万件で，西ドイツ4.9万件，日本3.9万件，フランス2.1万件，イギリス1.5万件，スイス1.3万件で，10年後の1995年のアメリカのそれは35％，11万件で，日本8万件，ドイツ（東西統合）7.7万件，フランス3.3万件，イギリス1.2万件である．

　このように対外特許登録件数におけるアメリカの技術占有率は20世紀後半低下したものの，なおトップの地位にある．同国の上記1985年と1995年を比較すると登録件数は2倍近くになっている．ここには，大統領経済諮問員会（委員長：ヒューレット・パッカード社長 J. ヤング）の報告書ヤング・レポート「世界的競争　新しい現実」を受けて，特許権など知的財産保護を強化するプロパテント政策がとられたことが利いている．

　日本は，1965年に上位ランキングされていなかったが，1985年に登場し，1995年には対外特許登録件数は2倍と躍進している．また今日の EU の技術先進国（ドイツ，イギリス，フランス）が上位にランキングしている．スイスが比較的上位に位置していることも特筆すべきことである．なお，21世紀に入っての特徴は何といっても中国の台頭で特許でアメリカの技術覇権を脅かすまで成長し，今日「米中対立」という主導権争いを引き起こすまでに至っている．

3　製鉄業に見る生産の大規模化

　さて，前記のようにアメリカで成立した大量生産方式が日本に移入され，本格始動したのは第二次世界大戦後である．産業革命による世界市場への第3の

参入（後述6節参照）を成し遂げたのは日本だったが，そこにはどのような優位性があったのか，その構築とそれと裏腹の関係にあるリスクについて示す．

　次の世界主要国の鉄鋼生産の推移（図3-3）から示すように，20世紀前半1億トンの生産量を実現したのは他ならぬアメリカで，それに大きく水をあけられて旧・ソビエト連邦とドイツが続く．日本の生産量が伸長するのは1950年代以降である．生産財の一つ素材としての鉄鋼は建設資材（鉄筋，レール，橋梁など）や耐久消費財（自動車・家電等）の部材の二大消費財市場の需要がないことには成長できない．

　今日の製鉄は一般に間接製鉄法による．下記の流れ図に示すように，原料の鉄鉱石とコークス，その他添加材を高炉に投入して還元反応（鉄鉱石は鉄の酸化物ですから酸素をコークスの炭素と反応させて）で除去する．こうして造られたものを銑鉄という[1]．

　　鉄 鉱 石 → 高炉 → 銑鉄 → 転炉 → 鋼鉄／軟鉄 → 連続鋳造／分塊圧延
　　コークス ↗

　さて，日本はこれらの欧米の製鉄技術を明治期以降に導入した．とはいえ，先に大量生産方式が本格的に移入されたのは第二次世界大戦後と指摘したように，重工業化（建設・耐久消費財等の資材供給）が進展し市場が発展する20世紀後半になって，この需要をまかなう高炉や転炉の大型化による大量供給が実現された．1950年代から70年代にかけて建設された高炉の規模は，1953年の川崎製鉄・千葉製鉄所の高炉内容積877立方メートル，1959年の八幡製鉄・戸畑製造所の高炉は2倍の1603立方メートル，1971年の住友金属・鹿島製鉄所の高炉は4倍の3159立方メートル，そして1976年の日本鋼管・京浜製鉄所の高炉は5倍の4052立方メートル，1976年には5000立方メートルを超えるものも建設されようになった．

　このように大型化するのには理由がある．第1は，巨大化は装置産業（製鉄業，石油化学工業など）の固有の特色ともいわれ，生産力の集中化にある．例えば，大型化すればするほど，図3-4に示されるように高炉に投入するコークスなどの還元材が少なくても燃費効率がよくなるからである．第2は，単位設備能力の大型化による投資金の節減効果にある．大型の高炉は，大は小を兼ねるどころか，小型高炉で大型高炉の生産量に見合うためには複数の小型高炉を建設せねばならず，高炉の基数が増えてその設備投資は高くつく．第3に大は

（単位：百万トン）

	世界	日本	米国	ドイツ	中国	韓国	ロシア	インド
2002	904,063	107,745	91,587	45,015	182,249	45,390	59,777	28,814
2003	969,992	110,511	93,677	44,809	222,413	46,310	61,450	31,779
2004	1,068,940	112,718	99,680	45,374	280,486	47,521	65,583	32,626
2005	1,146,533	112,471	94,897	44,524	355,790	47,812	66,146	45,780
2006	1,247,178	116,226	98,188	47,224	419,150	48,455	70,830	49,450
2007	1,346,130	120,203	93,101	48,550	489,175	51,517	72,387	53,468
2008	1,327,189	118,739	91,895	45,833	500,312	53,625	68,510	57,791
2009	1,229,410	87,534	68,196	32,670	573,567	48,572	60,011	62,838
2010	1,413,596	109,600	80,594	43,815	626,654	58,453	67,021	66,848

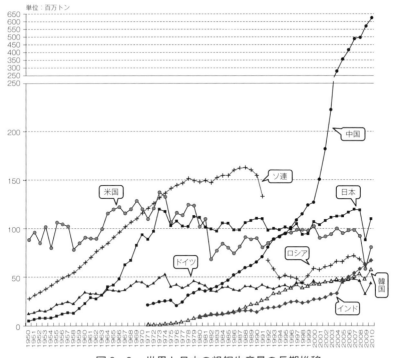

図3-3　世界と日本の粗鋼生産量の長期推移

（出所）　日本鉄鋼連盟「鉄鋼統計要覧」.

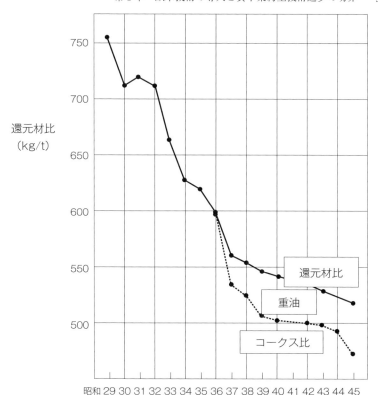

還元材比
（kg/t）

昭和 29 30 31 32 33 34 35 36 37 38 39 40 41 42 43 44 45

図3-4　高炉還元材比の推移

（出所）　高炉の複合送風特集号「鉄と鋼」58（5），1972年.

小を兼ねる，高炉の稼働にかかる作業員数も，大型高炉は小型高炉よりも多少作業員は増えるものの，大型高炉1基の生産量に見合う生産量を小型高炉でまかなうために仮に小型高炉が3基必要であれば，大きさに違いはあれ高炉自体の基本的な作業はあまり変わらないので，相対的に見て少なく済み，人件費も節減できる.

　実際に，設備の大型化はコークス比との関係で，次のような関係になっているとの現場報告があり，生産性が上がる．高炉の有効内容積600立方メートルを基準に，コークス比（指数）を100，生産性（t/人・h）を100とすると，内容積1000立方メートルの場合は，コークス比が96に低減し，生産性は142に上昇

する．そして内容積1500立方メートルの場合は，コークス比が80にさらに節約
でき，生産性は186に向上するとのことである．廃熱の回収・利用による燃料
費の節減効果もある．

　とはいえ，このように大型化による還元材や人件費の節減ができたにせよ，
また投資の節減できたとしても，設備の大型化は投資の絶対額は肥大化し，一
度にその額をまかなうのは障壁にもなりかねない．当時の相場で，高炉１基1000
億円である．アルミプラント１基300億円，石油化学工業のエチレンプラント
１基100億円．これらの高額な設備投資問題の解決に，当該業界における共同
投資や輪番投資（トラストの形成）での工面や委託生産を行ったという．

4　各種生産部門，流通部門の大規模化
──技術の体系の波及効果──

　このように大規模化のメリットは，互いに異なる技術が相互に連携し，体系
的に成り立っている．一般に技術は不均等に発展する．そのために，生産部門
の大規模化，なかでも素材産業部門においては生産プラントの建設部門が大規
模化し，これが波及して流通部門の大規模化を引き起こす．また，これらの部
門を下支えする生産機械部門だけでなく，その他の部門の大規模化を促す．

　さまざまな産業部門の中継基地を含む流通輸送プロセスが大型化すること
で，その効力が発揮されることになる．大型トレーラーやタンクローリーなど
陸上輸送のための高速道路・産業専用道路の整備や，空輸においてもジャンボ
航空機や特殊輸送用航空機など，空港設備を含め高速輸送による効率化が進
む．海上輸送においても大型の各種専用輸送船，港湾設備（倉庫・クレーン
等），原油基地などが実現され，一度に大量輸送をかなえる機材・設備の大規
模化が進行する．

　例えば20−50万トン級のタンカー，鉱石専用船では12万トンの「八千代丸」
(1970年)，鹿児島湾の600万トン貯油の原油基地などがつくられた．港湾設備で
は，大型船が接岸できる水深に浚渫され，貨物の積み下ろしのために大型ク
レーンが準備された．ちなみに，**表3−1**は主要製鐵所の港湾設備における入
港可能な最大船舶の上限を示したものである．

　こうして輸送船の大型化が進行しただけではない．これらの大型船製造ため
に巨大な造船用ドックが設けられた．日本鋼管・津造船所では70万重量トン級

表3-1

年代			水　深（m）		主要バースのクレーン能力	入港船舶最大量	
			航　路	岩　壁	t/h × 基数	DWT（万）	吃水（m）
1950		戸　畑	−17.0	−17.5	1,500 × 1,　1,000 × 3,　1,800 × 1	16.0	16.0
1960	前半	東　海	−14.0	−14.0	1,500 × 3,　1,800 × 1	10.0	14.0
		堺	−14.0	−14.5	1,000 × 2,　1,500 × 1	16.0	13.5
	後半	福　山	−16.0	−17.3	1,500 × 6,　1,500 × 3,　750 × 2,　320 × 1,　300 × 2	20.0	16.0
		水　島	−16.0	−17.0	1,500 × 4,　500 × 4	22.0	16.5
		君　津	−19.0	−19.0	2,500 × 1,　1,800 × 3,　1,500 × 3	16.0	17.0
		加古川	−17.0	−17.0	1,500 × 4,　700 × 1	15.5	16.0
		鹿　島	−21.5	−19.0	2,000 × 3,　850 × 2	18.0	17.0
		大　分	−27.0	−27.0	2,500 × 2	30.0	24.0
1970		扇　島	−21.0	−22.0	1,500 × 3,　320 × 1	20.0	20.0
		平　均	−18.2	−18.4		18.3	17.0

（注）DWT とは載荷重量トン数，吃水とは水面から船体最下部までの距離のことである．
（出所）山口貞雄『高炉工場の立地と変遷』大明堂，1988年，p. 114.

の船を建造できる長さ500m，幅75m のドックや，三菱重工の香焼島にある長崎造船所に至っては長さ976m，幅100m のドックが造られた．

技術論では，こうした機械・装置の大規模化を資本集約型技術進歩という．素材産業はおおむね原材料の化学反応によって目的の生産物をえる装置集約型産業である．その要となる装置（容器）の大型化によって，先に指摘したように，生産性の向上を図ることができる．装置産業では，技術的により進んだプロセス技術の導入によって生産効率の向上を実現する可能性もある．

これに対して，機械製造業では，部品加工は機械集約型となるものの，部品の組付けを行って製品を完成する組立工程は，相対的に廉価な機械設備（プレス機械，溶接ロボット，塗装ロボットなど）であれば，これを投入する労働節約型技術進歩により人件費を削減することができる．企業経営の観点からすれば単に自動化を進めればよいとうものではなく，今日でも自動車産業の組立工程の自動化率は意外と高くはなく，労働集約型となっている．

5　エネルギー多消費型産業としての重化学工業

大量生産方式は自動車産業の機械製造業を典型にアメリカで成立した．よく

知られるトヨタシステムというのは，第二次世界大戦後，大量生産方式の
フォード・システムが日本に導入され，フレキシブル性（多品種大量生産）を持
つものへと改編したものである．

　先に機械製造業とは体裁の異なる装置産業の一つ製鉄高炉を見たが，量産化
の条件である分業化を進める点では生産プロセスの労働者の作業分担で共通
し，機械化に対しては装置化となっている．そして，機械製造業の互換性すな
わち部品の標準化に対して，装置産業では液状・粉状の原材料の質・量のグ
レードの標準化を図るということになっている．このように装置産業でも導入
され大量生産方式はさまざまな産業に入り込んできている．

　ところで，大量生産方式は生産方法の問題であるが，大量生産方式がくしく
も20世紀の産業の特質としての重化学工業の成長期と重なり展開したことに留
意する必要がある．実際，日本の1950年代は，繊維などの軽工業が全産業の29％
を占め，機械製造業は10％程度で，いうならば途上国型の産業構造であった．
その後,石炭から石油への原燃料転換を経て,重化学工業へとシフトした．1970
年には繊維は8％弱に減少し，石油化学など素材産業は成長しているものの全
体における割合の変動は少ない．その中で機械製造業は30％に増えた．この時
期，生産物単位当たりの所要労働時間指数も大量生産方式の効果で大幅に低下
した．

　どちらにしても，大量生産方式と重化学工業との重なりは容易ならざる問題
を生み出した．重化学工業は，地下資源を原材料とした素材生産，また耐久消
費財を製造し供給した．その結果，地球を膨大に改変し地下資源を採掘するこ
とになり，その川下に当る生産プロセスは高温・高圧・高電力の製造技術のた
めにエネルギー多消費型になった．この問題は，物流プロセスを担う道路や輸
送機器においても同様に現れた．実に日本の電力関連の発電量は，1960年代の
10年間に2000億kwhを積み増し3倍となり，以降10年間におよそ2000億kwh
ずつ積み増して，21世紀に1兆億kwh超に達し，その後，生産拠点の海外移
転，少子化・デフレ経済不況の時代の到来を受けて横ばいとなっている．

　図3-5から見ると，発電資源としては1950年代までは水力に石炭火力，そ
の後1960年代から石油火力が加わり，1970年代オイルショックのリスク回避で
原子力とLNG（天然ガス）への依存が増大，しかしながら原子力発電のウエイ
トは，2000年には34％に達したが，2011年の東日本大震災による原発事故を受
けてそのリスク回避で一時は0％となり，現在は数％程度で，大半はLNG

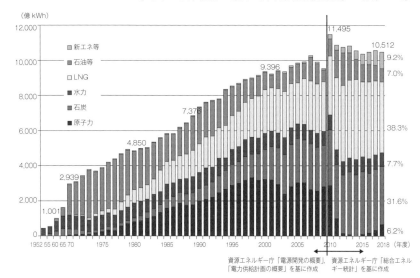

図3-5　日本の発電電力量の推移

（出所）　資源エネルギー庁「エネルギー白書　2020」.

と石炭，そして新エネギー（ソーラー，風力等），水力，石油の順になっている．背景には，概略 LNG は比較的 CO_2 が少なく，石炭は廉価，新エネは脱炭素政策と固定価格制度支援による．

6　変動為替相場制と生産拠点の海外展開

　図3-6は為替レートの推移である．1971年のドルと金の交換停止による輸入課徴金，賃金・物価凍結を引き起こした「ドルショック」を契機に，1973年には為替が固定相場制から変動相場制に移行した．その結果，円相場（交換比率）は外国為替市場の取引で決まるようになった．1ドル360円から一時200円を割る円高となった．250円前後に戻る時期もあったが，この円安相場は日本製品の海外輸出にはよかった．しかしながら貿易相手国から見れば逆であった．

　この事態を受けて欧米西側諸国のジャパンパッシングが起こり（性格を異にするが，米国を中心とした今日のチャイナパッシングを彷彿とさせる），1985年「プラザ合意」[2]を迎える．ドル危機の再発を恐れた米・独・仏・英・日の G5 の5カ国

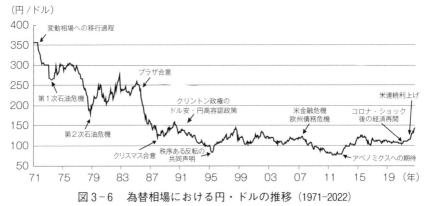

図 3-6　為替相場における円・ドルの推移（1971-2022）

(出所)　三井住友 DS アセットマネジメント HP「ドル円相場の歴史——トレンド転換となったかこのイベントを整理する」を基に筆者作成.

　は協調しドル安路線をとり，米国の対日貿易赤字を解消すべく円高ドル安に誘導し，日本製品の国際競争力を抑え込んだ．経済のグローバル化の進行は一方でディカップリングを露わにした．こうして1985年238円の為替相場は翌年160円，1995年79円に急騰した．

　プラザ合意後の円高ドル安の為替相場は日本の産業経済に何を引き起こしたのか．図 3-7 は 5 年後の見通しが右肩上がりになっているが，実績もほぼ見通しと同様に右肩上がりになっている．為替相場を考慮して国内から輸出するのではなく，一つには貿易摩擦解消や関税障壁を考慮した先進国へ生産拠点を移しての現地生産，ないしは人件費の廉価な海外諸国に生産拠点を移して輸出拠点を代えて行なう輸出代替が進行している．しかし，アメリカやドイツの水準である30％程度には至ってはいない．

　図 3-8 は日本の製造企業の海外事業展開の地域性を示したもので，1990年代前半までは ASEAN，北米，NIEs,EU などへの事業展開が多かったが，1990年代半ば以降，ことに21世紀に入って中国の開放経済政策を受けて，中国への進出が急増した（注，ASEAN 5 はタイ，マレーシア，インドネシア，フィリピン，ベトナムの 5 カ国，NIEs 3 は韓国，台湾，シンガポールの 3 カ国を指す）．

　前述のように，大量生産方式と重化学工業化が日本に移入され本格始動したのは第二次世界大戦後として，日本の世界市場への参入を「第 3 の参入」と特徴づけた．なぜ第 3 の参入なのかというと，これまでの各国・地域別に産業

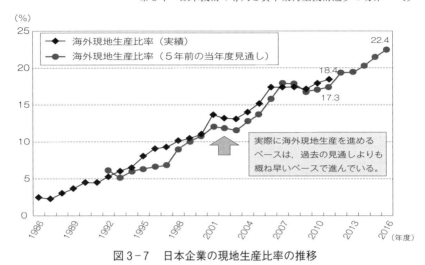

図3-7　日本企業の現地生産比率の推移

（注）　各年1月時点の値（実際のドル円レートのみ，前年12月の平均値）.
　　　　採算ドル円レートは，輸出を行っている製造業のみの値で，実数値平均．予想ドル円レートは，1年前の
　　　　調査時点の予想値で，10円毎の階級値平均.
（出所）　内閣府「企業行動に関するアンケート調査」（各年度）から作成.
　　　　経済産業省「通商白書　2012」.

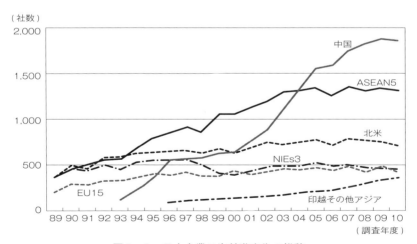

図3-8　日本企業の海外進出先の推移

（注1）　中国は1993年度より，その他アジアは1996年度より個別集計開始.
（注2）　シンガポールは1998年度までにNIEsに，1999年度よりASWANに分類．EUは2004年度からEU15
　　　　としている.
（出所）　国際協力銀行「わが国製造企業の海外事業展開に関する報告書」.

革命の展開を整理すると，それぞれの国・地域の世界市場への参入は，18世紀後半以降イギリスでの繊維産業の軽工業による「第1の参入」を出発点に，20世紀への世紀交代期頃，重化学工業に大量生産方式を組み合わせて工業国となったアメリカやドイツによる「第2の参入」，そして20世紀後半の日本による「第3の参入」，これに続くのが1990年代前後からの東アジア地域を中心とした中国や韓国，ASEAN などによる「第4の参入」と整理することができるからである．この間の GDP の急拡大は，アメリカ，EU に加えて東アジア，中国も同様に当てはまる．

　産業が世界的に展開することで世界の経済社会が活性化してきた．だが，これまでに指摘したように，それは同時に地下資源依存型かつエネルギー多消費型の重化学工業化が，先進国から次々に新興国，そして発展途上国へと世界的に展開したことでもあった．

　変動為替相場制の金融の不安定化を受けて，企業は有利な経営環境を求めて，グローバル・サプライチェーン（グローバルに展開した生産拠点やサプライヤー，販売拠点など，経営構成要素の最適化）による国際分業を進めつつ，国境をこえて多国籍企業化する．また，世界市場での競合状況を踏まえて各国が自国優位の産業経済にすべく，これを下支えする技術覇権をともなった科学・技術政策，イノベーション政策において競争力政策を指向するようになった．この経済戦争ともいうべき，競争力政策の競争化によって，ますます前述のような特色をもった産業構造の世界的展開が進んでいる．

　これは「経済の国際化」といえるものであるが，私たちのこの世界に何をもたらすのか．これまでの事態を分析し，また近年の政治的・軍事的色合いをともなった国家間対抗と連携を強める国際競争の激化をいかに制御していくか．どちらにしてもよりよい世界を実現するためにはどのような方向性をとるべきか，検討することが求められている（第10章参照）．

7　産業活動のグローバル展開と地球環境問題
──物財の生産・移送と地球的自然に対する作用・改変──

　産業構造の展開傾向を示した見解の一つに，一国の工業部門内の移行は消費財産業から資本財（投資財）産業へと展開するという傾向を指摘したもの（ホフマンの法則），またこれとは別の見解，第一次産業から第二次産業，第三次産業

へと，生産性の格差にともない高収益への産業へと移り変わるもの（ペティ＝クラークの法則）がある．前者は産業財の違い，後者は生産性の異同に注目して，どちらも経済的部面から見て産業構造の社会的展開はどうなっているのかを指摘している．

なおいえば，これらの見解は生産性や収益格差，経済的付加価値の質の違いや従業者数（労働人口）などに注目して産業構造の歴史に注目したものだが，それぞれの経済史観を反映している．もちろん今日の経済グローバル化の下での生産拠点の海外展開，各種の産業に見られる国際分業の展開，しかも先進国・新興国・途上国が相互交渉するという，それぞれの国の産業構造が織りなす複層的展開をどれだけ明らかにしているのか，この点での課題は大きい．

とはいえ，こうした産業構造の移行をそこに介在する物財の性格・質，また世界的な地域間での産業活動における物財の移行に注目する見方は，いってみれば，それぞれの産業の生産手段，すなわち原材料や労働手段たる技術の質に注目して産業構造の移行をどのような視点から見据えればよいのかのヒントを与えている．産業史や社会史に加えて自然史的過程を考慮して産業構造の展開を分析してみることも欠かせない．

原自然（一次的自然）の自然改変としての，農業，牧畜などにおける農場，牧場，雑木林などを利用して栽培品種・家畜品種等を生産する第一次産業，また自然界の資源を掘削・収集・製錬する鉱工業などが展開し，これら主として第一次産業等の生産物を原材料として機械・装置等を駆使して消費財・資本財の製品へと加工する，ないしは社会インフラなどを建設・整備する第二次産業が，さらにはこれらの第一次・二次産業の生産物の流通・輸送や金融部門などを含む第三次産業が展開しているのだが，我々はどう整理して考えればよいのだろうか．

生産プロセスにおける産業廃棄物，しかも最終消費・廃棄プロセスにおけるリサイクル率は依然として低く，使い捨て・放置などもある．その結果は，化石エネルギーによる温暖化や大気汚染を引き起こす．そして，地下資源を素材とした産業活動はさまざまな地球環境汚染を引き起こし，地球的自然に負荷をかけている．

1．地下資源依存型の重化学工業化は大量生産方式にもとづいて行われた．
2．その際の資本主義的利潤追求は，重厚長大の重化学の生産力によって行

われた.

3. それゆえに膨大な資源・エネルギーを産業活動に投入し, リサイクル率
が低い過剰消費の結果, 地球環境問題を引き起こした. ことに1960年代
以降, 日本では設備投資が急増し, 電力需要が急増し, 資源・エネル
ギー多消費型産業構造をつくり出した.

　第1章で物質フローの収支について見たが, はたしてその経済的社会的プロ
セスは総体としてどのような物質代謝を進行させ, 自然を改変し各種の物質種
を変転させているのか. これらのプロセスを統合的に捉えることで, はじめて
今日の人類社会が対峙している地球環境問題の本質が把握され, 経済的社会的
プロセスにおける適正な物質代謝のあり方を見通すこともできよう.

　本書で地下資源依存からの脱却を提起しているのは, 人類社会の歴史はかつ
て主に地上資源を素材にしていたことはもちろんのことである. それはともか
くとしても, 鉱工業は古代・中世由来のものであるけれども, その頃は萌芽的
なもので, 18世紀後半に始まるイギリス産業革命でその量産化の端緒が開か
れ, 19世紀後半に始まる重化学工業化によって (当時は今日のようなグローバル展
開とはいえないが) 本格化した. ある意味では20世紀の二つの世界大戦は重化学
工業化を基礎とした戦争であった. それゆえにその人命殺戮と都市破壊・自然
破壊は甚大なものとなった. 21世紀の今日, 情報通信産業の展開を含め, 重化
学工業化は新興国にも根付き, 途上国をその枠組みに包摂しつつ (ことに資源掘
削・収集), グローバルに展開している.

　しかし, 重化学工業の自然への作用は, 鉱毒をはじめとする有害物質, 温室
効果ガスのたれ流し, 飛散によって, 土壌の汚染や河川・海洋の水質の汚染,
及び大気の汚染, さらには地盤沈下や騒音・振動, 悪臭など, 健全な常態から
変動させ, 生命と環境をそこねることになった. こうした壊変は有史以来のこ
とであるが, 顕著になったのは18世紀後半の産業革命, そして重化学工業化が
進行した20世紀である. 今日指摘される地球環境問題は, 単に気候変動にとど
まらず, 産業活動に伴う軋轢が人類社会と自然環境に, とくに重化学工業は重
厚かつ深大な不可逆的な作用をもたらしている.

　確かに産業経済は私たちの社会生活を支える礎となっている. とはいうもの
の前途には資源エネルギー問題や地球環境問題が立ちはだかっている. もちろ
ん地下資源から脱却して地上資源に移行していけばよいという単純なものでも

ない. 再生可能エネルギーの一つ太陽光を資源化するソーラーパネルにしても, それらがどういった素材で作られているのか. 部材はガラスがその多くを占めているが, シリコン系, 化合物系, 有機物系などタイプにもよるが, アルミニウム, 銅, 鉛, スズ, 他にインジウム, ガリウム, セレン, アンチモンなどレアメタルなどが用いられている. さらに一例を上げれば, 木材などを原料とするパルプにしても, 一般に産業化・都市化にともない人口に比例して紙使用量が増大する傾向がある. 新興国 BRICs の中国やインドなどでさらに産業化, 都市化が進行した暁には, 地球の森林資源は需要をまかないきれるのか. 未来に立ちはだかる課題は大きい.

　有史以前は狩猟・採取の獲得経済, その後は生産経済に移行したと特徴づけられる. だが,「生産」という言葉の響きとは縁遠いように映る. その実態は, ことに産業革命以降の展開は, 地球環境の改変の速度, 深化を早めている. 最近, こうした問題との関連で「人新世」[3]という言葉が話題となっている. これは, 人類社会の活動が地球的自然史を後戻りできないほどにその痕跡を確かに地球の地質に残すに至っているからである.

　これまでの歴史を振り返れば, 第一次産業の農業は, 農薬による生態的破壊からの回復, 土壌再生等の基本課題を有しているけれども, 不完全ながら再生産構造の仕組みを取り込んだ. 林業や漁業もいくぶん植林や養殖によって再生産構造に立ち至っているが, 自然収奪型を脱しているのだろうか. 第二次産業はどうか. 代替資源の活用で植物性プラスチックなども製造されるようになった. とはいえ, 多くは金属鉱物・非金属鉱物や石炭・石油・天然ガスなどを採掘し, 砕鉱・精錬・精製などによって原燃料を得る. 依然として資本による自然収奪型の領域にとどまり再生可能な生産経済に至っていない. 原自然のあり方を私たち人類社会はどう請け合い, この課題に対峙し持続可能な世界を構築するために, 現下の産業経済をいかにコントロールし, 社会選択をしていくのかが問われている.

　非活性状態の化石エネルギーが解放され (エントロピー増大の法則), CO_2等が増加して地球温暖化を引き起こしている. また CO_2の海洋への溶解は海洋酸性化をすすめ, 魚介類に影響を及ぼしているとの指摘もある. 質量作用の法則 (均一系を構成している物質の質量がその系の平衡にどのように作用するかを示す法則) からすれば, 地下資源依存型の産業経済は膨大な人工的構造物を地上に「純蓄積」として継起的に積み増し偏った状態をつくり出している. こうした事態を

さらに深刻化させないために再資源化の向上が求められる．だが，これらもやがて瓦礫となって，廃棄物は最終処分として蓄積される．これでは不均衡を固定化してしまう．

　地球的自然に負荷をかけないためには，合成（生産）に対して，単なる廃棄という道筋をとるのではなく，分解がバランスよく進行していく，持続的再生[4]の産業経済へと転回していくことが望まれる．その際にポイントとなることは，経済的な富の量的拡大をただ求めるというのであれば，表向き環境に配慮したにせよ，根源的な環境の配慮にはならない．先に示したように，ソーラーパネルは再生自然エネルギーで注目されるが，まだパネルの素材は地下資源依存型から脱却できていない．

　地上資源によってこれまでの地下資源の代替となる素材をどう開発するか．バイオ・プラスチックなども開発されているが，最近，植物由来のセルロースナノファイバーという，強度は鉄の5倍，重量は5分の1という素材の開発，他にも H_2 を触媒に CO_2 を有機成分に増殖する水素菌を使ったバイオ技術の実用化の取り組みなども始まっている．

　農業の起源は約1万年2000年前に遡る．鉱工業の本格化はイギリス産業革命を契機として，以来250年有余経過している．今日，地球温暖化が焦眉の課題となっているが，温室効果ガスに関する科学的分析が19世紀に始まり，その世紀末1896年には，スウェーデンのアーレニウス（電解質の解離理論でノーベル化学賞を受賞）が，「氷河期」の研究の関連で炭酸ガスの温室効果が地表温度を変化させることを明かにした．その時点で産業革命が始まって有に100年が経っていた．20世紀になると南極氷床融解による海面上昇が判明するなど，幾多の研究が重ねられた．やがて地球温暖化問題の解決に取り組む「気候変動の政府間パネル IPCC」の国際的枠組みが1988年設置されるに至った．京都議定書，パリ協定を経て，以前よりは各国の政府や産業界も真剣に取り組むようになった．

　今日，再生可能エネルギーへの転換が進められつつあるが，この取組みは途上段階にある．気候変動を含む地球環境問題解決に関わる学術研究の成果の社会的実現にはたいそうな歳月を要する．やがて，地下資源枯渇という事態も来よう．いまだ鉱工業の在り方の転換はそのとば口，持続可能な産業社会の進化した壮大なプログラム，その環は自然史と社会史との相関を見渡してどう連携させていくのか，知恵をしぼって実践していくことが求められる．

注

1）　この銑鉄（鋳鉄ともいう：炭素含有量3.3％超）は硬いが脆い，利用の仕方としては熱い液状の溶銑を鋳型に流し込んで鋳物をつくる．鉄の利活用には丈夫な鋼鉄（炭素含有量0.02-2％），そのうちの軟らかく丈夫なものを軟鋼（炭素含有量0.02-0.3％，別名：軟鉄）という．これを造るには，転炉もしくは平炉で加熱して炭素を酸素と反応させる炭素の含有量を減らす脱炭を行なう．転炉などの開発は早くて19世紀後半で，産業革命期には反射炉が登場するが，かつては鍛冶屋が炉で加熱してハンマーでたたいて炭素成分を除去した．鍛鉄，錬鉄の名は鍛える（錬える）に由来する．

2）　この合意の名称はニューヨークのプラザホテルで会議が開かれたことにちなんでいる．

3）　「人新世」（アントロポセン「Anthropocene」）は，ノーベル化学賞を受賞したオランダの地球環境の研究者パウル・クルッツェンが地質年代として提唱したもので，国際地質学会議で議論しているという．したがって，この地質年代はまだ確定したものではない．けれども，さまざまな化学物質による海洋を含む気候変動，成層圏のオゾン破壊，海洋や森林の資源減少，あるいは人口の急増と都市化，はたまた大規模インフラの建設，さらには核実験など，今日に至る人類の社会・経済活動によって地球が大きな変化を被り，地球的自然に痕跡を残すまでに到っているということから提唱されたものである．

4）　CO_2は温室効果ガスということで悪者扱いされているが，CO_2なしには生命体本体はつくられない．CO_2は循環している．だが，石炭紀の化石エネルギーを掘削して燃焼させてバランスが崩れている．近年「動的平衡」というバランス感覚に立った生命観，自然観が説かれている．

第Ⅱ部

戦争と科学・技術，そして科学者・技術者

　第Ⅱ部は，戦争と科学・技術の話題を取り上げる．20世紀はしばしば戦争の世紀ともいわれるが，それは幾多の地域紛争のみならず，二つの世界大戦が勃発したことにある．

　20世紀の戦争の特徴は，科学・技術の最新の成果を取り込んだ軍事兵器を投入する現代戦が展開されたことにある．それと共に，科学者・技術者がその軍事技術開発に動員されることになった．戦後，「科学者の社会的責任」なる言葉が提示されるようになったが，科学者・技術者（研究者）倫理が提起され，その責任は言説のみならず行動としても倫理的に問われる時代となった．科学は科学者の個人的領域にとどまるものではなく，人類社会（地球環境を含む）の容易ならざる問題として認知されるようになった．

　話題としては，米国の第二次世界大戦を契機とした戦時経済・軍産複合体制の形成，マンハッタン原爆開発計画と科学者の対応，また日本の15年戦争下の細菌兵器の開発と戦後における731部隊関係者による血液製剤とエイズ感染などを取り上げ，科学・技術の現代性に見られる負の部面に焦点を当てて考察する．

第4章
経済不況と戦争
──第二次世界大戦期のアメリカの軍需生産と科学・技術動員──

　20世紀は「戦争の世紀」といわれる．ベトナム戦争，インドシナ戦争，中東戦争，湾岸戦争，イラク戦争，アフガニスタン戦争，ユーゴスラビア紛争，クロアチア紛争，アルジェリア戦争，アンゴラ独立戦争，等々，枚挙にいとまがない．これらの地域戦争・紛争もあるが，20世紀を「戦争の世紀」というのには，やはり二つの世界大戦が引き起されたからである．

　その二つの大戦はどういう性格のものであったのか．それは近世以降，唱えられた「勢力均衡論」(balance of power) の産物ともいわれる．第一次世界大戦は，列強による領土拡大，植民地分割，勢力圏の拡大をめぐる対立という帝国主義戦争であった．これに続く第二次世界大戦は，端的にいえば，植民地等支配の世界分割に遅れをとった日独伊のファシズム諸国の侵略に対して連合国が対峙し，双方が先の第一次世界大戦に増して総力戦で対決した．第一次世界大戦では民間人を含めて1600万人，第二次世界大戦では数千万人の死者を出した．また，これら人的犠牲者のみならず，多くのインフラを含む都市と国土，さらには自然を破壊した．

　20世紀の戦争はそれだけではなく，科学に対して新しいミッションを担わせた．国家資源といえば，地下資源・海洋資源だったりするが，総力戦のために軍需生産機構が整備され，さらに科学が国家資源として位置づけられ，その活用が軍事的研究開発プロジェクトとして具体化された．その象徴的事例がヒロシマ・ナガサキの原爆災禍を引き起こしたマンハッタン計画である．

　今日，軍事機構と軍需生産機構が平時から整備されるようになり，また科学・技術が国家資源として位置づけられ，動員されるようになってきた経緯について，第二次世界大戦期に立ち戻って考える．

1　世界主要国の軍事費の現状

軍事覇権で世界に君臨する国といえば，筆頭は米国であろう．21世紀に入っ

て米国が参戦した事例ではイラク戦争 (2003-11年)，アフガニスタンへの侵攻 (2001-21年) がある．目下はウクライナへのロシアの侵攻，このウクライナに NATO 諸国とともに軍事支援を行っている．これに次ぐのは周辺海域に領有権 (参考：九段線) を主張し海洋支配を乗り出した中国であろうか．

　スウェーデンのストックホルム国際平和研究所 (SIPRI) によれば，世界全体の2021年の軍事費は 2 兆771億米ドルで，そのうち米国が38.5%，中国が14.1%を占めているという．米国のそれは中国の 3 倍弱，その他の軍事費上位国と比べても10-32倍近くあり，その規模は比類のないものである．軍事費の GDP 比率が高いのは米国3.48%，ロシア4.08%，インド2.66%，韓国2.78%などである．中でも中東のサウジアラビアは6.59%で突出している．これはアメリカからの武器輸入が2001年の 9・11テロ以降増えて金額ベースで2017年には100倍にもなり，同国の軍事費総額は 4 - 5 倍と化している．他にイスラエル5.19%も際立っている[1]．憲法に九条を持つ日本の防衛予算も近年じわじわと増え，政府・与党は2023年度以降 GDP 比 2 %の予算化[2]を目指すとしており，実現されれば金額ベースで世界第 3 位の水準に躍り出る．

　なお，SIPRI によれば，アメリカの2018-22年の兵器の輸出は，2013-17年に比べて14%増やし，世界の兵器輸出においてアメリカのシェアは33%から40%に増加した．輸出先はサウジアラビア，日本，オーストラリア，またロシアとの対立が深まる欧州向けも増えた．ロシアのシェアは 2 位，ウクライナ戦争と経済制裁の影響もあってか，22%から16%に減少した．また，2021年の世界の軍事売上高の上位 5 社にロッキード・マーチン，レイセオン，ボーイング，ノースロップ・グラマン，ゼネラル・ダイナミクスがランクインしており，上位100社のうちに米国企業が40社程度を占める．

　前述の勢力均衡論は力の抑止による対抗関係で一見すると平和のように見える．しかしその現実は自国の相対的優位を互いに競い合うもので，国家と同盟する国家群は軍備拡張，戦争の準備，勢力拡張を行う一触即発の「武装平和」に過ぎない．実際に二度の世界大戦が勃発し，21世紀の今日まで行き着くところ幾多の悲惨な戦争を引き起こした．こうした事実をどう顧みるのか．この近世由来の旧い思想の根底にある「軍事力の呪縛」からどう逃れるのか問われる．

2　なぜ米国は軍事大国に至る道を歩むようになったのか

先ほど米国の軍事費の GDP 比が3.48％であることを示したが，20世紀中における米国の軍事費の GDP 比を示すと以下のような数値となっている．20世紀初頭は1％，第一次世界大戦期は戦時経済で8-14％，戦後の戦間期1920-30年代は1％であった．これに対して，第二次世界大戦期は1941年5％，1942年18％，1943-45年37％であった（なおこの戦時期の軍事費の連邦政府支出比は80％に達した）．第二次世界大戦後の GDP 比は9-14％，ベトナム戦争期は7-9％と推移した．近年2010-11年は4.7％で幾分低くなっている．

冷戦体制の構築　この米国の軍事費の変動は何を示しているのか．第一次世界大戦期は戦時経済で増えたが平時には戻って戦時と区別できていた．だが，第二次世界大戦を契機に戦時期ほどではないが，増加した軍事費の GDP 比は今日に至るまで戻らなくなった．それには第二次世界大戦後，米国を中心とする西側の資本主義諸国陣営と旧ソビエト連邦を中心とする東側の社会主義諸国陣営がそれぞれ結束して，軍事同盟として北大西洋条約機構（NATO：1949年調印，現在存続）とワルシャワ条約機構（WTO：1955年調印，1991年解体）とが成立した．米ソは直接戦火を交えることはなかったが，互いに核兵器を含む強大な軍事力を有して対峙する「冷たい戦争」すなわち「冷戦体制」が構築された．その結果，平時にも「軍産複合体制」（後述）がつくられ，この常備軍と共に莫大な軍事費を投入してきた．そして，米ソは地域紛争に軍隊を派遣し介入し，代理戦争を展開した．

この冷戦体制は，米ソ首脳が会談した第二次世界大戦末期の1945年のヤルタ会談[3]から1989年のマルタ会談まで続き，旧ソビエト連邦の崩壊で終わったといわれている．だが，アジア，中南米，アフリカには両国が支援する国や組織があって，実態としては紛争が引き起こされ戦火は消えることはなかった．今日，米ソ冷戦に代わって，米国とロシア，中国との対立，その他にも国際的な対立の様相は複雑化しているが，冷戦体制は新たな形で展開している．

軍産複合体制の形成　第二次世界大戦後はアジア・アフリカの植民地において民族独立戦争が戦われた．その後もさまざまな原因を背景として国際的緊張は

ゆるまず，地域紛争が絶えない．

　それにしても軍事同盟結成による政治的・軍事的対抗関係に両国を掻き立て
たのは何だったのか．第二次世界大戦では共に連合国であったが，戦後，ブ
ロック経済，集団安全保障の軍事同盟の形成へと向かった．両国は世界大戦と
いう大戦争に対峙し，国内の産業構造が軍需優先の色彩を持つものとなった．
戦争が終了してもその軍需がらみの過剰生産構造から脱却できず，冷戦体制を
迎えたことで，産業構造は政府の予算構造と結びついて軍産複合体制を常態化
させ，学術界を含めて構築されるに到っている．

　それでは，そのような体制への移行は，いつからどういった事情を契機とし
て始まったのか．それは，第二次世界大戦前の「世界大恐慌」，引き続く経済
不況が背景となっている．ルーズベルト米国大統領は大恐慌後の経済不況の回
復策として「ニューディール政策[4]」を実施した．

　しかし，その政策効果は必ずしもはかばかしいものではなかった．失業率
は，1929年の3.2％から1933年に24.9％，その後1937年にかけて14％程度とな
り，幾分好転した．だが，1938年には再び19％に悪化した．しかも連邦政府の
財政赤字も1936年44.2憶ドル，37年27.7憶ドル，38年11.7憶ドルで推移したが，39
年には38.6憶ドル，40年39.1憶ドルとなり，赤字は累積していった[5]．

　この1930年代，米国はモンロー主義といって，米州（北米と南米）は米州で宥
和し欧州の米州への介入を抑制し，そして欧州戦不介入の態度（パナマ宣言：米
州諸国一般中立宣言）をとっていた．

　ところが，ルーズベルト大統領は1938年の年頭教書でおおっぴらに海外での
危機を指摘，軍備拡張（海軍拡張法案），すなわち従来の補助艦中心主義から大
艦巨砲主義への転換を主張した．これを機に米国の国防費は増えていく[6]．

　1939年1月，米国は，継続的軍需発注を行なうことで軍部と産業界との連携
を促す養生発注法，同年6月戦略物資備蓄法を可決し，8月には戦時資源局
（陸海軍兵器委員会の改組）を設置し，戦争の気運を強めた．

　この米国の政策転換には，ドイツ，日本，イタリアの三国の侵略行為が背景
となっている．日本についていえば，1931年関東軍が柳条湖事件を契機に満州
を占領，1933年国際連盟脱退[7]，1937年7月には日本による中国侵略，すなわ
ち盧溝橋事件を契機とした日中戦争へと全面展開した．その年の11月までに，
日本はドイツのヒットラー，イタリアのムッソリーニが率いる両国と防共協定
を締結，その後，1940年9月には三国軍事同盟を成立させた．

　さて，科学に関する政府の政策はどうだったのか．1933年設置された米国の科学諮問評議会 (Scientific Advisory Board；2 年存続) によって「科学の活用」の調査が行われた．その後1937年には国家資源委員会が設置され，「研究は国家資源」として認知されるに到った．国家のための科学が説かれ，科学は「国家資源」として認知された．イギリスの科学史家 J. D. バナールは自著『科学の社会的機能』(1939年)[8]で「戦争は国家科学をつくる」とこの時代の科学と政府の関係を特徴づけている．

　まことに，この頃の米国の特異性は，世界大戦はいまだ始まってはおらず，そして参戦もしていないのに平時から軍備拡張政策を推進し，戦争の準備態勢ならびに軍需生産機構の整備を始め，平和を志向する準備から遠ざかったといえる．

　そして，1939年 9 月，第二次世界大戦が勃発すると，米国は同年11月英仏を支援すべく中立法 (1935年法制化) を改正し，その政治的態度をにわかに転じた．この中立法が法制化されるに当っての伏線は1934年設置の軍需産業調査特別委員会である．これは第一次世界大戦後の1920年代に米国は経済的利益を目当てに参戦したのではないかとの疑念が示され，これを明らかにするために委員会は立ち上げられた．その結果，米国をして不干渉主義へと転回させたが，やがてこれは未曽有の経済不況を前にして覆された．米国は「民主主義の兵器廠」を大義名分にして軍需生産機構を本格的に整備し，英仏を支援することになる．

　実に第二次世界大戦下のヨーロッパ戦線は深刻な事態を迎えた．折からのヒットラー率いるナチス・ドイツ軍の周辺国への侵略，1940年になるとデンマーク，ノルウェー，ベルギー，オランダを攻略し，6 月にはパリを陥落させ，フランスは降伏するに至った．

　米国はヨーロッパ戦線への対応を急いだ．1940年 5 月，国家防衛法 (1915年制定) に基づき国家防衛会議を再設置，その下に国家防衛諮問委員会 NDAC 及び管理運営を行う緊急管理局を置き，戦時資源局を再編した．6月には海軍大拡張案を成立させ，8 月国防軍法を法制化，他方で米加 (アメリカ＝カナダ) 共同防衛協定を成立させ，9 月には平時選抜徴兵法を法制化した．そして翌41年 3 月には連合諸国に対して武器・軍需品を貸与する武器貸与法を成立させた．

　1941年には，戦争を遂行するための総動員体制を敷くべく，緊急管理局(1940年 5 月設置) の下に生産管理局をはじめとして武器貸与局，経済戦争局，全国

戦時労働局，戦時海運庁を設置した．また，1941年6月には科学研究開発局OSRD（Office of Scientific research and Development）を設置し，科学者を動員する軍事研究開発体制も整備した．原爆開発のマンハッタン計画はこの OSRD のプロジェクトの一つである．なお，下部機構として設けられた先の生産管理局は膨大な軍需生産を取り仕切るには間に合わず，同年8月新たに供給・優先・割当局を設けた．だが，かえって屋上屋を架したようなこの組織機構は支障を招いた．そこで，1942年1月，供給・優先・割当局と生産管理局を廃して，戦時生産局 WPB（War Production Board）に一本化した．

　米軍は1941年7月アイスランドに進駐した．そして8月には，大西洋ニューファンドランド島沖の英国海軍の戦艦プリンス・オブ・ウェールズ上で，ルーズベルト米大統領とチャーチル英首相は「大西洋憲章」[9]に調印した．

　大西洋憲章は単なる将来の戦後処理構想を述べたにとどまらない．現実的な政治的意味合いとしては，米国は「憲章」の理念を参戦の大義名分（戦争目的）として打ち出し，英国の対独戦介入に事実上，踏み切ることになるのだが，近い将来，米国自らの参戦は不可避と見ていた．翻って言えば，第二次世界大戦参戦の具体的な口実を待つだけだったともいわれる．実際に4カ月後の同年12月，日本軍が真珠湾奇襲攻撃し，これを機にアメリカは対日宣戦，対独伊宣戦を行い，連合国として参戦した．そして，大西洋憲章は42年1月発表された連合国共同宣言に引き継がれた．

3　軍需生産と軍事的研究開発

　科学研究開発局 OSRD の目的は，科学的資源の動員，研究成果の国防・兵器生産への応用を図ること，ならびに陸・海軍，航空諮問委員会，国防研究委員会と連携して総合的統括を行なうことにある．OSRD は全国300カ所の研究機関，6000人を超える科学者を動員し組織された．この戦時の研究開発費（原子力関係を除く）は年平均6億ドルであった．そのうち83％は政府支出で，研究開発は国に丸抱えの状態で，まさに「国家科学」が推進された．一例を上げれば，アメリカ電信電話会社（ATT）・ベル研究所の研究費に占める政府資金は，1939年時点1％に過ぎなかったが，1944年には81.5％に達した．研究資金の政府支出割合はきわめて高い．

　図3-1は，米国の1920-40年代の研究資金（国民所得比）の出所を示したも

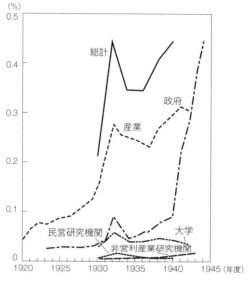

図3-1 米国の研究費（対国民所得比）
（出所）科学技術庁「科学技術白書 1984年版」.

のであるが，上述のことを端的に示している.

　大学や非営利産業研究機関，民営研究機関や自前の研究費は1930年代前半の
ニューディール政策導入の際に小さな山があるが，ほとんど変動していない.
これに対して産業部門の研究費は1930年代前半に急増し，1930年代後半はその
水準は変わらず，1940年代の戦時になると下記図表に示されるように産業部門
のデータが示されていない. 企業は政府出資の研究費に乗り換え，政府出資の
研究費は急激に増加している. これこそ金に糸目をつけず国家予算を投入
した.

　OSRD 傘下の研究所や陸・海軍関連の研究開発部門は何を開発していたの
か. 列挙すれば，原子爆弾をはじめ，B-29長距離大型戦略爆撃機などの航空
機，各種戦車，空対空及び空対地のロケット弾，携帯式対戦車ロケット砲「バ
ズーカ砲」，携帯式火炎放射器などの各種兵器，ならびに英米情報交換協定に
基づく英国の技術供与によるレーダーや，駆逐艦等に装備されたアクティブ・
ソナー，航空機用酸素マスク，さらには医療保健関係で第二次世界大戦期に実
用化された抗生物質ペニシリンや殺虫剤 DDT など，さまざまな軍事兵器・

戦略物資を開発し製造した.

　軍需生産の要となったのは復興金融公社 (1932年設立) である. これは1929年の経済大恐慌からの復興を期して設けられた. これは連邦政府を資金源として農業・商工業などの民間企業に融資を行なうもので, 第二次世界大戦中は軍需生産企業を下支えする特殊金融機関として活躍した. 当初は経済不況の克服, つまり民生部門への支援を目的としていたが, やがて連合国への軍事支援, 参戦に伴い主たる目的を軍需へと転換した. こうして1940年6−8月, その傘下に国防工場公社をはじめとして国防供給公社, 金属貯蔵公社, ゴム貯蔵公社, 戦時災害公社などが設置された. そのうちの国防工場公社は92億ドルを融資し, 2300の工場を建設したという. そこにはアメリカの名だたる企業——アルコア, US スチール, GM, クライスラー, フォード, ユナイティッド航空機, GE, スタンダード石油, ダウ・ケミカル, デュポン, 等々が名を連ねている.

　戦時の軍需生産のラインは幅広く, 航空機工業関連をはじめとして, その他, 兵器工場, 製鋼, 造船, 輸送用機器, 漂白剤や安全ガラスなどの化学工場, 石油パイプラインの敷設, 救命イカダ, 果物・野菜乾燥加工工場, 医学研究用のモルモット動物：ハツカネズミ・ウサギの飼育, 絹リボンの軍需転用としての絹製パラシュートなど, アメリカの産業経済のあらゆる部門に渡った.

　米国の軍需生産は1940年6月の約3億ドルの水準から1941年12月；10億ドル, 1943年11月；50億ドルに, 第二次世界大戦期のうちの1940年7月から45年8月までに1831億ドルの規模に達したという. 金額ベースでの主なものをあげると, 航空機448億ドル：全生産額の25％, 船舶411億ドル：22％, 軍事用車輪203億ドル：11％であった. 1944年1年間においてアメリカの軍需生産量は, 連合国兵器生産の約60％を占めるに至った.

　軍需品生産量を個別に上げると, 航空機29万5959機 (爆撃機9万7800, 戦闘機10万, 輸送機2万3900)／戦艦8隻, 航空母艦27隻, 巡洋艦48隻, 駆逐艦349隻, 護衛駆逐艦412隻, 陸用舟艇7万9308隻, 輸送用リバティ船2695隻／戦車8万410台, 軍用トラック270万台, 機関車7500輌, 貨車9万5000輌／追撃砲10万砲, 大砲40万砲, ライフル銃650万挺, カービン銃610万挺, その他銃500万挺／鉄かぶと2200万個などであった[10].

4　経済の軍事化による企業業績の「好転」の背景
──膨れ上がる「戦時経済」の政府予算──

　戦争という人命の殺戮と都市・自然環境の破壊の一方で，戦場化していないアメリカの経済はその軍事化による「好景気」で潤った．アメリカの1936-39年全産業の税引き前利益は，年平均67億ドル，製造業では31億ドルであった．それが1940-45年には，年平均208億ドル，製造業では118億ドルに好転したという．この製造業の一事例として GM（General Motors Company）あげると，売上は1932年4億ドル，1939年13億ドル，1941年24億ドル，1943-44年国防受注で37-42億ドルに増加した．

　この間のアメリカの名目 GDP を示すと，1939年922億ドル，1945年2230億ドル，これを実質 GDP として，2005年の通貨価値換算で算定すると，1939年1兆719億ドル，1945年2兆335億ドルになる．先に1930年代の失業率を示したが，軍需生産にかかる労働に国民を動員し，その効果で1940年14.6％であった失業率は，1943年には1.9％となり，大幅に縮小した．

　アメリカの経済の回復は明らかに軍需生産を背景としたもので，これをバックアップしものは連邦政府予算である．1940-45年連邦政府予算の合計は3292億ドルで，そのうち国防費は4分の3の2525億ドルを占めていた．前項で示した兵器・軍事物資の購入をはじめ，戦争遂行のために多くの経費を国家の財政がつぎこまれた．たとえば，B-29爆撃機3700機の開発・製造のために30億ドルが経費としてつぎこまれた．

　図3-2は米国の戦費を賄った連邦政府の債務残高の GDP 比率の推移を示したものである．

　次に表3-1として米国連邦政府の1940年から1945年の歳出額を示す．

　ちなみに，戦時中の日本政府の財政はどうだったのか．図3-3は日本の政府債務残高の名目 GNP 比率（縦軸）を明治23年（1890年）から平成22年（2010年）までを示したものである．グラフでは明治38年（1905年）から大正6年（1917年）頃まで債務残高が少々多いが，この主な要因は日清戦争，日露戦争，第一次世界大戦の戦費をまかなったからである．グラフを見ると，第二次世界大戦の終盤，日本の債務残高は GDP 比200％で，米国よりはるかに多く，経済の基礎体力をはるかに超えている．

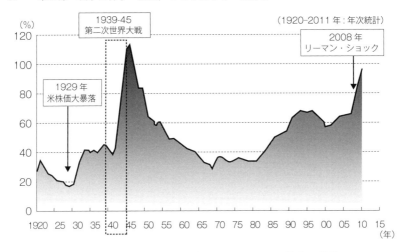

図3-2　米国連邦政府の債務残高の GDP 比率の推移

(出所)　米 FRB 資料から野村アセットマネジメント作成.

表3-1　米国連邦政府の歳出額 (1940-45年)

(単位：億ドル)

年　度	1940	1941	1942	1943	1944	1945	総計
歳出総額 (億ドル：A)	93	138	343	797	956	1004	3331
内軍事費 (億ドル：B)	18	62	229	634	759	805	2507
B/A (%)	18.9	44.9	66.8	79.5	79.4	80.2	75.3
名目 GNP (C)	997	1245	1579	1916	2101	2119	9957
A/C (%)	9.3	11.1	21.7	41.6	45.5	47.4	33.4
B/C (%)	1.8	4.9	14.5	33.0	36.1	37.9	25.1

(出所)　上記の数値は，関野満夫「第2次世界大戦期の戦争財政──米，英，独と日本の比較──」『経済学論纂』(中央大学経済学研究会) 59 (1・2)，2018)から抜粋. 歳出額は Annual Report of the Secretary of the Treasury, 1947, pp. 276-277，GNP はアメリカ合衆国商務省編 (斎藤眞・鳥居康彦監訳)『アメリカ歴史統計』第2巻，原書房，1986年，p. 224.

　ちなみに，近年の21世紀に入っての債務残高が第二次世界大戦時に匹敵する200％水準にあり，コロナ禍で債務を積み増しているが，どう是正するのか，重大な問題である．債務は国の借金，いずれ税金等で返すほかはないであろう．

　表3-2は，日本の1937年から1945年までの政府一般会計歳出と臨時軍事費特別会計歳出の推移 (億円) である．1937年は日中戦争が本格化した時期で

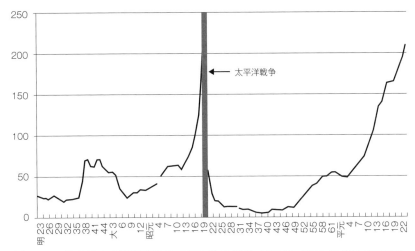

図 3 - 3　日本政府の債務残高の GDP 比の推移（明治23／1890-平成22／2010年）

（出所）　財務省「社会保障・税一体改革について」.

表 3 - 2　日本政府の一般会計歳出と臨時軍事費特別会計歳出の推移（1937-45年）

（単位：億円）

年　度	1937	1938	1939	1940	1941	1942	1943	1944	1945	1937-45計	1940-45計
歳出総額(億ドル：A)	47	78	88	110	165	244	380	862	380	2354	2141
内軍事費(億ドル：B)	33	60	65	79	124	188	298	735	171	1753	1595
B/A (%)	70	77	74	72	75	77	78	85	45	74.5	74.5
名目 GNP (C)	234	268	331	394	449	544	638	745	—	3603	2770
A/C (%)	20	29	27	28	37	45	60	116	—	65.3	77.3
B/C (%)	14	22	19	20	27.6	34.5	46.7	98.6	—	48.6	57.5

（出所）上記の数値は，関野満夫「第 2 次世界大戦期の戦争財政——米，英，独と日本の比較——」『経済学論纂』（中央大学経済学研究会）59（1・2），2018から抜粋；歳出額は大蔵省財政金融研究所財政史室編『大蔵省史』第 2 巻，大蔵財務協会，1998年，pp. 390-391，GNP は経済企画庁「国民所得白書　昭和38年度版」p. 136.

ある．

　日米両国の軍事費の歳出比は総額では75％と同程度，しかし米国の1940-41年の軍事費の負荷は20-40％で少なく，日本の軍事費の負荷は日中戦争の頃より70％台で，財政への負荷が大きい．歳出の GNP 比は，米国は10％前後-40％台であるが，日本は1930年代の日中戦争時代は20-30％程度である．だが，1940年代の第二次世界大戦時代に入ると40-110％台へと増え，1944年には GNP

を超えている．軍事費の GNP 比は，米国は30％台に留まったが，日本は90％台に至った．

　大蔵省理財局『金融事項参考書』によれば，この時代の為替レートはおよそ25ドルが100円相当とのことである．もちろん物価等の国情の違いがあり単純比較できないが，両国の軍事費総額（1940–45年）を比較すると，アメリカの2507億ドルは円換算で1兆28億円となり，日本の1595億円の6.3倍となる．

　それにしても，この膨大な戦費をどうまかなったのか．それは赤字国債（市中資金：預金の吸収）と増税などによる．第二次世界大戦中に米国では1860億ドルに上る戦時国債が発行され，政府はそれを元手に製造された兵器や軍事物資を企業から購入した．その結果，前記のように企業の業績は上向き，この軍事特需による軍事動員で失業率も低下した．はたしてこのサイクルは健全なのだろうか．

　日本の戦費，軍事費はどうだったのか．おおすじ変わりはないが，日本の場合は戦後にとんでもないもう一つの帰結があった．当時の市中の預貯金は2377億円，国債が1175億円だったといわれる．また，元軍人への支払総額は1945年1–9月で359億円，さらに年末までに273億円の支払いが生じ，払い出しのために円札270億円が増刷された．

　経済的体力のすっかり落ちているところに円札がばら撒かれればインフレーションになるのは火を見るより明らかである．1946年2月16日に政府は「総合インフレ対策」（「金融緊急措置令」と「日本銀行券預入令」）を突如発表した．それによれば，①同年2月17日以降，全金融機関の預貯金を封鎖する，②同年3月2日限りで，流通している十円以上の銀行券（旧券）を無効とする（同年2月22日，五円券追加），③同年3月7日までに旧券を強制的預入させて封鎖，一方で新様式の銀行券（新円）を同年2月25日から発行，一定限度内に限って旧券との引換え及び新円による引出しを認める「新円切替え」を行なった[11]．あわせて資産への累進課税による財産税，また政府が負う債務補償を無効とする100％課税の戦時補償特別税の措置がとられた．

　政府のこれらの政策は，混乱に乗じてインフレーションに対処するためとカモフラージュして，前記の膨大な赤字国債の処理問題を「御破算」によって解決する挙に出たのだった．前記（図3-3）の日本の債務残高は大戦直後の1945–46年の一時期について縦断帯（網掛けの部分）が付され記されていない．これは上述のような金融政策で不連続的な処理が行われたからである．中島厚志：

経済産業研究所理事長は「個人の金融資産と所得が大きく目減り，毀損されることで巨額の負債を抱えた国家財政が健全化されたという事実であり，財政が再建されるにはいずれにしろ個人の極めて高い代償が伴う」と指摘している[12]．預金封鎖，新円切替えを行なって債務を帳消しにする，言い換えれば，人々の資産を踏み倒す処置でもって決着させたのだった．

5　軍事的覇権主義と「アメリカの世界性」の波及

　第二次世界大戦後に「どん底」を経験した「敗者」の日本は，憲法九条の平和条項下で比較的「健全な成長」をしてきた．これに対して「勝者」の米国は，「軍産複合体」を米国経済に内包し，軍事強国として「政治的覇権」を揮い，「アメリカの世界性」を波及させてきた．

　米国がそのような路線をとることになった起点は，前述したように，1930年代ことに1938年前後，再度の経済不況を乗り越えようと，平時でありながら軍需生産機構を整備しつつ徴兵制を敷いた．そしてヨーロッパ戦線において独伊の枢軸国と対峙し，東アジア戦線においては日本と対峙し，連合国として同盟国への「支援」の一方で米軍の「派遣」と「攻略」を行い，戦後世界戦略を見据えつつ活路を見出したことにある．

　こうして米国の戦時体制は，大戦中の力関係を踏まえつつ，戦後世界において新しい形での世界分割のせめぎ合いが追及された．その一つ帰結が世界を二極に対峙させた「東西冷戦体制」といえる．ただし，アジア・中南米のアラテンアメリカ・アフリカの諸国を別の一極としてみれば単純ではない．

　今日，米国は世界の多くの国に米軍を駐留させ，世界の地域紛争に軍隊を派遣し軍事支援を続けている．米軍の駐留が数万人規模に及ぶ大規模駐留国は，日本5.5万人，ドイツ3.5万人，韓国2.6万人の３カ国，そして１千−１万人程度の中規模駐留国はイタリア，英国，バーレーン，スペイン，アラブ首長国連合，クウェート，トルコ，ベルギーなどである．イラクにはイラク戦争終結後も駐留している．100-1000人程度の駐留国はキューバ，ノルウェー，カタール，ギリシア，ホンジュラス，オランダ，サウジアラビア，オーストラリア，エジプト，ポルトガル，英国領インド洋地域，シンガポール，フィリピン，ポーランド，プエルトルコ，グリーンランド，カナダ，ジブチ，ヨルダン，タイなどである[13]．なお，2021年８月アフガニスタンからは撤退する一方で，そ

の後ウクライナへの軍事支援を強化している．以上，米国が描く国際秩序の枠組み（パックスアメリカーナ）によって，国外総計16.8万人の米軍が世界各国に駐留し，国内に115,6万人の米軍が展開している．

　今日の日本における米軍の駐留は，戦後の米軍を主体とする連合軍による占領統治を，1951年締結の日米安全保障条約に基づく米軍の駐留継続へと切り替えた．なお千島列島は1945年のヤルタ協定[14]においてソビエト連邦に引き渡すことが記されている．これらの措置・取決めは，第二次世界大戦後の連合国の戦後処理構想，国際協調のあり方を宣言した，先に紹介した大西洋憲章の領土不拡大などの趣旨とは異なる．そして，2010年代に入っての事態は，経済的・技術的覇権を競う米中対立，台湾問題，繰り返される北朝鮮のミサイル発射，さらにはロシアによるウクライナ侵攻など，軍事緊張のみならず軍事侵攻も止まず，軍事力を背景としたブロック経済化による分断と対立が深刻化する事態に立ち至っている．

注

1）　北朝鮮の軍事費は2016年の推計（Reuters）で40億ドル，GDP は160億ドル超と見られ，GDP 比は24％である．この数値はかつての日本の日露戦争や第二次世界大戦の戦時経済の水準に相当する．なお，北朝鮮国民の約5％が軍の任務に従事しているとの報告（米国務省）がある．ただし，北朝鮮の軍事費は米国の200分の1程度に過ぎない．

2）　この軍拡予算倍増には，東アジア情勢の緊張もあるが，もう一点留意すべき点は，NATO が2024年までに国防費を GDP 比2％を目標とすることにならったものである．2018年，米国のトランプ大統領が1％余りのドイツを名指しで批判した．なお，NATO 加盟国は冷戦崩壊までは GDP 比数％であったが，その後，減じていた経緯がある．

3）　ヤルタ会談にはチャーチル英国首相も参加した．なお，マルタ会談は米ソ首脳のみである．

4）　財政・金融政策をはじめとして農業調整法による生産抑制と助成，全国産業復興法によるテネシー川流域開発公社などの公共事業，ワグナー法による労働者保護などの政策．

5）　小原敬士『アメリカ軍産複合体の研究』日本国際問題研究所，1971年．

6）　森杲「第2次世界大戦におけるアメリカ経済の軍事化への転換：準備的考察」『経済学研究』17（1），1967年．

7）　国際連盟総会は，中国の統治権を承認，日本軍撤退を求める決議が賛成42，反対1

（日本），棄権 1 で可決された.

8 ）　J. D. バナール（坂田昌一ほか訳）『科学の社会的機能』，勁草書房，1981年.

9 ）　憲章には，連合国の戦後処理構想，国際協調のあり方−領土拡大の否定，関係国の人民の意思の尊重，自由貿易の拡大，経済協力の発展，恐怖と欠乏からの自由，航海の自由，安全保障の仕組みなどについて記されている.

10）　堀一郎「第 2 次大戦期におけるアメリカ戦時生産の実態について（ 1 ）」『經濟學研究』29（ 3 ），1979年.

11）　日本銀行 HP「新円切り替えと証紙貼付銀行券」『お金の話あれこれ』.

12）　経済産業研究所 HP「政府債務残高名目 GDP 比は過去120年最悪の水準」.

13）　2020年 3 月31日時点の米国国防総省国防人員データ・センター（DMDC）の HP の資料をもとに，沖縄県知事公室基地対策課の編集整理による.

14）　戦後処理を議論したヤルタ協定には 1 ）国際連合の設置，2 ）ドイツの米英ソ仏 4 カ国による分割管理，3 ）東欧ことにポーランド戦後処理，4 ）ソビエト連邦の対日参戦と南樺太・千島列島のソビエト連邦帰属などが記された.

第5章
原爆開発・製造・投下と科学者の行動と責任

　この章では，ヒロシマ・ナガサキの原爆災禍を引き起こした原子爆弾製造計画「マンハッタン計画」を中心に検討する．これは前章の第4章で紹介した科学研究開発局 OSRD の極秘プロジェクトとして遂行されたものである．その計画の概略，研究開発の経緯，研究拠点・製造拠点などの概要を示した上で，この計画に関わった科学者たちの対応，すなわち積極的に関与した科学者，途上で疑問を抱きレポートをまとめる一方，無警告投下反対の請願書を作成した科学者，戦後の核兵器開発競争を危惧した科学者，計画から離脱した科学者たちの群像を示す．加えて，投下目標はなぜ広島，長崎が選ばれたのか．大量殺りく兵器である原子爆弾が投下されるに至った理由，マンハッタン計画当局の対応，また戦後の国際連合原子力委員会における原子兵器の取扱い，核廃絶の国際的な平和運動，科学者たちの取り組みについても述べる．

1　1945年に製造された原爆は，いくつ，どういうタイプのものだったか

　「マンハッタン計画」の見通しでは，おおよそ1945年8月初旬までに原子爆弾3発（即ち7月16日のアラモゴード砂漠での実験，8月6日のヒロシマ，8月9日のナガサキ，ここまではよく知られている）．これ以外に8月下旬に1発，さらに9月に3発，その後の12月までに7発以上とのことである．

　広島への原爆投下は8月6日8時15分，死者14万人を出した．原子爆弾のニックネーム「リトル・ボーイ」(Little Boy) はトルーマン大統領の姿にちなんでいる．長崎への原爆投下は8月9日11時2分，死者7万人を出した．この原子爆弾のニックネーム「ファット・マン」(Fat Man) はチャーチル英首相の姿にちなんでいる．

　それにしても，なぜ広島と長崎の二都市が選ばれたのか．原爆投下・目標検討委員会の選定の経緯の概略は以下のようなものだった．

　1944年9月19日のハイドパーク秘密協定で，英米首脳は原爆投下目標をドイツではなく早くも日本に絞っている．年が明けて，どの都市に投下するかの選定が行なわれた．第1回の目標検討委員会1945年4月27日，投下基準は1）B-29の航続距離1500マイル（約2414km；原爆を搭載し出撃したテニアン島の米軍基地から日本の目標となった都市までの距離に相当），2）有視界爆撃，3）気象条件，4）爆弾の爆風効果と被害，5）直径3マイル以上の都市地域，6）主要目標1つと代替目標2つとされた．目標として東京—長崎に位置する「高度の戦略的価値」をもつ地域とされ，東京湾，川崎，横浜，名古屋，大阪，下関，山口，熊本，福岡，長崎，佐世保を研究対象とするが，「破壊された地域を除外する」とされた．

　第2回目標検討委員会1945年5月12日は，京都，広島，横浜，小倉兵器廠の4目標を勧告し，日本にとって不利となる心理的効果と，のちに重要性が国際的に認識されることが確認された．1945年5月28日の第3回同委員会では《8月1日リトル・ボーイ準備完了》が確認され，京都，広島，新潟が投下目標として上がっていた．7月24日の伝令文書には《グローヴス計画》として広島，小倉，新潟，長崎の順で目標が記されている．京都は日本の伝統文化の都市ということで，京都を原爆でせん滅すると，戦後になって世界から米国は非難されるとの意見から目標から外れたといわれる．なお，1945年6月18日の対日戦略会議は，沖縄攻略後の上陸作戦として1945年11月1日を九州侵攻の「オリンピック作戦」の目標期日としていた．

　さて，**図5-1**のきのこ雲状の原子雲は1945年7月16日に行われた人類史上初の核実験のものである．なぜ広島，長崎の原爆投下以前に核実験をしたのか．原子爆弾には2種あり，広島に投下された原爆はウラン爆弾で単純な砲撃方式で，長崎はプルトニウム爆弾であった．後者は仕組みが複雑な爆縮方式のため事前に検証する必要があった．

なぜ米国は日本に対して原爆を無警告で投下したのか　次の四つの説がある．

　第1の説　米国が戦後世界戦略を有利に導くには単独で日本を攻略することが必要だとする説である．というのは，米国，ソビエト連邦，英国の3首脳が会談した1945年2月のヤルタ協定では，ソビエト軍も日本の無条件降伏に向けてドイツ降伏の3カ月後に参戦することになっていた．ドイツ降伏は1945年5月8日，ソビエト軍参戦のXデーは8月8日である．米国が日本を単独で東

図5-1　アメリカ・ニューメキシコ州
　　　　アラモゴード砂漠での核実験
　　　　（1945年7月16日）

図5-2　左図のトリニティ核実験跡地
　　　　にて

（出所）図5-1，5-2ともに United States De-
partment of Energy.

アジア戦線，すなわち日本を攻略するには，この X デーに間に合う必要が
あった．これには次のような事情もあった．アメリカ軍はドイツ無条件降伏に
向けて，ソビエト軍とのベルリン攻略競争でヨーロッパ戦線に戦力をとられて
いた．もし上陸作戦で日本を攻略するとなると，その戦力投入は早くても1945
年11月にならざるをえないという事情があった．

　第2の説　後述で示すように，マンハッタン計画は極秘プロジェクトして巨
額の予算を費やした．戦後議会に報告した際に議会が納得できる理由，すなわ
ち戦争終結に大きな効果があったと根拠づける必要があったという議会対策説
がある．

　第3の説　日本上陸作戦を決行した際に発生するアメリカ兵の犠牲回避，す
なわち原爆投下による戦争早期終結で50万人とも100万人ともいわれるアメリ
カ兵を救済できる．この救済説は原爆投下で悲惨な被害を出した米国の行為に
対する国際的非難を回避し弁解するために後付けで語られた．

　第4の説　米国は原爆投下の無警告にこだわった．実は意外と早くから対独
投下は話題にならず，対日本投下が語られていた．しかも原爆投下は通常爆撃
を被っていない都市が投下目標とされたことから原爆の実際の威力を試す，ま
た種類の異なる二つの原爆の効果の違いを検証することに目的があったとする
説である．このモルモット説には黄色人種に対する差別蔑視思想が働いたと指
摘されている．

2　原子核の基礎研究，そして原爆の開発研究はどのように始まったのか

　ウランの原子核分裂が発見されたのは1938年12月，第二次世界大戦勃発前であった．翌年そのニュースを知った科学者の中では，核連鎖反応すなわち原子核エネルギーの利用実現の可能性が話題となった．原子核分裂のメカニズムについて述べると，原子核内には陽子と共に中性子があり，ウラン$_{238}$の原子の場合は，原子核は92個の陽子と146個の中性子からなり，ウラン$_{235}$の原子の場合は，92個の陽子と143個の中性子からなる．一般に，原子核内の陽子と中性子の数は原子番号が少ない原子は陽子と中性子の数が同数に近い．したがって中性子の数が多いウランが核分裂して原子番号の少ない二つの原子核に分裂すると，中性子が余って放出される可能性が高い．仮に2個以上の中性子が放出されるとしたら，次には2個以上のウラン原子核に当たる可能性がある．この場合はそれぞれの核分裂で同様に2個以上の中性子が放出される可能性があり，あわせて4個以上の中性子が放出されることになる．こうした核分裂が続くとなれば，ネズミ算式（指数関数的）に核分裂する原子核が増えて，核分裂前後の質量差が瞬時にエネルギーとなって解放され，超爆発が起こることになる[1]．

　ともかく1939年の春先までに核分裂の追検証と放出中性子が2個以上放出されるか否かを調べる基礎的研究が行われ，核連鎖反応の実現可能性が関心の的となった．1939年5月には，フランスのジョリオキュリーらが原子炉の特許を申請し，応用科学の工学的研究を取り組もうとしたのも，こうした科学者たちの帰結であった．

「ドイツ原爆」に対する「抑止論」の意思　それにしても，歴史というのは偶然と必然のクロスによって展開される．核物理学研究の展開と，折からの世界大戦とが重なった．ユダヤ系の科学者はナチス・ヒットラー政権の反ユダヤ政策を恐れてイギリスやアメリカに逃れた．これらの亡命科学者のうち，アインシュタインのような高名な科学者はプリンストン高等研究所に招かれた．ハンガリーから亡命したシラードは，一時期イギリスのオックスフォード大学の研究員の資格を得たが，その後アメリカに渡った．シラードはアメリカでは公的地位はなく研究活動もおぼつかなかったとみられる．

図5-3   アインシュタインとレオ・シ   　　図5-4   シカゴ冶金研究所のメンバー
　　　　ラードの回想

　シラードはアインシュタインにウラン研究の話を持ち込んで, 研究費を政府から交付してもらおうと, 1939年8月米国大統領宛の書簡をアインシュタイン名で届けた. 動きは当初なかった. ただし, この書簡に記された超爆弾は天然ウラン爆弾構想で爆発の可能性はないものだった.

　ところが, 1939年9月, 英仏が対独宣戦布告し第二次世界大戦が始まった. 10月になると米国はウラン諮問委員会を発足させた. なお, この頃, ドイツでもウラン委員会が発足していた.

　翌1940年2月にはウラン諮問委員会に6000ドルが交付された. とはいえ, この研究資金投入は僅少で, ウラン研究は本格化しなかった.

　ウラン研究が本格化するのは, 6月国防研究委員会 NDRC が設置されてからである. 先のウラン諮問委員会は S-1 委員会に改組され, 亡命科学者は排除された. 翌月には予算措置14万ドルが勧告され, 研究費は増額された.

実現可能な「超爆弾」構想と英米協定　　実は, 爆発可能性のある高速中性子による高濃縮ウランを用いた超爆弾構想は1940年2月頃, 英国において発見された. これは同国に亡命していた科学者フリッシュ (オーストリア出身) とパイエルス (ドイツ出身) によって発見された. 彼らは, 天然ウランのほとんどはウラン238で, その中に0.7%含まれるウラン235を濃縮して, 一定量 (臨界量) を爆弾の原料として設計すれば爆発可能性があることを見出した.

　1940年4月, 英国政府・防空科学調査委員会に (暗号名) MAUD 委員会 (委員長：物理学者 G.P.トムソン) が設置され, 先のフリッシュとパイエルスのウラ

ン爆弾構想を記したメモが届けられた.

　この年8月,英米首脳は大西洋憲章を宣言した.これを契機に英米間での情報供与・協力で使節団が派遣されることになった.その一つが英国のティザード・ミッションで,レーダーの開発にかかるマグネトロン,ジェット・エンジン,化学兵器,艦船防護装置などに関する極秘情報が米国側に伝えられた.ウラン研究に関しても意見交換を行ったという.

　1940年末,さらに MAUD 委員会にプルトニウム爆弾の構想が伝えられたが,当時のイギリスにはプルトニウムをつくる装置はなく,アメリカのカリフォルニア大学放射線研究所の物理学者ローレンスに依頼された.このプルトニウム爆弾構想はアメリでも着想されてもいたが,1941年6月,ローレンスは,同月発足した科学研究開発局 OSRD と研究契約し,翌7月には超ウラン元素の研究[2],すなわちプルトニウム爆弾の実現可能性に関する実験的結果を示した.

　1941年7月,MAUD 委員会は前述のウラン爆弾構想の最終報告をまとめ,MAUD 委員会の G. P. トムソンは OSRD の V. ブッシュに送った.10月,ルーズベルト大統領は原爆計画発足の政策を決定し(ゴーサイン),翌月,原子力研究を NDRC から OSRD の S-1 課に移管した.

　1941年12月8日には,日本軍の真珠湾奇襲攻撃によって日米は太平洋戦争に突入した.

　こうして原爆開発のための軍事研究と政策決定が行われた.翌1942年8月には,原爆製造計画「マンハッタン計画」が発足した.この計画を統括したのは陸軍のグローヴス将軍で,軍管理によって統制的に推進された.1942年9月には原爆開発に関する軍事政策委員会も設置された.

　マンハッタン計画において科学者が関与する研究開発は,世界大戦のためのいわゆる軍事研究であって,学術研究の本来の姿とは程遠いものだった.軍管理は科学者たちが求める自由な研究交流を阻害するもので,科学者たちは不満を漏らした.それだけではない.興味ある事実は,マンハッタン計画では,科学者たちの意識をコントロールせんがために,「情報の区分化」による軍事的機密措置がとられ,実際,多くの科学者が,自らが関与している研究が原爆開発であることを知らされずにいたのだった.バークレーの放射線研究所では1942年10月の時点で原爆計画に関与していることを知っていたものは,所員約500名のうち5%程度に過ぎなかった.

表5-1 原爆製造計画を実現する研究所と工場，その経費

場所・業務	経費	2011年時のドル換算
オークリッジ／ガス・液体熱拡散法，電磁分離法によるウラン濃縮・精製，プルトニウム生成実験	1,188,352千ドル	145億ドル
ハンフォード／原子炉によるプルトニウム生産・処理	390,124千ドル	47.6億ドル
特別作戦物資	103,369千ドル	12.6億ドル
ニューメキシコ・ロスアラモス／原子爆弾開発・製造	74,055千ドル	9億ドル
研究開発	69,681千ドル	8.5億ドル
管理	37,255千ドル	4.5億ドル
重水炉	26,768千ドル	3.27億ドル
計	1,889,604千ドル	230億ドル

(出所) S. I. Schwartz, *Atomic Audit : The Costs and Consequences of U.S. Nuclear Weapons since 1940*, Brookings Inst Pr, 1998.

　この機密措置は研究者だけにとどまらない．マンハッタン計画は大統領の専決的な予算措置によって推進され，米国議会に対しても，また米国民に対しても秘密にされていた．つまり，原爆計画の戦時政策は，科学行政官を含むマンハッタン計画当局においてコントロールされていたのである．

3　原爆製造計画を実現する研究所と工場，その経費

　動員された科学者を含む労働者は，延べ60万人（ピーク時雇用約13万人），資金は約20億ドル，研究所や工場，ウラン鉱山等の所在地はアメリカ，カナダ，ベルギー領コンゴ等である．

　表5-1に示されるように，これは1945年12月31日までの数値であるが，経費の支出額の8割がオークリッジとハンフォード等の核物質を精製する製造工場に充てられ，研究開発に充てられた経費は1割程度である．もちろん科学研究（研究開発）は原子爆弾製造の前提といえるが，原子爆弾の現実化は経費の面からみると，多くの製造設備を備え大勢の従業員が働く工場は圧倒的に大きな重みを有している．しかも，原爆製造のための核物質の精製は，ウラン235のみならずプルトニウムの分離精製，またガス拡散法や液体熱拡散法，電磁分離法　遠心分離法など，多彩な方法で取り組まれたことも，その経費を膨らませた要因となっている．

4　原爆製造計画・原爆投下の意思決定を行う当局と科学者たちの対応

原爆製造計画，原爆投下の政策決定はどのように進められたのか　注視すべき文脈を二つ紹介しておく．一つは，1943年5月5日の米国・軍事政策委員会政策会議の記録である．そこには「最初の爆弾の，……最適の投下地点はトラック港に集結している日本艦隊であろうというのが大方の意見……．スタイアー将軍が東京を挙げた．……日本人が選ばれたのは，……ドイツ人と比較して，この爆弾から知識を得る公算は少ないと見られる」と記載されている．

また1943年8月19日，英米首脳によるケベック会談が行われ，1）両国は互いに原子爆弾を使用しない，2）相互の同意なしに第三国に原子爆弾を使用しない，3）他国へ原子爆弾の情報を渡さない，4）戦後の原子力の開発は米国大統領の許可があってはじめて英国は享受できる，つまり原子力とその爆弾を英米が占有すること，原子力開発は米国優位で進められることが合意されている．

科学者らしい科学的見通しに立った言動・行動の紹介　こうした展開の中で，科学者の中には核開発競争が将来起きうるとの恐れを察知し，回避した方がよいと考えた者がいる．それがデンマークの科学者ニールス・ボーアで，1943年の秋イギリスにわたり原爆計画の顧問となった．

彼はアメリカを訪れる機会を得て，ロスアラモス研究所などを視察し，進展する原爆開発の模様を目の当たりにした．計画がファシズムとの戦争を終結するものと理解したが，その一方で戦後，「ファシズムに反対して連合した国々が社会的経済的問題に対する態度が食い違っているため，深刻な不一致に直面するかもしれない」との危惧を感じたという．そこで，彼は英米首脳に接見する機会を得て，将来における原子兵器をめぐる各国間の競争を回避するためには，政治的結びつきを持つ連合国が原子力の情報交換，軍事的準備を含む工業的努力の公開を進める，原子力の国際管理の構想を提案した．

しかし，このボーアの提案はその年の9月のハイドパークでの英米首脳の極秘談で拒否された．ボーアの構想は善意によるものであったが，ボーアをソビエト連邦に情報をもたらしかねない要注意人物，すなわちスパイではないか

図5-5　ニールス・ボーア　　図5-6　左からローレンス，コンプトン，ブッシュ，
　　　　　　　　　　　　　　　　　　　コナント

とその対策を講ずることで一致したという．

　さて，もともとウラン爆弾構想を提起したのは，イギリスに亡命したフリッ
シュとパイエルスによるところである．実は，彼らは科学者らしく，「超爆弾
（super-bomb）は抵抗不可能」，「多くの市民を殺害する」危険な大量殺戮兵器で
あるとの科学的見通をしていた．しかしながら，ナチス・ドイツのヒットラー
がこの超爆弾を持ったら世界は破滅するかもしれぬと思い，先に爆弾を開発す
ることが必要だとの核抑止論的立場から，原爆計画を提案したのだった．多く
の科学者が原爆計画に加わった意思はこうした考え方によるところが大きい．

　ところが，歴史の綾は一筋縄ではなく何とも皮肉である．1943年12月と1944
年7月，米国はアルソス科学情報調査団を派遣し，ドイツは原爆を開発してい
ないことを調べ上げた．この情報が明らかになれば，対ドイツ原爆抑止で原爆
計画に携わる科学者たちの原爆開発の意欲をそぐことは明らかであった．その
恐れから調査団の情報は機密扱いとなり公開されなかった．

　とはいえ，中にはその情報を伝え聞いた科学者がいた．その一人がポーラン
ド出身の物理学者 J. ロートブラットである．彼は1944年3月の不愉快な衝撃
的事実を語っている．《グローヴス（将軍）は，『ここのプロジェクトは皆“ロス
ケ”を屈服させるため（to subdue the Ruskies）のものだ』と言った．スターリン
の体制になんらの幻想も持ってはいなかったが，同盟（している連合）国を裏切
ることになるという思いを強くした．（英米の）同盟軍にヨーロッパ大陸上陸（ノ

ルマンディー上陸作戦）の準備時間を与えるために，ドイツ軍を東側の最前線に
釘付けにしながら，毎日何千人というロシア人が死んでいた時だった．その時
まで，私たちの仕事はナチが勝利するのを妨げるためであると考えていたが，
私たちが用意している兵器は，ソ連を劣位に置くために用いられようとしてい
ることがわかった》と後日語っている．彼はその年の暮れのクリスマスイブ
に，原爆計画は本意ではないとしてマンハッタン・プロジェクトを離脱した．

　1944年段階ではなくとも，数少なくない科学者が1945年春には気がつきだし
た．ドイツは敗北の決定的な瞬間を迎え，ドイツ原爆はもはやありえないこと
が判明してきたのだった．こうして，科学者たちの側からマンハッタン計画当
局に対して科学者の意向を伝える働きかけが始まった．

　科学者たちは，原爆計画の初期から中期は推進派であった．だが，原爆の政
治的社会的意味はソビエト連邦攻略の対ソ抑止政策や，日本に対する無警告原
爆投下の対日政策を聞くに及んで，戦時終盤期にマンハッタン計画への態度を
見直す科学者が現れた．端的に言えば，原爆計画へと駆り立てていたドイツ原
爆への対抗という科学者の論理は虚構の世界のことになった．彼らは人道主義
の観点から，意見書「政治的，社会的問題についての委員会報告（フランク報
告）」（フランクは意見書のまとめ役の名）をまとめた．以下はその極一部である
が，紹介する．

　「この計画に関わった科学者たちは，国家的な，あるいは国際的な政策の問
題について権威主義的に語ろうというわけではない．しかしながら，事実の重
みによって，この5年間いた立場から，われわれは，人類の他の部分が気付か
ない，この国とすべての国の未来の安全にとっての重大な危険を認識した少数
の市民の一団であることを自覚するに至った．それゆえ我々は，原子力の支配
から生じる政治的な問題がそのあらゆる重大性において認識されるよう，ま
た，それらの研究と，必要な決定の準備のために適切な処置が取られるよう促
すことは我々の義務であると考えた.」

　「我々は，この戦争での核兵器の使用は，軍事上の便宜ではなく，長期的な
国家政策の問題として考えるべきであると勧告する．そして，この政策は，核
戦争手段の効果的な国際管理を可能にする合意の達成を第一の目的とするもの
でなければならない」.

　そして，フランク報告のメンバーの一人であった，シラードらは無警告投下反対の大統領宛の請願文書を起草し，各研究所に賛同の依頼を行った．そこには原爆の無警告投下は正当ではないことや，その使用の決定に当っては，米国はあらゆる道義的責任を考慮しなければならないとの趣旨が記されていた．

　戦争遂行の終盤になって，マンハッタン計画当局の政治的・軍事的権力を握る為政者は，軍事的便宜主義から原子兵器「超爆弾（super-bomb」の比類のない威力「超」に魅せられて，その政治的・戦略的利用を謀り，他者を軍事力という暴力をもって圧倒しようとする．1945年7月17日，ポツダム会談のトルーマン米国大統領とチャーチル英国首相の下に，"Babies satificatority born" とのメモが届けられた．これは7月16日の原爆実験の成功を伝えるものだった．これでソビエト連邦の参戦なしに日本を降伏させられると確信したという．

　これに対して科学研究に誠実に取り組む科学者は「超爆弾」だからこそ，その比類のない軍事兵器に破滅的世界を見通し，人道的立場から対日無警告投下に反対し，戦後には核開発競争の回避，核廃絶の意を表明し行動した．これらの科学者の行動には，原爆計画に関与しているということから生じる責任，すなわち現下の局面を自らの専門性から科学的に捉え，その問題性を明らかにしたのだった．事態としては遠くない時期に破壊と大量殺戮の破滅的事態が人類社会に引き起こされかねない，その深刻な事態の本質を見通し回避せねばならないと，科学に携わる者の人間的態度から発する社会的責任が窺える．

　為政者と科学者の両者のよって立つ視点は異なっていた．

5　原子兵器の取扱いをめぐるマンハッタン計画当局と科学者

　1945年5月31日−6月1日には，当面のマンハッタン計画の政策・対応について協議する暫定委員会が持たれた．その仔細は紙幅の関係上，割愛する．委員会の議論のなかで興味深い点は，戦時の原子力に関する管理問題や戦後における非軍事的開発（原子力発電などへの転用），対ソビエト政策，対日本原爆投下についての勧告，そして翌日の会議では無警告で投下すべきこと，さらに戦争の終盤段階での科学者たちの行動，彼らがいかに原爆計画の遂行に携わるかということが議論された．

　とりわけ研究所の同僚科学者たちへの対応として，指導的科学者は暫定委員会の会合から戻ったら，政府がこの計画に強い関心を持っていることをはっき

図 5-7　グローヴス将軍と
　　　　オッペンハイマー

図 5-8　フレデリック＆イ
　　　　レーヌ・ジョリオ
　　　　＝キュリー

りと印象づけること，また自分たちは暫定委員会で自由に意見を述べることが認められたことを説明すべきだとした．なお，忠誠心の定かでない，計画に支障きたしている「望ましくない科学者たち」は（他の同僚科学者の意欲をそぐ悪い影響が出ないように）当面は解雇をせず，計画終了後に切り離すことが確認された．この「望ましくない科学者たち」というのは，端的にいえば，前述の対日無警告投下反対の請願署名の活動などに取り組んだ科学者たちのことを指している．

　マンハッタン計画当局は，原爆計画が完遂されるよう心理面に注意し，細密なマネジメントとしていた．その点で，科学行政官と称されるマンハッタン計画の科学動員を主導した科学者の役割は大きかった．その一人ジェームズ・コナント（国防研究委員会 NDRC S-1 課委員長，ハーバード大学学長）は，「原爆使用が戦争全廃の必要性に世界を目覚めさせる唯一の方法である．どんなデモンストレーションをやって見せても，恐ろしい結果を伴う実際の戦争で原爆を使用することの代替にはならない」と，対日無警告投下に賛同していた．

　ロスアラモスの研究所所長ロバート・オッペンハイマーやシカゴ大学冶金研究所所長アーサー・コンプトンらも，それに準じ，彼らは原爆計画の遂行ために一般の科学者たちを「一心不乱」に取り組ませようと努めた．

　ルーズベルト大統領は，マンハッタン計画の最高政策グループとして，

ウォーレス元副大統領，スティムソン陸軍長官，マーシャル陸軍大将，コナント博士，ブッシュ博士を任命していた．これらの最高政策グループは原爆計画を統括し，この指導的科学者たちは最高政策グループの意向に従って行動した．多くの人命を殺戮し都市を破壊し次世代にも爪痕を残し，その災禍が大いに問われたヒロシマ・ナガサキの原爆投下についてもこれらの政策決定者らによって決められた．

　ところが，ヒロシマに続くナガサキへの原爆投下は，原子爆弾完成で戦争を早期終結させるだろうとの論理も虚構の論理であるように見えた．マンハッタン計画に参加した科学者は新たな自主的な行動に出た．シカゴやロスアラモスで「原子科学者協会」がつくられた．そして自らの意を声明として発信しようとしたが，シカゴでは2カ月も遅らされ，ロスアラモスでは絶望的となった．

　とはいえ，戦後当初は政府の態度も好ましいものであった．1945年11月，米英加の三国の首脳は，国連に委員会をつくって，平和目的の科学情報の交換，原子力管理，大量破壊兵器の破棄と措置などを討議することで合意した．12月には米英ソの三国の外相が同様の趣旨を内容とするコミュニケを発表した．翌1946年1月に国連原子力委員会が設置された．

　国連原子力委員会において，米国は原子力の国際管理機関への移管は米国の最高政策の諸決定を道標とするとし，ソビエト連邦は原爆の製造・使用禁止を提案した．この米国の提案は自国の国際戦略を第一義とするものであった．アメリカの科学者たちの中には政府提案を支持する者もいたが，これでは事態を打開できないと憂慮した．ロスアラモス科学者協会は「政治上の見識も真剣さも欠けている」との意を表明した．だが，米国科学者連盟はおおすじ政府提案に賛意を表した．こうした矢先，米国は1946年7月に西太平洋ビキニで核実験を行い，原子兵器保有の意思を印象付けた．そして8月にはソビエト連邦の提案は審議打ち切りとなり，米ソの政治的交渉は決裂し，双方の提案は破綻した．

　イギリスの物理学者 P. ブラケットは，当初は原爆の完成を反ファシズム連合国の枠組みで了解し，国際管理の協定に関する政府間交渉に期待していた．しかしながら，事態の進捗から認識を変えた．英国科学者協会は米ソの両国案の調停の労をとらない英国政府の態度を非難する声明を発し，フランスの科学者もこれに続いた．

　こうして数少なくない科学者が，現下の状況では実現の見通しはない国際管理のアイデアに見切りをつけ，端的には政府間の交渉に期待をつなぐよりは，

図5-9　パグウオッシュ会議に参会した科学者：最前列左から4人目：朝永振一
　　　　郎，右から4人目：シラード，最後列右端：ロートブラット

（出所）日本パグウオッシュ会議 HP.

直接に世界の人々に呼びかけ，連帯していく運動を展開する方向に舵を切って
いった．

6　科学者たちの群像

　科学者たちの戦時の行動には語り尽くすことのできない，ナチス・ドイツ下
での科学者たちの行動，ことにマンハッタン計画にかかる科学者など，さまざ
まな「科学者たちの群像」がある．大別すれば，P. レーナルトや J. シュタル
クらのナチズムに賛同し反ユダヤ主義の「アーリア物理学」を提唱した科学
者，これに対して，ハイゼンベルクらのナチズムと一線を画し戦後のドイツを
展望した科学者，ナチスのファシズム戦争下のフランスでレジスタンス行動を
展開した F. ジョリオキュリーなどがいる．

　そして，米国のマンハッタン計画を推進した V. ブッシュ，J. コナント，A.
コンプトン，E. ローレンスら，その一方で，前述のように，マンハッタン計
画に参加した科学者の多くが戦後，核研究の軍事的枠組みに距離をとったこと
も知られている．英米首脳に戦時中に原子力国際管理の構想を提案した N.
ボーア，イギリスの物理学者 P. ブラケットは MAUD 委員会に関与したが，
戦後は英国の核保有に反対した．また，戦後の水爆計画を推進した亡命科学者
E. テラー，これとは反対に世界を破滅させかねないと見て J. R. オッペンハイ

マーは水爆計画に反対した．

　さらには，戦後パグウォッシュ会議に参加し核廃絶平和運動に携わった，A. アインシュタインや J. ロートブラット，レオ・シラード，F. ジョリオキュリー，湯川秀樹らの科学者たちがいる．この会議は1955年のラッセル・アインシュタイン宣言を機に開催されるに至った．宣言には，《世界は特定の国民や大陸，信条ばかりにこだわるのではなく，存続が危ぶまれている人類，いわば人という種の一員として考えることの重要性を説き，私たちは新たな思考法，自らに問いかけることを学ばなくてはならない》との意が記されていた．すなわち，国家や民族，信条を超えて人類の立場から大量破壊兵器の廃絶，あらゆる紛争問題の解決のために平和的な手段を見出すことを訴えた．

　1962年に湯川や朝永振一郎，坂田昌一，平塚らいてう，川端康成らがメンバーとなって科学者京都会議が結成されるが，同会議はパグウォッシュ会議の流れに位置している．

　注
　1）　実際の核分裂は複雑で1000種以上の核分裂生成物があるといわれている．下図では，さまざまにある核分裂のタイプから2種のタイプを示した．原子番号92のウラン235が，左は原子番号55のセシウム137と原子番号37のルビジウム95に核分裂し，右は原子番号53のヨウ素131と原子番号39のイットリウム103に核分裂する．そして核分裂前後で陽子は核分裂後の原子核に引き継がれるが，中性子が前者で4個，後者で2個余って自由になって放出されることを示している．この際に，核分裂前の質量より核分裂後の質量はわずかであるが少なく，その減じた分の質量がエネルギーに転化する．

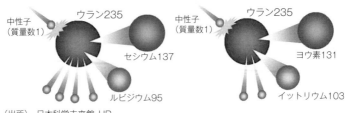

（出所）　日本科学未来館 HP

　2）　自然界にウラン原子の原子番号92を超える原子はごく微量しか存在しない．例えば原子番号94のプルトニウム原子は，ウラン原子の中性子反応で，原子番号93のネプツニウムを経由してプルトニウム原子が形成される．$^{238}U \rightarrow \ ^{239}U \rightarrow \ ^{239}Np \rightarrow \ ^{239}Pu$.

第6章
生物化学兵器の開発と「ミドリ十字」
──731部隊と人倫の貧窮──

　現代戦の一つに生物化学兵器によるものがある．この章では，第二次世界大戦中の731部隊の生物化学兵器の開発と，同部隊関係者が戦後設立したミドリ十字の血液製剤が引き起こした AIDS 発症事件を取り上げる．731部隊の生物化学兵器開発問題は人道にもとる，あってはならない事柄である．だが，これに関与した者たちが戦後の平時において兵器開発で手にした技術を活かして血液製剤の製造事業を行い，HIV や HCV などのウイルスの混入の可能性が高いことを察知しながらも商業的利益をむさぼり尽くす挙に出た．医療が適切に行わなければ，私たちの健康はあやうくなる．この事態の進行に企業と癒着した旧厚生省の血液行政，審議会を構成する科学者がからんでいる．はたして人倫はどう育まれ保持されているのかという問題を提起している．

1　秘匿名称「満州第731部隊」

　731部隊というのは1936年，中国ハルピン近郊ピンファン（平房）に置かれた，旧日本陸軍の関東軍防疫給水本部（石井四郎軍医中将）のことで，隊員は3000名を超える．部隊長の名を冠して「石井部隊」ともいう．この防疫給水というのは，兵士の感染症予防や衛生的な給水体制を任務とするものであるが，731部隊はその専門的機能を活かして細菌を用いた生物兵器の研究・開発を行うことを任務としていた[1]．
　病気の原因究明として731部隊だけでも人体実験3000体を行った．この人体実験というのは，手術の練習，病気の感染調査，治療法の試験，極限状態における人体の変化や限界の調査で，そのうち病気の感染実験には，ワクチンの開発なども行ったといわれるが，知られているものだけで25種の生物兵器（細菌類：赤痢，ペスト，リケッチア類：発疹チフス，ツツガムシ病，ウイルス類：エボラ出血熱，日本脳炎，など）の開発を行った．兵器の攻撃対象は，旧ソビエト連邦や中国，未遂ではあったが太平洋上のサイパン島のアメリカ軍であった．常石敬一

（『七三一部隊』講談社，1995年）によれば，731部隊は中国大陸において細菌兵器を実際に使用した．少なくとも，ノモンハン作戦（1939年），寧波作戦（1940年），常徳作戦（1941年），浙贛作戦（1942年）の4回あったと記載されている．寧波作戦では，ペスト菌で汚染したノミを穀物や綿にまぶして爆撃機で投下し，100人以上の住民が死に至ったという．

　なお，石井四郎の名を冠して「石井機関」と呼ばれるものは，1932年に設けられた陸軍軍医学校防疫研究室と，下記の五つの防疫給水部，兵員あわせて1万人超にのぼる．731部隊に類するものとしては，新京（長春）の関東軍軍馬防疫廠100部隊，さらに731部隊の姉妹部隊：北京1885部隊：北支那派遣防疫給水部（1938年発足），南京1644部隊：中支那派遣防疫給水部（1939年発足），広東（広州）8604部隊：南支那派遣防疫給水部（1939年発足），シンガポール9420部隊：南方軍防疫給水部（1942年発足）があった．

2　731部隊に対する戦後の日米両政府の対応と裁判

　石井四郎は戦後，極東国際軍事裁判（東京裁判）において戦犯容疑を問われた．だが，部隊の詳細な資料を提供したため，GHQのマッカーサー最高司令官とウィロビー少将の協議で訴追を免れたという．ただし，戦後，公職追放の対象者となり，医院を開業した．

　石井は，出身大学の京都帝大の医学部だけでなく，東京帝大，大阪帝大，慶応義塾大学，熊本医科大学，金沢医科大学などの教授たちを，陸軍軍医学校防疫研究室の「嘱託」として関係を結び，協力するように引き込んでいた．731部隊の戦争犯罪を「医学者たちの組織犯罪」と特徴づけることがあるが，それは，これらの医学者が，731部隊の人体実験や生体解剖などの残虐な戦争犯罪ともいえる行為に直接的に間接的に関与したといえるからである．というのも彼らは石井機関に誘導されたにせよ，医学上のデータや研究資金の提供を受ける一方，学生や医局関係者を派遣するなど，自らも密接な連携をとり，731部隊に加担していた．戦後，731部隊そのものは解体されたが，その関係性は継承された．これに関わった医学者たちは，罪を罪と自覚しない点で共通して極めて保身的で，解体された戦後も組織的に振る舞った．一事例を示せば，第二次世界大戦後の1952年10月に開かれた，日本学術会議（研究者で構成する日本の学術行政を代表するナショナル・アカデミー）の総会で，「細菌兵器使用禁止のジュ

ネーブ議定書」について，国会批准を促す「申入れ」を行う決議をしようとした際に，同会議の会員の戸田正三（金沢大学学長）や木村廉（後に名古屋市立大学学長を務める）らはこれに反対し否決されることになった．戸田や木村はかつて京都帝大の教授で，石井四郎と親交があり，学生や大学関係者を731部隊に送り込んだ医学関係の人物であったのである．

　組織的といえば，次のような奇妙なこともある．米国の公文書館に所蔵されていた731部隊の文書が，日本に返還され，旧厚生省から防衛庁へ移管されたが，都合の悪い文書資料は処分したのか，なぜか東京・神田の古書店で発見された．だが当時の政府は調査もせず放置した．

　こうした事柄だけではなかった．731部隊の関係者はかつて組織犯罪と同様の許されざる人命にかかる事件を引き起こした．それが，血液製剤メーカーのミドリ十字を軸とした旧厚生省と医科学研究者たちが連係したエイズ感染問題である（後述参照）．ここでも「医学者たちの組織犯罪」が性懲りもなく繰り返されたのだった．

　なぜこうした顛末となったのか．その原因には，731部隊の戦争犯罪がその連鎖を断ち切るよう裁かれなかったことにある．連合軍総司令部 GHQ の実体は米軍であり，米国は細菌兵器の研究情報を収集することを優先し，関係者の戦争犯罪を免罪し告発しようとしなかった．というのも米国においても戦時の1942年から細菌兵器の研究開発に着手し，細菌兵器の研究は国防上の重要な案件となっていた．

　戦後，米国調査団は，投下原爆の効果をはじめ日本の核研究や化学兵器などのことも調べた．その際，石井機関の調査の通訳として窓口になったのが，偶然にも陸軍軍医学校防疫研究室を実質的に取り仕切っていた「石井の番頭」内藤良一であった．伝えられているところでは，米軍側は内藤を懐柔するために，戦争犯罪の訴追をしないことを約束し語らせようとしたが，それでも内藤は石井機関の枢要なことは伏せた．次いで，石井四郎の後任として731部隊の２代部隊長を務めた北野政次も調査対象となったが，この時も戦犯に問わないことが約束されたという．

　結局，米国調査団は結局731部隊の人体実験の事実を突き止められなかった．しかし，1947年１月になってソビエト連邦による調査で，細菌戦が行われたことや人体実験によって多数の中国人やロシア人などが殺されていたことが示された．こうして調査団は内藤や石井を再尋問したが，その際に《細菌兵器

の研究成果を全面的に米国に提供すれば，石井らを戦犯には問わない》との取引が，米本国政府の承認の下に確定し，細菌兵器の研究資料や生体解剖による標本などを米国に持ち帰った．731部隊の戦争犯罪は闇に葬り去られようとしたが，やがて研究者によって暴かれることになる．

　なお，中国人被害者（180名）を原告とする731部隊細菌戦国家賠償請求訴訟についての東京地方裁判所・民事18部（岩田好二裁判長）の審判が，2002年8月示された．その概要を簡略に示す．その審判は，旧・帝国陸軍防疫給水部が生物兵器の研究・開発・製造を行い，中国各地での細菌兵器の細菌戦の実戦使用を実行した事実を認定した．731部隊は陸軍中央の指令に基づき，1940年浙江省の衢州（くしゅう），寧波，1941年湖南省の常徳にペスト菌を感染させたノミを空中散布した．また1942年浙江省江山でコレラ菌を井戸や食物に混入させた．ペスト菌の伝播は8カ所に及び，死者数は約1万人に上ったという．これらの認定事実は，先に記した常石の指摘とおおすじ重なる．また細菌戦が第二次世界大戦前に結ばれたハーグ条約等[2]で禁止されていることを認定した．しかし，この審判は，謝罪と賠償の原告の請求は全面的に棄却した．

3　731部隊と血液製剤メーカー「ミドリ十字」創業者：内藤良一

　ミドリ十字の創業者 内藤良一とはどういう人物か．内藤は京都帝国大学医学部卒（1931年）の陸軍の委託学生で，卒業後，陸軍に入るという条件で陸軍から学資を受給していた．これには京都帝国大学の石井四郎（後に731部隊第1代部隊長）の口添えと増田知貞（後に栄1644部隊第2代部隊長）の勧めがあった．

　内藤は，入隊後，陸軍軍医として，陸軍軍医学校防疫研究室で石井式濾水器の製造，また細菌の培養などに携わった．また，凍結真空乾燥機を開発し，救世軍士官学校の校舎を借りて傷病兵のための乾燥血漿を製造した．部隊は，中尉たちが上官の命令だといって細菌をばらまいた．留意しなければならないことは，この乾燥血漿製造技術は，転用すれば粉末細菌製造も可能であった．つまり民生用技術の軍事技術への転用，今日的に言えばデュアルユースといわれるものである．なお，この技術は，東京都血漿研究所を経て，日本製薬株式会社へ受け継がれた．この日本製薬での乾燥血漿製造の中心人物は，国行昌頼（元731部隊）で，その研究所の顧問を務めていたのは内藤であった．

　1945年，内藤は陸軍医学校・新潟出張所所長となり，血漿剤やワクチンの研

究に携わった．内藤は，第二次世界大戦終結後，ソビエト連邦に情報が漏れることを避けるために，実験動物・資材の海洋投棄による証拠隠滅を図った．先に指摘したように，内藤は731部隊の細菌戦の重要参考人として GHQ の尋問を受けて同部隊の組織図を提出した．彼は最終的に人体実験の事実を認めたが，細菌部隊の構想は部隊長の石井四郎中将によるものだと主張した．

　戦後，上記の陸軍医学校・新潟出張所は東芝・生物理化学研究所の新潟支所として引き継がれ，内藤はその支所長となって残った．なお，技師長は元731部隊の金子順一[3]であった．やがて，生物理化学研究所の新潟支所は1950年，東芝から分離された[4]．

　1950年，内藤良一は旧・厚生省や日本赤十字，GHQ に働きかけ，日本ブラッドバンクを新たに設立した．この設立に，以下の防疫研究室以来の旧知の間柄にあった者たちが協力，共同した．大阪，神戸のプラントの設立には宮本光一[5]と二木秀雄[6]が，他に名古屋プラントには所長に野口圭一[7]，東京プラントには所長に北野政次[8]，京都プラントには所長に大田黒猪一郎[9]が就いて，設営された．製品は，公私立の病院に販売する一方，国内総販売元：塩野義製薬に卸したという．

　1964年，輸血血液事業が日本赤十字社へ一本化されるのを受けて[10]，日本ブラッドバンクはミドリ十字に社名を変更した．会長に内藤，顧問に北野，常務取締役に大田黒が就き，事業として薬剤の開発・製造を行うようになった．

4　血友病患者のエイズ発症と人命軽視の製剤メーカーの企業体質

　エイズは後天性免疫不全症候群（AIDS：Acquired Immunodeficiency Syndrome）の頭文字をとった略称である．この病の原因であるエイズ・ウイルス（HIV：Human Immunodeficiency Virus：ヒト免疫不全ウイルス）の分離が行われたのは1983年であるが，エイズは HIV 感染者が免疫能の低下により様々な病症を引き起こし，症状も多様で併発する状態のことを指す．

　日本での薬害エイズ事件に関わっての重大な問題は，加熱濃縮血液製剤の導入が遅れて感染者・発症者が増えたことにある．そのため血友病[11]患者の約40％に及ぶ1431名が非加熱製剤により HIV に感染し，また血友病患者の95％以上が C 型肝炎ウイルス（HCV）に感染した（『日本エイズ学会誌』10（3），2008年）．そして，これらの患者のうち600人を超える人たちが生命を奪われて死亡

したとのことである．

　これに対する民事訴訟と刑事訴訟が告訴された．1989年5月に大阪，10月に東京で，製薬会社と厚生省に対して損害賠償を求める民事訴訟が起こされた．提訴された製薬会社は，バクスタージャパン（日本トラベノール），日本臓器製薬，バイエル薬品（カッタージャパン合併承継），大塚製薬と住友化学（現・大日本住友製薬）／カッタージャパンの非加熱製剤発売である．

　6年後の1995年10月，東京・大阪の両地方裁判所は原告一人当たり4500万円の一時金支給を柱とする第一次和解案を示した．この判決に厚生省は，救済責任は認めたが，加害責任は否定した．ただし，1996年2月，当時の菅直人厚生大臣は，郡司篤晃・生物製剤課長の厚生省の対応を記したメモが発見され，厚生省が薬害エイズ問題に省として関与してきたことが判明し原告団に謝罪した．1996年3月，東京・大阪の両地裁は発症者に健康管理手当15万円／月を支給する第二次和解案を示した．

　なぜこのようなことが引き起こされたのか，それは，血友病患者が期せずして，非加熱の血液凝固因子血液製剤による治療を行わざるを得ない状況に追い込まれたからである．もちろん非加熱製剤が健康な血液からつくられていたならば問題はなかった．そうでなくとも加熱製剤であったならば，感染し発症し死に追い込まれるようなことに至らなかった．だが，非加熱製剤しかなく，それに HIV が混入していたのだった．

　要するに，加熱製剤に即移行していればよかった．だが，下記に示すように事実上，行政は製剤メーカーが抱える在庫を配慮して「野放し」，メーカーは「たれ流し」をしていたのである．

　それにしても，このような非科学的な無責任な対応がなぜ起きたのか．そこには血液製剤メーカー「ミドリ十字」に巣くっていた企業体質が深く関わっていたからだといえる．ミドリ十字は，人命の尊厳を軽視し，非加熱製剤に固執したこと，また企業業績優先の「隠ぺい体質」があったこと，しかもまた非加熱製剤トップメーカーであったことが被害者を増やし，事態を悪化させた．当時のミドリ十字の血友病患者に使用する血液凝固製剤のシェアは40％を占めていた．ちなみにミドリ十字自体全事業における血液製剤が占める割合は57.8％（1986年）を占めていたが，ミドリ十字は血液事業の拡大を図るべく血液輸入量を8トン（1965年）から300トン（1985年）へと増やしていた．

5　米国でのエイズ感染の発覚とミドリ十字の対応の経緯

○1978年，ミドリ十字はアメリカの製薬会社アボット社の血漿製剤部門を買収し，子会社アルファ社を設立した．なお，この時期人工血液フルオゾールの臨床試験の許可をとらずに末期ガンの患者に実施したことがある．

○1982年，会長の内藤良一が他界した．米国疫病予防管理センター CDC は，非加熱血液製剤によるエイズ感染を公表した．ミドリ十字は子会社アルファ社からその情報を入手，危険性を知る．

○1983年 3 月，米国食品医薬品局はエイズ感染のおそれから，同性愛者からの採血を禁止した．米国内の動きは早く，アメリカの赤十字社は非加熱血液製剤の製品の回収を指示した．

○1983年 5 月，こうした動きがあるにもかかわらず，ミドリ十字は社員教育用リーフレット「血液製剤と AIDS」において，次のように記していた．

「日本は血漿分画製剤及び原料血漿の80％以上を米国からの輸入に依存している．しかしそれによるエイズの日本上陸，発症の可能性は皆無に近い」

「輸入に絡んだエイズの発症の可能性は100万人に 1 例で，0.0001％の割合でしかない」

「血友病患者に関しては1983年 4 月現在11人のエイズ例が報告されている．しかし全米での血友病患者が 2 万人といわれていることから計算するとわずか0.05％であり，その危険性は非常に小さい」

　ミドリ十字は，血液製剤の製造プロセス，後述の量産型のバッチ処理に根本的問題があることを省みないで，感染・発症確率の問題に矮小化した．そのような間違った判断をしてエイズ感染・発症のリスクを軽んじ，医師の問い合わせにも対応した．

6　日本の血液供給事業とその問題点

　参考に，図 6-1 に血液の成分を示し，図 6-2 に血漿分画製剤の自給率の推移を示しておく[12]．

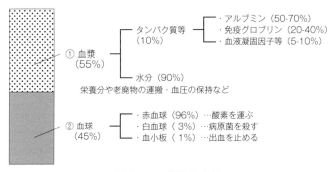

図6-1　血液の成分

（出所）　厚生労働省 HP.

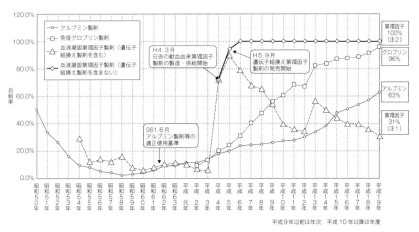

図6-2　血漿分画製剤の自給率

（注1）　遺伝子組換え製剤を含む.
（注2）　遺伝子組換え製剤を含まず.
（出所）　厚生労働省医薬食品局血液事業対策課.

　図6-2には昭和40年代等のデータがなく不十分であるものの，昭和50年（1975年）から平成19年（2007年）までの変動期の実際が見て取れる．これによれば，アルブミン製剤の自給率及び血液凝固第Ⅷ因子製剤の自給率も1970年代後半から低下していることが分かる．そして血液製剤問題が明るみに出て，これへの対処がされるようになって自給率が平成3年（1991年）を契機として自

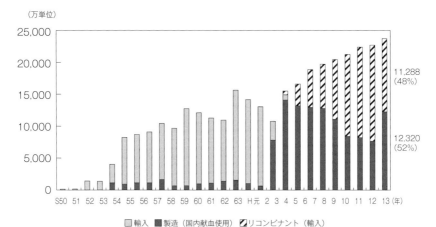

（万単位）

図 6 - 3　　血液凝固第Ⅷ因子製剤の供給量

（出所）　厚生労働省.

給率が高くなっていったことが示されている.

　次の図6-3の血液凝固第Ⅷ因子製剤の供給量を見ると, 昭和52年（1977年）以降, 輸入が増えていることがわかる. このように輸入が増えるのは, ベトナム戦争が1975年に終結して, アメリカ国内の血液製剤が過剰生産状態となり, それが日本に輸出されるようになったことによる.

　この点については, 1993年10月18日のエイズ裁判の東京地方裁判所・民事第15部合議係への「準備書面（22）」には, 次のように記されている.

　「1976（昭和51）年からは, アメリカの原料血漿あるいは血液製剤の大量輸入が始まってしまうのである（これは, 1975（昭和50）年にベトナム戦争が終結して, アメリカに大量の余剰血液が生じたことを背景としている）. アメリカ由来の血漿あるいは血液製剤が2000人から25000人ともいわれる多人数の血液をプールして得られたもので, 国内において得られる献血血液に比して, ウイルス感染症の危険性は飛躍的に増大するにもかかわらず, これを漫然と放置し, 国内の献血による血液製剤の供給確保に向けた責務は全く果たされなかったのである」

　上述の「準備書面」の記載で留意すべきは，「血液製剤が2000人から25000人ともいわれる多人数の血液をプールして得られた」との記載である．血液製剤の量産型プラントでは，多人数の血液をまとめて大きな容器に投入して一括処理をおこなうバッチ処理のことを指している．こうした処理ではその中に一人でも HIV に感染した人の血液が入り，その際，加熱処理をしないなれば，その一括処理した血液製剤のすべてに HIV が混入する可能性がある．なお，血液製剤の製造はバッチ処理を行なうにしても少人数の血液でつくるクリオ製剤というのもある．クリオ製剤の場合は HIV の混入，拡散は限定される．

7　旧・厚生省と医学者，メーカーの癒着構造

　前節で指摘した事実は，1993年の裁判において示されたことで，1980年代のエイズ感染のリスクが判明した頃には，まだ公にはなっていなかった．この分野の関係者は知っていたのかもしれないが，日本の血液行政はこの点を見逃していたのだろうか．血液行政と血液学の専門家，メーカー・業界の1980年代の動きを省みてみよう．

　1983年6月，厚生省はエイズ感染リスクにどう対応するか，エイズの実態把握に関する研究班を設置した．研究班の審議は，エイズ感染のリスクを減らすために非加熱製剤から加熱製剤へとまとまりかけた．ところが，財団法人・血友病総合治療普及会の安部英班長は次のような発言をした．

　「それは乱暴だ．先生方は勝手なことをおっしゃる．われわれは真剣勝負で血友病患者を治療している．緊急輸入というが，加熱製剤を国内の検査を経ないでパスさせ，もし重い副作用が発生した場合，だれが責任をとるのか」，「この件については，班長である私に一任してほしい」と．

　アメリカではエイズ感染が発覚し，非加熱製剤の製品回収が始められていたのに制止したのだった．実は，上記の血友病総合治療普及会は内藤良一から資金援助を受けていた．

　安部班長は，7月の研究班の第二回会議で，「血液製剤の取り扱いは現在のままでよいというのが各国の意見だった」と発言した．これは1983年6月に開催された世界血友病連盟大会の「治療法は現時点で変更必要なし」の決議の指針に従ったものだった．だが，ここにも利益相反問題がある．この世界血友病連盟の会員は血液製剤メーカーで，連盟の運営はその資金で行われ，連盟の決

議は業界の意向を受けていた.

　厚生省エイズ研究班には「血液製剤問題小委員会」が立ち上げられていた. この委員会の委員長は安部の弟子：帝京大学の風間睦美, メンバーも安部の関係者だったという. 1984年3月, 小委員会は「クリオの拡大には限界があり, 補充療法の主体が濃縮製剤にあることは変わりない」との結論をまとめた. クリオとは先ほど触れた少人数のバッチ処理を行なったロットの小さい製剤のことである.

　この時期, 厚生省の生物製剤課長の郡司（篤晃）メモにはどう書かれていたのか. そこには, エイズ研究班は, 加熱製剤へ切り替えるとしながらも, 引き続き輸入すると態度を変えたと記されていた.

　日本の血液行政が転ずるのは, 1985年4月, 世界保健機関 WHO が加盟各国に対して, 血友病患者の治療に加熱製剤の使用勧告を出してからのことである. これを受けて後任の松村明仁・厚生省生物製剤課長が加熱製剤の早期承認を図る方針を示した. ここに到るのに2年を要し, それまでの期間は HIV や HCV などのウイルスが混入した血液製剤が販売, 使用されていた.

　それにしても国際機関の勧告なしに適正な方針をとれない, 日本の行政の自主性の無さが見て取れる. そこには科学的合理性を遠ざける後進性が示されているといえよう.

8　ミドリ十字の利益優先の安全性を度外視した在庫減らしの経営

　だが, ここに至っても, 驚くべきことに事はただちに正常化されなかった.

　ひとまずミドリ十字は, 厚生省の加熱製剤認可を受けて, 非加熱製剤の製造中止をした. ところが, その裏で1985年以降も在庫減らしをしたのだった. 肝硬変や未熟児（頭蓋内出血のおそれ）などの患者に非加熱製剤が処方されていた. 1986年になってミドリ十字は, 供給を停止すると厚生省に報告したが, それは虚偽報告だった. 一方で非加熱製剤を販売していた.

　ミドリ十字が非加熱製剤の回収を開始したのは1988年のことで, 利益優先の在庫減らしを取りやめるのに5年間を要した. なお, ミドリ十字はフランス製の放射性診断薬を1984年から3年間, 輸入承認を受けずに販売していたことも1987年発覚した. ここには, 人間の健康・生命を軽視する姿勢, 目を覆いたくなるような人倫の貧窮が看取される.

　これまでの問題対処を振り替えってみると，ミドリ十字が731部隊の関係者でつくられた日本ブラッドバンクの後継であることと関係しているように見える．731部隊では乾燥血漿を作る技術が開発され，その技術がやがて日本ブラッドバンクで用いられた．人体実験をしていた731部隊のあり方が日本ブラッドバンクを経て，ミドリ十字へと引き継がれていたと思わざるを得ない．先に指摘したように，社員は健康・人命をおろそかに見る社員教育用のリーフレットで教育され営業をしていた[13]．なお，数少なくない旧・厚生省の役人が退職後，製薬メーカーに天下りしていることに留意すべきである．

9　今日までの HIV 感染者及び AIDS 患者報告数の推移

　図6-4は日本の HIV 感染者及びエイズ患者の新規報告数を示している[14]．
　1990年前後から増加し，2010年前後にピークを迎え，新規報告数は幾分減少している．少子化社会ということもあって，好転していると断じるのは早計で，この行方を見届ける必要がある．これまで（1985-2021年）の最新の累積報

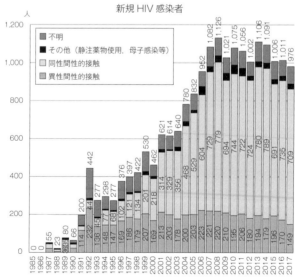

図6-4　HIV 感染者報告数の推移（感染経路別）

（出所）　厚生労働省エイズ動向委員会「エイズ発生動向報告」．

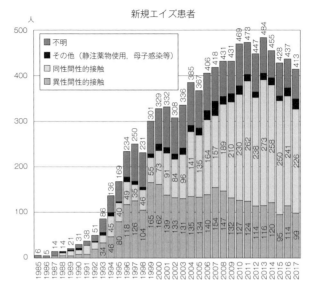

新規エイズ患者

凡例:
- 不明
- その他（静注薬物使用，母子感染等）
- 同性間性的接触
- 異性間性的接触

図6-5　新規エイズ患者報告数の推移（感染経路別）

（出所）　厚生労働省エイズ動向委員会「エイズ発生動向報告」.

告数（凝固因子製剤による感染例を除く）は，HIV 感染者2万3312人（男性2万640人，女性259人），エイズ患者1万306人（男性9421人，女性885人）で HIV 感染者もエイズ患者も男性が90％程度を占める．

　UNAIDS FACT SHEET 2022によれば，世界中で2021年現在約3840万人（世界の人口の0.5％相当）の HIV 感染者がおり，年間約150万人が新たに HIV に感染し，約65万人がエイズ関連の疾病で死亡していると推定されている．1981年に初めてエイズ患者が確認されて以来，これまでに8420万人が感染し，4010万人がエイズ関連の疾病で死亡したという．

　「HIV 検査相談マップ」[15]の「HIV はどうやって感染するの？」には，HIV に感染すると，ウイルスは血液，精液，膣分泌液，母乳などに多く分泌されるが，唾液，涙，尿などの体液では感染させるだけのウイルス量は分泌されていない．感染は，粘膜（腸管，膣，口腔内など）及び血管に達するような皮膚の傷（針刺し事故等）からであり，傷のない皮膚からは感染しない．主な感染経路は「性的感染」，「血液感染」，「母子感染」であるとしている．ただし，HIV 感染リスクの推定確率は，輸血90％，その他の可能性（例えば，静脈注射によるドラッ

グ使用時の針の共有，性行為等）の確率はそれぞれ 1 ％以下である．

　次に献血の際に不適とされる血液中に含まれるウイルス等の実状を示す．献血は問診によって不適合とされる人が100万人程度いるので，次の数字はその点の留意も必要である．

　厚生労働省「我が国における血液の行方」2022年版によれば，

　献血申込者数6,363,726人⇒問診で適とされた採血人数5,318,586人⇒検査で適とされた本数5,149,391本

　検査不適の原因／HBV（B 型肝炎）：13,024，HCV：2,831，HIV：4,559，

　　梅毒：7,178，B19（伝染性紅斑）：2,351

　　HTLV-1（ヒト T 細胞白血病ウイルス）：3,919，肝機能：125,056，

　　不規則・その他：16,496

　次の**図6-6**は，輸血後の肝炎発症率の推移を売血から献血への制度移行と重ねて示したものである．

　明かに売血時代の肝炎発症率は高く（50%），献血へと移行していくにつれて発症率は目に見えて低下している．興味深いことは，血液事業の制度移行の途上で，肝炎発症の原因となるウイルス（HBV，HCV）が発見され，輸血療法が改善されていったことである．B 型肝炎ウイルスは1964年 B. ブランバーグらによるオーストラリア抗原として，C 型肝炎ウイルスは1988年にアメリカのカイロン社の朱桂霖らによって発見された．なお NAT とは核酸増幅検査のことで，また500プール，50プール，20プールというのは血液検体の数で，安全性がしだいに高められていることを現している．

　近年の日本の献血の実績を見てみると，献血者数は少子化の影響もあってか年々漸減し20年間で延べ180万人程度減っている．この減少をこれまでは200mLの献血が多かったが400mL の献血を増やすことで確保している．

　前述のような血液をめぐる状況を顧みると，確かにこの間の取組みで改善されてきている．とはいえ，事態はいまだ容易ならざる状況にあるといってよい．まことに人と人との交渉をはじめとして，手術や治療，予防のための輸血，血液製剤による処置，また医療器具などの問題もあるかもしれない．私たち人類の血液が問題を抱える事態にあることをどう考えたらよいのか，改善するためにどうしたらよいのか，課題となっている．

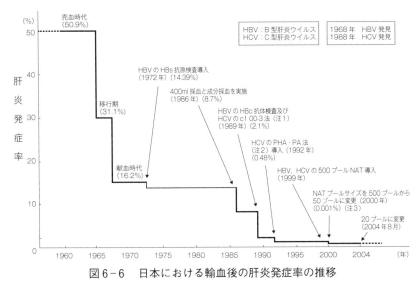

図 6-6　日本における輸血後の肝炎発症率の推移

（注1）　C 型肝炎ウイルス発見後，早期に開発された C 型肝炎ウイルス抗体検査（第 1 世代検査法）.
（注2）　特異性・感度が改善された C 型肝炎ウイルス抗体検査（第 2 世代検査法）.
（注3）　全国の推定輸血患者数のうち，保管検体による個別 NAT など，詳細な検査で感染の可能性が高いと判断された件数で試算.
（出所）　厚生労働省「血液事業の現状」.

10　職務として専門性を発揮するだけでよいのか
──市民的社会性の涵養の必要性──

　これまでに示してきたように，日本ブラッドバンク，その後継のミドリ十字は，731部隊の内藤とかつて親交のあった幹部で占められた．731部隊では残虐な人体実験や細菌戦など組織的な戦争犯罪が行なわれていた．戦時の731部隊の自制心の欠如した非倫理的な繋がりが，戦後のミドリ十字へと引き継がれた．こうしたあり方が先述した非加熱製剤によるエイズ感染事件を引き起こしたのではないか．

　それに対して，原爆を開発した物理学関係の数少なくない科学者は，戦時の行動を省み，戦後，新たな歩みを進めた．彼らは，細菌兵器開発に関わった731部隊関係の科学者とは異なっていた．

　軍部の戦時研究ということでは，731部隊で研究に携わった隊員も原爆開発

の科学者と同じである．どこに違いがあったのか．国策的な軍事研究は軍の機密管理下では，上層部の指示命令が優先し，情報は区分化の中で遂行される．その結果，批判的な思考をする機会はなくなり，倫理観は麻痺して不正な行為に無自覚となる恐れがある．戦後，元731部隊の吉村寿人は「直接の指揮官でもない私がなぜマスコミに責められなければならないのか」と弁明したという．731部隊の行為は組織的犯罪であり，個人として倫理観に立ち戻り自己の行為を省みる必要がある．人命の尊厳は尊重されていたのか，人権意識はあったのか．こうした弁明は，権力の側の意向の枠組みの中で自己の在り方を正当化するものである．

　米国は日本を戦後占領統治したが，将来の米日の政治的社会的関係を考えて，戦時体制を担ったトップ層を裁いたけれどもこれ以外の者には寛容だった．731部隊の関係者は取引で免罪されてきた部面が否定できない．ここには米国流のプラグマティックな対応が見え隠れする．

　こうした問題をどのように考えて行けばよいのか．科学と技術はそれ自体で独り歩きするものではなく，企業や大学・研究機関，加えて政府などの組織とそれらの組織を構成する科学者・技術者，経営者・労働者，政治家・官僚などの存在なしに，実現されるものではない．

　問題は，そういった組織がどういう方針・目的を掲げてマネジメントするか，そのマネジメントによって科学・技術は方向付けられる．ことに戦争，軍事ということでは，政府がどういった政策を掲げるかが決定的である．というのも軍事技術の開発・生産を担うのは，直接には大学を含む研究組織・企業だったとしても，軍事装備品の発注・購入は国庫（国民の税金）を管理しこれにかかる多額の経費を賄えるのは政府であるからである．

　そこで重要なことは次のような視点である．職務に従事する者自身がそなえている専門的能力は両用性をもつ．すなわち，組織に帰属すれば組織の職務に対する「専念性」の保持を求められる．しかしながら，人は広い意味での社会的存在であり，市民でもある．その点で，組織を超えた厳然たる社会的責務がある．グローバル化時代の今日，広く社会的視野をそなえ，国内外の人々と対等に連携する市民的感覚をそなえ，「社会的関係性」を育むことが欠かせない．この点が意外と見逃されている．誠実に職務に従事すれば事善しとされるが，これでは組織の方針に従い全うしているだけで，社会的責任を果たしたことにはならない．一人ひとりにも国家を含む社会を市民的公共性の視点からど

う方向づけるか求められている.

注

1）　森村誠一『新版・悪魔の飽食』『悪魔の飽食・第三部』（角川文庫，1983，85年）によれば，〇部隊長…特別班／「マルタ」担当，〇第一部／細菌研究…ウイルス研究班，昆虫研究班，凍傷研究班，ペスト研究班，赤痢研究班，脾脱疽（炭疽）研究班，コレラ研究班，病理研究班，血清研究班，チフス研究班，結核研究班，薬理研究班，リケッチア・ノミ研究班，Ｘ線研究班，〇第二部／実戦研究…植物研究班，焼成班（爆弾製造），気象班，〇第三部／濾水器製造…運輸班，〇第四部／細菌製造…細菌製造班，発疹チフスおよびワクチン製造班，〇他に，総務部，教育部／隊員教育，資材部／実験用資材，診療部／付属病院．上記の部署のうち第一部・第二部・第四部は生体実験を行い，細菌兵器を開発した．731部隊での実験結果は，東京の軍医学校防疫研究室に報告された．防疫研究室は全体を統括する役割を担い，嘱託の教授を集めて研究発表を行い，研究論文集を編集した．また，教授を介して若手の優秀な研究者を731部隊に送った．

2）　国際人道法には，小弾丸などに焼夷剤や炸薬を詰めることを禁止した1868年のサンクト・ペテルブルク宣言や1900年の着弾の衝撃で鉛が露出し傷口を拡大させるダムダム弾禁止宣言，オランダ・ハーグで開催された国際平和会議を中心に成立した1910年の開戦条約，陸戦条約など，交戦国および軍事行動の規則，制限及び害的手段の制限を定めた「ハーグ法」と呼ばれる条約がある．また傷病者や捕虜，一般市民などの戦闘に関わらない人々の保護を目的とした1949年の「ジュネーブ法」がある．

3）　金子順一は戦時，ペスト菌を搭載した風船爆弾の研究に従事した．松村高夫（慶応大教授）著「731部隊による細菌戦と戦時・戦後医学」（『三田学会雑誌』106（1），2013年）によれば，戦時731部隊であった金子は戦後，東京大学に医学博士論文を提出した．金子は，同部隊のペスト班責任者・高橋正彦の下で人体実験を行ない，ペスト感染蚤の研究開発を行い，実際に1940-42年に中国十数地域で散布され，多数の死者を出したこと，さらに戦後，731部隊とその細菌戦関連の資料を戦犯免責と引き換えにアメリカに提供し，高橋らは詳細な英文の報告書の作成に協力した．松村は，戦後日本の大学医学部が731部隊関係者に医学博士号を授与していることを指摘し，日本の医学界が731部隊の関わりについて何ら反省していないと問うた．

4）　後に同研究所は1979年電気化学工業グループに移行，1982年ワクチン，エイズ検査試薬の製造を行うデンカ生研へと再編された．

5）　陶器爆弾や石井式濾水器を製造した．

6）　金沢医科大学（現金沢大学医学部）細菌学教室講師，1938年金沢医科大学より医学博士号を取得，その後，大日本帝国陸軍技師となり，731部隊に所属し第一部第11課の

結核班（二木班）班長を務めた.

7）「弱毒ペスト菌の凍結真空乾燥法による生存保存方法の研究」；1945年京都帝国大学より医学博士号取得した.

8）1920年東京帝国大学医学部卒，1921年陸軍二等軍医，1932年東京第一衛戍病院附兼陸軍省医務局課員，その後，陸軍軍医学校教官兼任，石井四郎と共に中国東北地方に軍医少佐として赴く，1936年，満州医科大学細菌学教授，1942年関東軍防疫給水部長（731部隊），731部隊の石井四郎の後任として第2代部隊長を務めた.

9）「大田黒猪一郎論文集」と記載された目次には，主論文7件は全て陸軍軍医学校防疫研究報告第2部のもので，論題「炭疽ニ関スル研究補遺」と同じ主題で副題が異なるもので，1945年京都帝国大学より医学博士号取得した.

10）この血液行政の変更は，駐日ライシャワー大使が輸血によって肝炎を患ったことを契機としている.

11）血友病は，血液の血漿中に含まれる凝固因子が不足または欠けていて出血が止まらない症状を起こすことで，血友病の人は凝固因子製剤の補充療法を要する. 健康な人の血液の凝固活性を100％として，重症：1％未満　中等症：1－5％未満　軽症：5％以上に分類される. 一般に血友病は男性に現れ，女性の場合は現れない. 女性の場合は凝固因子に関係する性染色体が XX のため，仮に一方の染色体上に異常があっても補完できる. 性染色体が XY の男性の場合は，X は一つしかなく凝固因子に異常があると補完できないことになる（参考，一般社団法人日本血液製剤協会「血が止まる仕組み」）.

12）アルブミン，免疫グロブリンはタンパク質の一種で代謝に重要な役割を果たしている. 免疫グロブリンは炎症，感染症にかかると増える. A/G 比は指標となる. また，リコンビナントとは血液製剤の代替医薬品として，血液凝固第Ⅷ.因子と，抑制効果をもつインヒビター製剤の一種である血液凝固第Ⅶ.因子が実用化されている.

13）訴訟確定後，ミドリ十字は吉富製薬（のちに吉富薬品に改称）に引き取られた.

14）HIV に感染していたとしても，直ちにエイズ（後天性免疫不全症候群）を患うとはいえない.

15）厚生労働省科研費エイズ対策政策研究事業「HIV 検査体制の改善と効果的な受検勧奨のための研究」.

第Ⅲ部

原子力，AI，感染症と人類社会

　原爆は広島・長崎の原爆災禍を引き起こしたが，戦後も核兵器は軍事的脅威の頂点に位置づけられ，一方で原発は民生用のエネルギー調達源の一つとして居座っている．日本は2011年過酷事故を契機に原子力規制を見直したが，再び復活・拡大の途を進もうとしている．

　AI は急速に開発されているコンピュータシステムである．20世紀後半以降，情報処理のみならず生産システムの自動化に伴ってその機能は欠かせないものとなった．しかし，今日耳目が集まっている生成系 AI 技術は，場合によっては偽情報を提供し，私たちの自己認識・世界認識を脆弱化させ，民主主義の基盤を掘り崩すものとも考えられる．軍事利用の場面では AI と連携した自律型無人化システムは攻撃照準を高めるが，倫理感を遠ざける兵器システムで，戦争の概念を大きく転回させるものでもある．これまでの自動制御技術の歴史に立ち戻って考える．

　感染症はその頻度・拡散の可能性を高めている．感染症の蔓延は医療活動の高度化の必要性を示すものだが，今日の人類社会が基軸とする産業化・都市化と無縁ではない．人類社会を持続可能性あるものにする方途について検討する．

第 7 章
国策としての原子力発電と過酷事故, そして回帰

　福島原発事故から12年有余, 原子力発電所の規制の見直しから一時は原子力による発電はゼロになった. また, 当時の民主党政権は原発政策を見直し2030年代に原発稼働ゼロを提起したが, 今日, 再稼動した原発は10基, 電力生産を電源別でみると 5-6 ％程度になっている. ところが, 2023年自公連立の現政権は原発規制の方針を見直し,「原発回帰」へと舵を切っている.

　そこで, 改めて原子力発電事故というものは何か, その事故原因の検討を手始めに, 過酷事故による放射性物質の飛散の実態, 住民避難とその状況, そして事故処理の現状や使用済み核燃料問題などについて検討する. その上で, いまだ過酷事故の処理の見通しも立っていないのに原発「回帰」へ転換させた政府の原発政策の問題点について考える.

1　東京電力福島第一原子力発電所の過酷事故と東日本大震災

　2011年 3 月11日, 東日本大震災の激震, つづく大津波をうけて, 東京電力福島第一発電所が壊滅的な過酷事故を引き起こした. 原子炉 4 基のうち 3 基がメルトダウン状態となった. メルトダウンというのは炉心溶融のことだが, こうした過酷事故に至ったのは, 1979年のアメリカのスリーマイル島原子力発電所事故, 1986年の旧ソビエト連邦のチェルノブイリ原子力発電所事故の 2 件をあわせて 3 件ある.

　スリーマイル島原発事故は人為的操作ミスが原因だとされ, チェルノブイリは原発の構造的上の問題を含む運転操作ミスなどの複合的原因によるものだとされている. これに対して, 福島原発事故は想定を上回る津波の襲来で原子炉を運転・制御する電源を喪失したことが原因だとされている. しかしまず地震によって外部電源が落ちた. というのは原子力発電所に引き込まれている電力設備 (送電鉄塔) が倒壊した. その後に外部電源に代わる非常用電源も津波によって冠水した. こうして原発は電源を喪失し, 圧力容器内の冷却水は循環で

きなくなったとされている．

　こうした原因が指摘されているが，外部電源確保の電力設備，また非常用電源の設置場所に問題があったにもかかわらず，なぜ見直しがされなかったのかという意見が研究者から出されている．どういうわけか，電力設備は倒壊するような強度でしかなかったのである．また，電源盤を含む非常用電源はタービン建屋内の地下フロア（海抜4ｍ）に置かれていて，津波が押し寄せれば容易に冠水することは目に見えていたからである．

　東日本大震災の地震の規模は M9.0で，実際に来襲した津波は11-14m を超え，建屋の通気口などから海水が流入した．地震の規模，津波来襲によるリスクについて想定されていなかったのか．しばしば話題となる平安時代の貞観地震（M8.3）の津波8ｍ 超について，東京電力と経済産業省・保安院との間でやり取りされたが，緊張感がなく投じられる費用を惜しんで実効性のある予防措置が取られなかったという．大地震は貞観地震だけでなく他にもあった．1611年の慶長三陸地震は M8.1，津波は宮古で遡上高20m，1896年の明治三陸地震は M8.5，津波の同遡上高14.5m とされており，過去にたびたび大地震が発生，津波が来襲していた[1]．

　ところが，福島第一原発は二次冷却に海水を利用するにあたって，1967年の建設に際して35m の高台を25m 削って，発電所の地盤を下げた．これは設計上妥当な措置だったのか．ちなみに東北電力女川原発では海抜12m の建設予定を14.8m にかさ上げしていたことから，東日本大震災の際には13m の津波が押し寄せたが冠水することはなかった．こうした状況から考えてみると，地震・津波が期せずして起きたのだが，福島原発事故はただちに自然災害であるとはいえない．原発建設に関わったメーカーや電力会社の見通しの甘さ，安易な設計によって起きた人災というべきであろう．

　ところが，2022年6月17日最高裁は東電福島原発事故に対する国の責任は問えないとする判決を下した．その理由は「地震は（国が2002年に公表した地震予測の）長期評価に基づく揺れよりはるかに規模が大きく，国が規制権限を行使し，東電に安全対策を講じさせても事故を防ぐことができなかった可能性が高い」としている．長期評価というのは「福島県沖を含む太平洋側の日本海溝沿いでマグニチュード8クラスの津波地震が30年以内に20%程度の確率で発生する」という内容である．これに対して，識者は長期評価の信頼性や大津波の予見可能性などの重要な論点についての判断を示さない，肩透かしのような判決

であるとの談話を発表している（『福島民友新聞』2022年6月18日）．最高裁は国に
「忖度」したのではないかという評もある．

　前述の指摘だけではない．東日本大地震の強い揺れに原発本体は持ちこたえ
たといわれるが，原子炉の冷却水を循環させるパイプは津波来襲前に強い揺れ
によってすでに破断していたとの見解もある．

　こうして見てくると，そもそも日本という風土に原子力発電は適合している
のかという問題が提起されよう．地質学の研究によれば，日本列島の土台とな
る付加体が形成され始めたのが数億年前，そして約3000万年前以降，付加体が
大陸から裂けて，やがて内海（日本海）が出現し，300万年前以降に日本列島の
原型が形成され，2万年前頃に現在の島弧状になったとされている．構造線
（長大な断層）や活断層などが幾重にも走る，火山活動を伴なった地殻変動を繰
り返す日本列島に安定性のある地層，岩盤はあるのだろうか．

　いまだ福島事故の真相は未解明である．そもそも日本の原発の軽水炉技術は
アメリカの原子力技術で，本家のアメリカでは比較的地震のない東部に原発が
集中していて，立地が異なる．なお，電力を原発依存にしているフランスは海
岸線に建設された原発もあるが，内陸の河川沿いのものも少なくない．日本で
は海岸線の過疎地の自治体に電源三法の交付金を配分し地元の了解を得ている
が，フランスの原子力政策は政治的コンセンサスがとれていて，日本の電源三
法のようなものはない．

2　福島第一原発事故のメルトダウン及び水素爆発等によって放出された膨大な放射性物質

　放射性物質は当時の気象条件，特に風向きによってどの方向へ撒き散らせた
のか．その蓄積量は原発からの距離の遠近に比例してはおらず，地域によって
不均等，風向きの変動に強く影響を受けていることが分かる．蓄積量（2011年
7月2日現在の値に変換）の多いところは北西方向に30–50km ほど伸び，そこか
ら南西方向に向かっている．

　環境省のサイトにはチェルノブイリと福島第一の放射性核種の推定放出量の
比較が示されている．

　事故後の原子炉においては，基本的に放射性物質が核分裂を引き起こす臨界
反応がなくなったとしても，自発的な放射性崩壊（放射性同位元素は自壊して別の

航空機による放射性物質のモニタリングの結果（左：地表面から1m 高さの空間線量率，右：放射性セシウムの沈着量）

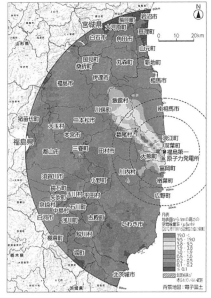 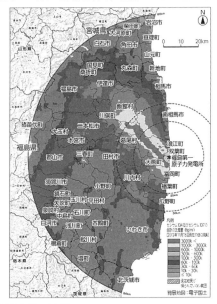

図7-1　放射性物質の拡散

（資料）　原子力規制委員会　第6次航空機モニタリング結果（平成24年11月16日）.
（出所）　環境省「環境白書　平成25年版」.

放射性同位元素に変わる）を引き起こしており，放射性物質が漏れ出る．実際に3・11後，放射性崩壊がおさまらず，ことに原子炉本体の壊れた圧力容器，炉心溶融で突き抜けたデブリ（核燃料が溶けて炉材などが混入し冷え固まった塊）から発生する崩壊熱を冷却するのに大変な労力を要した．原発事故は，制御が難しく，こうした点が通常の火災事故などとは異なるところである[2]．

　放射性物質が拡散する事態を受けて汚染地域の除染作業をすることになった．山地，河川等を除いて，汚染された宅地や公共施設，田畑，道路などは表面の土砂，落葉等の表層を切削を含め剥ぎ取り，分別する．そしてこれらの除染土をフレキシブル・コンテナや大型土のうなどに梱包する．ひとまず保管場所をとして仮置場等1359カ所をして保管されている．環境省中間貯蔵施設情報施設サイトによれば，輸送対象物量の総量（累積搬入量）は少なく見積もって1400万立方メートルに達するとみられる[3]．留意すべきは，野積みされた除染土を入れている合成樹脂の袋の劣化，雨水による流出等の危険性もあり，モニタリ

表7-1　チェルノブイリと福島第一の放射性核種の推定放出量の比較

核種	半減期[a]	沸点[b]℃	融点[c]℃	環境への放出量　PBq*		福島第一／チェルノブイリ
				チェルノブイリ[d]	福島第一[e]	
キセノン（Xe）133	5日	−108	−112	6500	11000	1.69
ヨウ素（I）131	8日	184	114	～1760	160	0.09
セシウム（Cs）134	2年	678	28	～47	18	0.38
セシウム（Cs）137	30年	678	28	～85	15	0.18
ストロンチウム（Sr）90	29年	1380	769	～10	0.14	0.01
プルトニウム（Pu）238	88年	3235	640	1.5×10^{-2}	1.9×10^{-5}	0.0012
プルトニウム（Pu）239	24100年	3235	640	1.3×10^{-2}	3.2×10^{-6}	0.00024
プルトニウム（Pu）240	6540年	3235	640	1.8×10^{-2}	3.2×10^{-6}	0.00018

事故発生時に炉心に蓄積されていた放射性核種の環境へ放出された割合

核種	チェルノブイリ[f]	福島第一[g]
キセノン（Xe）133	ほぼ100%	約60%
ヨウ素（I）131	約50%	約2－8%
セシウム（Cs）137	約30%	約1－3%

＊：PBq は×10^{15} Bq.
（注）　a；ICRP Publication 72（1996年），b と c（Np と Cm を余く）；理化学辞典第5版（1998年），d；UNSCEAR 2008 Report, Scientific Annexes C. D and E, e；原子力安全に関する IAEA 閣僚会議に対する日本国政府の報告書（H23年6月），f；UNSCEAR 2000 Report ANNEX J. g UNSCEAR 2013 Report, ANNEX A.
（出所）　環境省 HP.

ング等をして監視していくことが欠かせない．
　なお，現時点で定量的な推計が困難な帰還困難区域の除染等で発生することが見込まれる除去土壌等は含まれていない．また，除染は住居等の近隣（林縁から20m 程度の範囲）の森林，日常的に踏み入る里山の落葉等の堆積有機物の除去等は行なわれているが，森林等は除染対象になっていない．
　これらの除染土等の放射性廃棄物のその後の取扱いは，仮置場等からの放射性廃棄物を分別し，土壌等の不燃物は中間貯蔵施設の土壌貯蔵施設へ，そして仮置場等からの分別された草木類等の可燃物と仮設焼却施設からの焼却灰は，中間貯蔵施設の減容化施設で処理して廃棄物貯蔵施設へ移送するとのことである．中間貯蔵施設は延べ面積16平方 km，民有地79%と公有地21%で構成され

表 7-2　主な放射性核種と半減期

放射性物質（元素）	半減期	放射性物質質（元素）	半減期
トリウム232	141億年	ストロンチウム90	28.7年
ウラン238	45億6000万年	トリチウム 3	12.5年
カリウム40	12億5000万年	コバルト60	5.3年
プルトニウム239	2.4万年	セシウム134	2.1年
炭素14	5730年	ヨウ素131	8 日
ラジウム226	1600年	キセノン133	5.3日
セシウム137	30年	ラドン220	55.6秒

（注）　半減期は放射性同位元素の核種が壊変して別の核種に変わって，元の核種が半分になるのに要する時間
　　　（歳月）のことである．放射性物質が放出する放射能の強さは半減期が短いほど大きい．
（出所）　日本アイソトープ協会『アイソトープ手帳』10版などを基に筆者作成．

ている．この中間貯蔵施設で30年保管し，その後は，2014年制定の法律[4]で福島県外の最終処分場を確保し移送することとされている．

　環境省の中間貯蔵施設環境安全委員会（2022年 8 月 9 日）によれば，これらの保管総量の 4 分の 3 は， 1 キロ当りの放射性セシウム濃度が8000ベクレル以下となっていると推計している．政府は，通常の焼却，埋立て処分ができる基準をクリアしているとして，道路工事などの公共工事で再利用できるとしている．これには住民の反対も予想されるが，保管されている廃棄物のチェックの仕方にも問題がある．どちらにしても再利用は放射線リスクを拡散するものである．

　問題はそれだけではない．先の減容化施設というのは焼却によるもので，焼却後の灰とは別に排気口から放射性物質をともなった煤塵・煤煙が大気中に飛散する可能性がある．環境省は，受入・分別施設では，屋根・壁・二重扉と負圧管理，焼却においては集じん装置等により外部への飛散を防止しているというが，バグフィルターにしても電気集じんにしても除去しきれない放射性セシウムがあると指摘されている．

3　福島第一原発事故と住民避難

　原発事故は地域とそこに住む人々に何をもたらしたのか．第二原発も含め東電福島原発での電力生産はできなくなったが，廃炉に向けた原発本体や汚染水

（後述参照）などの第一原発の事故処理の目処はたっていない．そうした状況下で住民たちが比較的早い段階で避難理由として挙げているのは，生活するために必要な商業施設，医療環境の確保問題もあるが，やはり事故後の放射線量，原発の安全性，また住居汚損・劣化である．つまり，原発事故の処理は始まったが，住居と近隣地域は放射能汚染で居住できなくなり，また生活インフラも壊滅的状況となっている．その結果，家族の離散さえ生み出すような避難生活を余儀なくされ，これまで培ってきた地域のコミュニティの日常，住民一人ひとりの人生に不可逆的な多大な影響をもたらした．

　福島県災害対策本部によれば，記録が残っている福島県のピーク時の避難者数は2012年 5 月の164,865人（参考．東日本大震災直後のピーク時避難者数は全国で約47万人），復興庁によれば，2023年 2 月時点での避難者数は 3 万884人である．福島県の全人口は事故前の2010年の約202万人から2023年には178万人に減じた．これには少子化・老齢化などの自然減もあるが，帰還困難区域や居住制限区域はもちろん，県外へ避難した住民が福島に戻っていないこともある．ちなみに北海道から沖縄に至る福島県にかかる県外避難者は2012年 3 月のピーク時 6 万2831人であった．2023年 2 月 1 日時点では 2 万1101人であるという．

　当初2011年 4 月22日時点の原子力緊急事態宣言発令を受けた避難区域の設定は，第一原発から20km 圏外で「事故後 1 年間の被ばく線量の合計（積算線量）が20mSv になりそうな区域」を "計画的避難区域" とし，そして，第一原発から20km 圏内は例外をのぞき立ち入りを禁止する "警戒区域" とし，これら二つの区域の住民は避難することになった．また第一原発から20-30km 圏内を "緊急時避難準備区域" として屋内に退避するか避難する区域に決めた（緊急時避難準備区域は同年 9 月30日に解除された）．なお，風向きや地形によって 1 年間の積算線量が20mSv 以上になると予想された地域（ホットスポット）は "特定避難勧奨地点" として避難を促した[5]．

　これを市町村に当てはめると，第一原発付近の双葉町と大熊町，富岡町，楢葉町，浪江町のほぼ全域が警戒区域に指定された．そして，田村市と南相馬市，川内村，葛尾村のそれぞれの一部も警戒区域に指定された．また，飯舘村全域，加えて浪江町や葛尾村，南相馬市の警戒区域を除いた部分，川俣町の一部が計画的避難区域に指定され，さらに緊急時避難準備区域が設定された．

　2012年 4 月 1 日以降，局面は避難指示の緩和・解除へと転じていく．すなわち "警戒区域" と "計画的避難区域" の中で，年間積算線量が20mSv 以下に

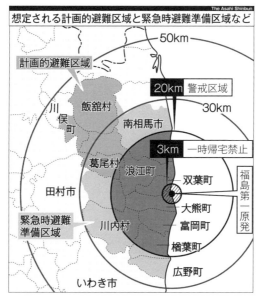

図 7-2　想定される計画的避難区域と緊急時避難準備区域など

(出所)　「朝日デジタル」2011年4月22日.

なることが確認された区域を "避難指示解除準備区域" として，住民の一時帰
宅（宿泊禁止）や病院・福祉施設，店舗等の営業や農業等が再開できるように
した．また，年間積算線量が20mSvを超えるおそれがあるところは，"居住制
限区域" ではあるけれども，一時帰宅や道路などの復旧のための立入りができ
るようにした．しかし，年間積算量が50mSvを超えて，5年間たっても年間
積算線量が20mSvを下回らない恐れがある区域は，"帰還困難区域" として引
き続き避難の徹底を求めている．

　避難開始から10年有余，全域・一部避難指示解除を出した市町村は，田村
市：2014年4月，楢葉町：2015年9月，川内村：2016年6月，飯舘村と川俣
町：2017年3月，葛尾村と大熊町：2022年年6月，双葉町：2022年8月，富岡
町：2023年4月，浪江町：2023年3月で，段階的に解除している．

　先に避難者数の数字を示した．ピーク時の避難者数に比すれば減少したが，
相変わらず少なくない人たちが避難先に留まっている．ここに放射能汚染をと
もなう原発事故の容易ならぬ問題が示されている．

　福島第一原子力発電所の核燃料は，先に触れたように，崩壊熱等で溶融し圧力容器を突き破って，原子炉構造物と混ざり合ってデブリとなっている．東京電力は燃料デブリ取出が開始されるまでの期間を10年以内，廃止措置終了までの期間を30-40年後としているが，事故処理は長期にわたり，その取出処理，廃炉措置はいまだに見通しが立っていない．識者の報告では，米国のスリーマイル島原発のデブリの最終取出は2040-53年，ロシアのチェルノブイリ原発に至っては今後100年以上かかると見られている．

　原子力工学の専門家の見解によれば，デブリは流出し飛び散って非定形かつ非密封状態にある模様で，これを部分的に取出しが出来たにせよ全量抜き去るのは至難の業である．なかにはチェルノブイリのように，原子炉建屋全体をコンクリート製の構造物「石棺」で覆うしかないとの指摘もある．健康に脅威となる放射性物質のセシウム137とストロンチウム90の半減期は，それぞれ30年と28年，100年経てば放射能は10分の1程度，200年経てば100分の1程度に減ずる．

　ところで，福島原発事故の賠償を含む処理費用は，2016年の政府試算で21.5兆円と見込まれ，政府筋に近い民間の日本経済研究センターの試算は，廃炉処理を行い汚染水の海洋放出をしない場合は81兆円，デブリを原子炉建屋に閉じ込めて汚染水を海洋放出する場合でも35兆円と算定している．

　なお，かつて原子炉立地に関する審査指針（1964年5月）を示した文書があった．2012年の「新規制基準」はこれを無視したと指摘されている．その文書の「原則的立地条件」について紹介しておく．

　　原子炉は，どこに設置されるにしても，事故を起さないように設計，建設，運転及び保管を行なわなければならないことは当然のことであるが，なお万一の事故に備えて，公衆の安全を確保するためには，原則的に次のような立地条件が必要である．
　　（1）大きな事故の誘因となるような事象が過去においてなかったことはもちろんであるが，将来においてもあるとは考えられないこと，また，災害を拡大するような事象も少ないこと．
　　（2）原子炉は，その安全防護施設との関連において十分に公衆から離れていること．
　　（3）原子炉の敷地は，その周辺も含め，必要に応じ公衆に対して適切な

措置を講じうる環境にあること．

　この記載からすれば，たとえ事故があったとしても，災害が拡大することはないし，人々が住居するところからは離れ，その原子炉周辺も含め適切な措置が講じうるということである．福島第一原発が立地している場所は当初は過疎地であったが，今や前記の「立地条件」には適合せず，政府と電力会社はこれを無きものにして関知しないといことであろうか[6]．

4　原子力発電への回帰と日本のエネルギー政策の変転

　2023年2月，政府は「GX 実現に向けた基本方針 〜今後10年を見据えたロードマップ〜」を策定した．GX とは，「産業革命以来の化石エネルギー中心の産業構造・社会構造をクリーンエネルギー中心へ転換する」グリーントランスフォーメーションのことである．このフレーズで示されていることは，IPCC（気候変動に関する政府間パネル）が掲げている，社会経済システムや生態系の脆弱性や気候変動の影響と適応策の評価，また温室効果ガスの排出抑制と気候変動の緩和策の評価の取組みと合致しなくもない．

　この基本方針は，何を具体的に実施しようとしているのかというと，「エネルギー安定供給の確保を大前提とした GX に向けた脱炭素の取組」とされ，すなわち「脱炭素」に一元化し，次のような取組みが挙げられている．徹底した省エネルギーの推進，製造業の構造転換（燃料・原料転換），再生可能エネルギーの主力電源化，原子力の活用，水素・アンモニアの導入促進，カーボンニュートラルの実現に向けた電力・ガス市場の整備，資源確保に向けた資源外交など国の関与の強化，蓄電池産業，資源循環，運輸部門の GX，脱炭素目的のデジタル投資，住宅・建築物の省エネ，インフラのカーボンニュートラル，カーボンリサイクル，食料・農林水産業の脱炭素化などである．

　様々な取組みが挙げられているが，指摘しておきたいことの一つは，脱炭素に一元化することが，グリーントランスフォーメーションのグリーンということになるのか，この点を検討してみることが必要である．周知のように二酸化炭素は温室効果ガスの一つに過ぎない．地球環境を適正なものに転換していくというならば，二酸化炭素だけでなく，メタンなどの温室効果ガスの抑制を含め，地球環境にとって好ましくない放射能汚染をなくし，その可能性のある技

術に依存しないことも求められよう．

　他にも，原子力の活用に関わって指摘しておきたいことがある．前記の政策文書では「その活用の大前提として，国・事業者は，東京電力福島第一原子力発電所事故の反省と教訓を一時たりとも忘れることなく，『安全神話からの脱却』を不断に問い直し，規制の充足にとどまらない自主的な安全性の向上」などと，「反省と教訓」を認識していると記している．しかし，その一方で，「次世代革新炉の開発・建設」に取り組み，「廃炉を決定した原発の敷地内での建て替え」を行うとか，現行制度に倣い「運転期間は40年，延長を認める期間は20年」と制限を緩和した上で，「原子力規制委員会による厳格な安全審査が行われることを前提に，一定の停止期間に限り，追加的な延長を認める」と運転期間の上限を設けない[7]と記している．

　ここに「次世代革新炉」を推進するとの意が示されているが，その実体は海外ではすでに稼働中のもので，立地制約やコスト上のデメリットもあり，識者の中では「次世代」とか「革新」とかいうのは「国内向けの宣伝文句でしかない」と評されてもいる[8]．

　報道されているように，2023年2月の国会答弁で，岸田首相は，原子力規制委員会の審議に関わって「丁寧な議論がなされた上で，多数決により決定されたと承知している」と述べた．だが，当の原子力規制委員会は期限を決められて十分な議論ができず，多数決で政府の意向にそった決定をしたとのことで，とても「丁寧な議論がなされた」とは言い難く[9]，安全性を管理する側の原子力規制庁と推進側の経済産業省資源エネルギー庁とが連係して対応していたことが，この経緯には窺える．

　福島原発事故後に新たに法制化された「原子力規制委員会設置法」の第一条の条文には，「その委員長及び委員が専門的知見に基づき中立公正な立場で独立して職権を行使する原子力規制委員会を設置し，もって国民の生命，健康及び財産の保護，環境の保全並びに我が国の安全保障に資することを目的とする」と記されている．2011年の東電福島原発事故以前においては，原子力の安全行政は原子力安全・保安院（Nuclear and Industrial Safety Agency）は経済産業省の外局である資源エネルギー庁の特別の機関であったが，2012年9月に廃止され，その役割を原子力の推進の側の経済産業省とは切り離し，環境省の外局として原子力規制委員会（Nuclear Regulation Authority）を設置し，「中立公正な立場で独立して職権を行使する」とした．英語表記でもかつては Nuclear and

Industrial Safety と原子力と産業的安全とが並記されていたが，Nuclear Regulation と原子力規制に限定表記されたのだった．政府の「GX 実現に向けた基本方針」と今次の原子力規制委員会の決定の経緯は，これまでの原子力行政の反省と教訓をはたして踏まえているのか，疑念を持たざるを得ない．

　2021年10月に閣議決定された「第6次エネルギー基本計画」に2030年度電源構成として原子力比率を20–22％を達成すると書き込まれたが，現状7％程度（2021年）でしかない．現在審査で停止中，とはいえ稼働できる原発も少なく，このままではとても基本計画の目標を達成できないと見て，先の「GX 実現に向けた基本方針」において，「原子力の活用」で運転期間の上限を撤廃する方針を示したのだろう¹⁰⁾．

　「基本方針」には「原子力規制委員会による厳格な安全審査が行われることを前提に」とは書かれているが，原子力発電所の設備本体の技術的寿命，活断層の状態を含む地震などによるトラブルをどう考慮するのか，記載されていない．

　原子力発電の運転などを含め，放射線防護に関して，国際放射線防護委員会が1977年の勧告した ALARA（As Low As Reasonably Achievable）原則がある．これは，放射線の人体への被曝を可能なかぎり「合理的に達成可能な限り低く」するという努力義務である．安全性の考慮は前記基本方針にも記されている．とはいうものの，暗黙の前提となっている ALARA 原則は社会的・経済的利益を考慮するもので，必ずしも安全性を徹底するものではない．

　安全性は政府が掲げるグリーントランスフォーメーションの基本方針の範疇なのかが問われる．前記基本方針に「脱炭素」のワードは51回登場するが，「安全性」は8回である．「脱炭素」にシフトしたグリーントランスフォーメーションは，放射能の飛散・流出に関しては一切語ろうとはしない．

　先に「原子力発電所事故の反省と教訓を一時たりとも忘れることなく」などと記していることを紹介したが，中間貯蔵施設とその後の放射性廃棄物の処分，また汚染水の処理問題¹¹⁾などがいまだに未解決になっている．そうした事態にあるにもかかわらず，政府は2023年度の通常国会でエネルギー関連の5法案を一括に束ねて法改正を行った．原子力基本法の第2条に原子力の活用は「国の責務」などと書き込み，原子力の国策化をさらに進めて「国」の「責任」と「義務」として，原子力に国としてしがみつく姿勢を示した．また先に GX の基本方針として紹介したが，原発の運転期間のルールを，原子炉等規制法か

ら経済産業省所管の「電気事業法」に移した．これは福島原発事故を受けて原子力発電所の「規制」を見直し原子力事業の安全と推進と切り分けた理念を台無しにするものである．

　また，グリーンということでイメージされるのは，脱炭素という限定された地球温暖化問題にとどまらず，生態系重視，環境保護といったことがグリーンの本来の意味合いであり，そうした部面から安全性問題を考慮すべきである．ところが，「GX 実現に向けた基本方針」は，「非効率石炭火力のフェードアウト」については記すが，IPCC で国際的に問題とされている石炭火力発電にこだわっている．二枚舌というのはこのことかとさえ思う．

　2023年 3 月 3 日，原子力規制委員会は北陸電力・志賀原発（2 基の原子炉は2011年 3 月から運転停止中）の敷地内の断層について，広い範囲を見る上裁地層法と600万年前の薄片を分析する鉱物脈法を並置して判断し，電力会社の「活断層ではない」との主張を妥当とした[12]．この裁定は，廃炉の運命にあった原発の寿命を見直す，政府の GX の基本方針の方向性と符合する．

　実は，この耐震設計上考慮する活断層の活動有無の認定基準については，2006年に従来の「5 万年前以降」を，「後期更新世以降（約12-13万年前以降），但し，認定は最終間氷期（約 8-13万年前）の地層または地形面によることができる」に変更された．2011年の東日本大震災にともなう東電福島原発事故後の2012年12月，原子力規制委員会の島崎邦彦委員長代理は，原発の新しい安全基準として活断層の定義を「40万年前以降に動いた地層を追加する」ことを提案した．これは，地震調査研究推進本部 地震調査委員会 長期評価部会「活断層の長期評価手法」の活断層の定義「最近数十万年間にくりかえし活動し，将来も活動することが推定される断層」とする2010年11月の報告書に沿うもので，規制基準の厳格化にするものだった．

　こうした見直しについて，工学的に対処すればよく，活断層が散在し津波の可能性のある日本では原発立地はなくなってしまうという意見がある．しかしながら，こうした意見は福島原発事故が工学的に構築された構造物で，それが過酷事故を起こしたという事実を考慮していない．なおドイツは，日本の東日本大震災時の原発事故を教訓に原発の全停止をかねてより決定[13]していたが，2023年 4 月停止の措置を実行した．

　なお，GX の基本方針には「周囲を海で囲まれ，すぐに使える資源に乏しい我が国」などと書き込まれている．だが，環境省公表の「令和元年度再生可能

エネルギーに関するゾーニング基礎情報等の整備・公開等に関する委託業務報告書」によれば，日本の再生可能エネルギーの導入ポテンシャルは，太陽光が27億4,595万 kW／発電量 3 兆2,216億 kWh，また風力発電は14億478万 kW／発電量 3 兆9815億 kWh である．導入可能発電量は，太陽光が5041億 kWh，風力が 2 兆123億 kWh という．日本の総電力需要は 1 兆1706億 kWh（2018年度）である．従って，日本の潜在的電力資源は「乏しい」どころか十分に再生可能エネルギーでまかなえる．実は，日本の太陽電池生産は2000年前後の頃は世界の 4 - 5 割を占め，第 1 位であった．この技術的優位性を電力供給に結びつけ，今日へと成長させ繋げられなかったところに日本の電力政策の課題がある．

注
1 ）　今村明恒「三陸沿岸に於ける過去の津浪に就て」『東京帝国大学地震研究所 地震研究所彙報別冊』（ 1 ），1934年．
2 ）　どのぐらいの放射性物質が飛散・流出したのか，以下に概算を参考に示す．旧ソビエト連邦のチェルノブイリ原発事故の場合，原子炉の核燃料は合計180トン，ウラン235の濃縮度を 2 - 3 ％程度とすると，ウラン235自体は3.6-5.4トンとなる．燃料デブリを除いた，大気中に放出された核燃料については180トンのうち 7 トンと推定されており，濃縮度 2 - 3 ％として算定すると0.14-0.21トン＝140-210kg となるが，ウラン235以外に核反応，放射性崩壊などによりプルトニウムをはじめ，その他核分裂生成物等が生成され，飛散・流出したと考えられる．
　　事故を起こした東京電力・福島第一原発の核燃料は，1 号機69トン（燃料棒集合体400本），2 - 3 号機それぞれ94トン（同548本）で，合計257トンである．4号機は事故には至っていない．濃縮度を 2 - 3 ％とすると，ウラン235自体は 1 号機1380-2070kg，2 - 3 号機はそれぞれ1880-2820kg となり，合計5140-7710kg となる．メルトダウン事故後で飛散・流出したものを除いた，燃料デブリ（原子炉格納容器の中の構造物すなわち炉心材料や制御棒，底部のコンクリート等が一緒に溶けて固まったもの）は880トンと見られている．
　　東電福島第一原発事故による放出量は，2011年 7 月27日 の衆議院厚生労働委員会での東京大学先端科学技術研究センターの児玉龍彦教授兼東京大学アイソトープ総合センター長が参考人として発言，広島原爆20個分相当ではないかとしている．その際に参考に示された放射能強度が，岩手のふじわら町では稲藁57,000ベクレル／kg，宮城県のおおさき17,000ベクレル／kg，南相馬市106,000ベクレル／kg，白河市97,000ベクレル／kg，岩手64,000ベクレル／kg である．

　また，経済産業省原子力安全・保安院は2011年 8 月26日，放射性セシウム137の放出量は広島原爆の168個分に当るとの試算を公表した．これは先の環境省の放射性物質の放出比較からすると，福島原発事故によるプルトニウムの飛散・放出は少なく，炉心溶融で圧力容器を突き破っているデブリとなっていると考えられる．チェルノブイリに比較してキセノンは169％と多いが，ヨウ素やセシウムは 9 ‐38％で外部放出量は相対的に少ない．

　広島原爆20個程度と160個以上との推計には開きがあるが，これは格納容器の破壊がチェルノブイリよりも相対的に小さく，爆発した炉心が直接大気に曝されなかったからと見られる．

　なお，12年経過した今日，関東地方の都府県において福島原発事故由来の放射性下水汚泥12万トンが処理されたが，いまだに処分できず保管されている放射性下水汚泥3.4万トン残っているという（『毎日新聞』2023年 4 月 8 日）．

3 ）　1400万立方メートルは，仮に高さ 2 m に積み上げると，占有面積は2800m×2500m＝2.8km×2.5km＝ 7 平方キロメートルになる．

4 ）　「日本環境安全事業株式会社法の一部を改正する法律案に対する附帯決議」には，「中間貯蔵・環境安全事業株式会社の事業継続を前提として，中間貯蔵開始後三十年以内に福島県外での最終処分完了を確実に実行することが政府に課せられた法的責務であることを十分に踏まえつつ，環境省を中心に政府は最終処分地の選定を検討し，除去土壌等の減容化技術の早期開発等，必要な措置の具体的内容と各ステップの開始時期を明記した工程表を作成するとともに，その取組の進捗状況について毎年，国会に報告すること．また，万が一，取組に遅れが生じるおそれがある場合においては，その原因を徹底的に究明するとともに対応策を講じ，本委員会において法定期間内での最終処分完了に国が責任を持つことを改めて明言すること」とある．

5 ）　東電福島第一原発事故にともなう避難住民に対する被ばく線量について，次のようにこれまでの公衆被曝限度 1 mSv を超えて，20mSv に設定された．原子力安全委員会「今後の避難解除，復興に向けた放射線防護に関する基本的な考え方について」（2011.7.19）は，「事故発生後 1 年間の積算線量が20mSv を超える可能性がある半径20km 以遠の地域が計画的避難区域に設定された」．「現在の防災指針に規定されている指標は，短期間の避難や屋内退避を想定した国際機関の指標を参考に定めたものであり，わが国においては長期にわたる防護措置のための指標がなかったため，当委員会は計画的避難区域の設定等に係る助言において，ICRP（国際放射線防護委員会）の2007年基本勧告において緊急時被ばく状況に適用することとされている参考レベルのバンド20～100mSv（急性若しくは年間）の下限である20mSv／年を適用することが適切であると判断した」としている．

　また，第一原子力発電所の事故処理を行なうために，以下のような被ばく線量の限度の緩和がなされた．放射線審議会「放射線審議会声明：緊急作業時における被ばく

線量限度について」（2011.3.26）は，「人事院総裁，厚生労働大臣及び経済産業大臣から，緊急作業時における被ばく線量の限度を250mSv とする諮問に対し，妥当であるとの答申を行った」．これは従来の緊急作業時の限度100mSv では事故処理を行なう作業員の確保ができないため，限度を緩和して作業員が長期に事故対応に当れるようにするもので，健康被害は問題ないのか，疑問が残る．

6）　奈良本英佑『原発の安全性を保証しない原子力規制委員会と新規制基準』合同出版，2015年．

7）　規制委員委員会の審査や司法判断で停止した期間．

8）　「次世代原発　期待と懸念」『毎日新聞』2022年11月8日．

9）　共同通信 2023年2月15日の報道は国会審議の模様を報道したもので，これに先行する原子力規制委員会では「老朽原発の規制の在り方を大転換させる重要案件が，委員の意見が一致しないまま決められる異例の事態となり，拙速な決定には，賛成した委員からも疑問の声が上がる」（『東京新聞』2023年2月13日）との審議の模様が報道されている．

10）　2023年2月24日時点，全国の原発のうち再稼働10基，審査中10基，設置変更許可7基，未申請9基，廃炉24基．

11）　政府と東京電力は処理をした上で海洋放出するとしている．この処理水は通常の原発から放流されるトリチウムが混入している温排水と変わりないとされているが，元は原発事故の炉心溶融によって生じた燃料デブリなどに触れた各種の放射性物質を含んだ汚染水である．これまで原発事故後の汚染処理水を海洋放出した事例はなく，多核種除去設備（ALPS：Advanced Liquid Processing System）は「トリチウム以外の62種類の放射性物質を告示濃度未満まで浄化する能力を有している」（経済産業省・多核種除去等設備処理水の取扱いに関する小委員会，2020年2月）というが，トリチウムを別にしても各種の放射性物質を ALPS は除去できているのか，その問題が指摘されている．

12）　こうした判断について，ピンポイントを見る鉱物脈法を並置するのは適当ではないとの指摘がある．

13）　かねてよりというのは，旧ソビエト連邦のチェルノブイリ原発事故の後，2002年稼働年数を32年と見込んだ脱原発完了の原子力法の改正を行っていたが，メルケル政権下の2011年6月，2022年末全廃までの各原発の稼働停止時期を定め，おおすじこの時点で脱原発の方向性が決まっていた．一方で再生可能エネルギー法の改正を進めてきたが，2021年電力供給に占める再生可能エネルギーの割合を2030年時点の目標を65％に引き上げた．

第 8 章
制御技術の高度化と AI 時代の「到来」

　AI（人工知能）とは，人間の頭脳に相当するような機能をそなえたコンピュータシステムのことである．AI すなわち artificial intelligence なる言葉が世に出たのは，1956年夏のダートマス大学で行われた会議の席上ジョン・マッカーシーの提唱による．近年，人工知能といわれていたものがディープラーニングを可能とする新たな段階に入ったと話題となっている．

　以下では，AI とは何か，AI はどのようなことができるのか，あるいは社会的にはどのような影響があるのかということについて，もちろんその実相を示す．それだけでなく，AI による制御の前史となる機械技術の自動化・体系化などの機械制御，そしてまたデジタル制御ともいわれる自動制御技術のネットワーク化と新たに立ち上がってくる産業のことや，それら自動化・デジタル化の普及条件，生産現場などに見られる労働の変容，さらには AI, IoT（Internet of Things：モノのインターネットによる相互接続）を利用したさまざまなシステムの実際を示した上で，これらの AI を中心とした自動制御機械との「共生」のあり方，問題点を考える．

1　AI とは何か，AI で何ができるか

　ディープラーニング（深層学習）とは，コンピュータのうちに作られた数学モデル「ニューラルネットワーク」によって実現されるものであるが，人間の神経細胞「ニューロン」（大脳皮質で約140億個，中枢神経全体で約2000億個）が形づくる神経回路の振る舞いにヒントを得たといわれている．このニューラルネットワークにおいて，例えば，画像認識であればデータポイントの傾向や類似性などを予め何層もの関数で分析する．要するにニューラルネットワークに仕込まれたアルゴリズムが新たに入力された画像を分析して分類する．このプロセスは私たちの脳とは異なり，人工「知能」と称しているけれども，情報の解析を行う技術である．したがってまた，考案次第でさまざまな方式の機能を装備

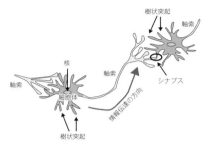

図8-1　神経細胞の構造

（出所）　生沼泉ほか「神経細胞の樹状突起が脳内の「道しるべ」を感知する仕組みの発見」京都大学 HP.

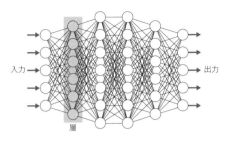

図8-2　ニューラルネットワークの模式図

（出所）　Code Zine HP.

することもできる.

　AI は従来のコンピュータとは異なった高度な情報処理ができるという. なぜこのような情報処理ができるようになったのかというと, コンピュータが高速化し多階層のニューラルネットワークが形づくれるようになり, 大量のデータに対応できるようになったからである[1].

　しかし, ディープラーニングは単にこうした高速コンピュータがあれば実現できるというものではない. 例えば, 正解か不正解か適正に判断する「教師あり学習」では, データをコンピュータに教え込む必要がある[2]. 即ち, 腫瘍患部の病変や工業製品の外観の不良を検知するには, それらの病変や不良品の画像データが必要で, 検知の精度, その適正化を図るにはビッグデータが不可欠である. この画像・言語情報の収集にあたって著作権問題が生じることになる.

　ところで, AI は人間の能力を超えて私たちの脅威になるといわれている. 確かに技術に仕込まれた能力はその適用範囲の限りにおいて人間の能力を上回る. だからこそ私たち人間は目的を実現するために数限りない技術を考案してきた. かつて最古の原始人がなぜ石器をつくったのか. これは自然由来の素材を加工することで, 人間の身体能力にはないパフォーマンス（機能）を実現し利用できるからである. コンピュータによる AI の実現もその点で変わりない. とはいえ, AI は, 生物進化による系統発生, 個体発生によって生み出された人間的自然の頭脳とは異なり, あくまでも人工的な技術的構造物である.

　それにしても AI の能力とはどういうものなのだろうか. AI を使って機械

教師あり学習	回帰	売上や人口，需要予測，不正検知
	分類	故障診断，画像分類，顧客維持
教師なし学習	クラスタリング	レコメンド，セグメンテーション，ターゲットマーケティング
強化学習	バンディットアルゴリズムもしくは Q 学習	ゲーム，広告，自動運転，リアルタイム判断（最適選択・収束）

図 8-3　機械学習の分類と応用事例

（出所）　梅田弘之「教師あり学習と教師なし学習」Vol. 9, システムインテグレーター HP を参考に筆者作成.

翻訳・構文解析，専門的な判断・推論，あるいは画像認識による解析，等々ができる．もちろん，それらにとどまらずその機能を応用した自動機械システムによって無人化が進む可能性がある．そうした能力を持っている AI で制御されたシステムがいろいろな場所で活躍するようになると，場合によって人間の存在性，価値をあやうくする可能性がある．

　製造部門や流通・運輸部門，経理・融資等の金融部門，面談等の管理部門など，比較的専門性の高い職種の雇用が奪われるのではないかと指摘されている．AI の活用分野の身近な例では，話しかけるといろいろな質問に答えるスマートスピーカー，画像認識による物品販売の自動レジ，顔認証による決済システム，就職活動における個別面談の判定，収穫を最大化する最適な注水・施肥，電力供給を最適化するスマートグリッド（次世代電力網），自動運転，無人建機，介護・家事ロボット，さらには品質管理，医療診断，監視・捜査等の分野での実用化も話題となっている．

2　AI の「到来」の実相はどういうものなのか

　ここで具体的にその実相を検討してみよう．インターネット上に自動翻訳サイトがある．私たちが通常使っている自然言語，例えば日本語を入力すると外国語に機械翻訳してくれる．まことに便利である．

　まず指摘できることは AI さえあれば機械翻訳が実現できるものではない．翻訳しようとする自然言語のアナログ文字情報ないしは音声情報をデジタル文字情報に変換する必要がある．それにはスキャン等の周辺技術がなくてはならない．そのデジタル文字情報の変換の歩留まりにもよるけれども，その変

換が適正であるか検分する必要もあろう．また機械翻訳された外国語のデジタル情報をアナログ情報として役に立つ形で提供できるディスプレイやプリンター等の周辺技術が不可欠である．だが，機械翻訳されたものがはたして適正な翻訳なのか，ここでも検分する必要がある．

　要するに必要な周辺技術が整備されていなくてはならないが，翻訳結果が適正なのか検分する必要がある．これらのことを裏返していえば，人間が対応しなくてはならない様々な補完的作業，つまり AI システムから得られた成果物を検証しうる能力を身に付けておく必要がある．また，先に紹介した業務を AI 搭載のシステムで代替できる可能性があるならば，AI と連携する周辺技術の発達も欠かせない．

　それだけではない．AI は情報処理・解析を行なうにしても，まずはどういった情報を翻訳するのか，目的の関連アナログ情報を収集し，その上でどれを翻訳するのか選定しなくてはならない．また自然言語に翻訳されたとしても，どのように有意な形で社会的に還元するのかということもある．すなわち私たち人間が携わっている職務内容の広がりは多様で，AI を搭載したシステムの作業範囲を拡充させることができれば別だが，これら業務すべてを AI が代替しうるのかという問題もある．

　近年話題となっているものに対話型の生成系 AI がある．前記のスマートスピーカーもこれに類するが，質問に対して自然言語で回答を行うシステムが話題となっている．こうしたシステムが出てきたのは技術の高度化による．すなわち次の 3 節で示すように，道具から機械，機械の自動体系への展開のなかで制御技術が派生してきた．制御の仕方は当初は機械制御であったが今日では電子制御となって，マイクロコンピュータがいろいろな分野で活躍する時代となった．そして，こうした技術が発展して，ここで話題として取り上げているディープラーニングを可能とするものが開発され，そのディープラーニングを活かした，インターネット上の言語等の情報をベースに確率論的数理解析の結果を回答として示す生成系 AI が出現した．この IT 技術の高度化は注目すべきことである．

　ところで，人が人間らしく振る舞う際に欠かせない要素（手立て）となるものは技術と言語の二つであるといってよい．この前者の技術が高度に発達して後者の言語の側の情報を解析しうるようになった．だが，生成系 AI によって出力される回答は，言語の語彙，文法，論理，また言語によって示される文

章・文脈の意味内容を勘案しながら，私たちが成文化するものとは異なっている．というのも，私たちはその意見内容を，その際に表現しようとする意思・目的に照らして，また倫理的・価値的にその方向性とバランスを考慮して成文化する．人が保持している言語・その体系は，その人が生育過程で蓄積してきた多様な身体性を伴った体験を反映したもので，しかも言語等を媒介にした思考のプロセスはそれぞれの人が成育過程で培ってきた人間的態度を基底に表現される．そしてまた，私たちが使う言語は，人類が歴史的に積み上げてきた資料・文献を含め，言語体系が発達してきた歴史過程と無関係ではなく大なり小なり結び合わさっている．現段階の生成系 AI のパフォーマンスは，人間が言語等を媒介にして思惟し新たに言葉を案出するプロセスとは，似て非なるものであろう．

　2021年に AI 規制法案を公開した EU では，AI による生成には「made with AI」を明記する方向であるという．ただ AI に依存しているのでは AI の成果物を鵜呑みにして認識を誤るかもしれない．従って，AI 時代の到来は人間に対して賢く批判的に考える力を持つこと，また AI システムとその利用を適正に検証する能力や倫理観・社会観を保持することが求められる，奇しくも人間が問われる時代なのである．

3　機械技術の自動化・体系化，その延長線上にある AI システム

　さて，私たちの生活社会に今や欠くことのできない，AI を含むコンピュータ技術は，どのような位置にあるのだろうか．AI システムの目指すところは人間の能力を場合によって超える点にあるが，こうした自動化された技術の先駆けは中世後期の機械時計に始まる．機械時計は振り子やテンプなどのカラクリ（機巧）による制御機構によって精確に時を刻む．しかし，これはスポット的な自動化であって，社会的生産活動における自動化の契機は，18世紀後半に始まるイギリス産業革命期の手工業から機械制工業へと転換である．これを機に道具による手仕事から機械によるものづくりが支配的となった．

　ここで問題となるのは，これらの機械技術の自動化がどう実現できたのかということである．というのも，21世紀に生きる私たちからすると，コンピュータなしに自動化はありえないと思われる．だが，このイギリス産業革命期にはコンピュータはなかった．当時，その機能はプリミティブなものであったが機

械制御による自動化が代替した．その一つがワットの蒸気機関に組み込まれた遠心調速機で，蒸気機関の回転動力を一定に制御することで[3]，ワット機関をして繊維機械の動力として利用することを可能にした．

　他にも産業革命期の自動化として，織物の文様を織るのに考案されたパンチカードを用いたジャカード織機がある．なぜ作業機の自動化がこのような繊維機械であったのかということについて，織物が比較的加工しやすい，柔軟な材質の繊維を原料としていたことによると指摘されている．ジャガード織機の仕組みは，織り出すべき紋様を様々な孔を信号としたパンチカードをつなげた一巻きの紋紙が使われる．例えば1200本の経糸があれば１枚のパンチカードに1200個の孔の有無で表して，緯糸を通す際に孔の有無で1200本の針の動きが制御され綜絖とよばれる経糸の開口動作を操作し，紋様を織り出していく．このジャカードは19世紀の初めに開発されたが，今日の自動制御の起源ともいえる[4]．

　その後の自動化を指向した連綿と続く機械・装置の発達について記す紙幅の余裕はなく，比較的よく知られたものをあげる．産業革命期の個別の機械の自動化を第一段階とすれば，第二段階は20世紀初め，専用機による互換性部品の加工とその組付けを行うライン生産による自動車の大量生産方式（フォードシステム）の成立である．このライン生産は1910年代に始まり移送は自動化されたが，自動車製造の生産プロセスの自動制御はただちに全面的に実現されたのではない．エンジンのシリンダー・ブロックを各種の専用工作機械の連携で切削

図8-4　ジャガード織機

（出所）　京都経済同友会.

図 8-5　NC 工作機械

(出所)　日本メクトロン HP 〈https://www.
kousakukikai.tech/cnc-machine-tools/〉.

図 8-6　トランスファーマシン

(出所)　ヤマザキ HP 〈https://www.yamazaki-iron.
co.jp/p_transfer/〉.

加工を行なうトランスファーマシン (自動搬送加工機械システム) が，フォード自動車会社で開発されたのは第二次世界大戦後である．

　オートメーションという言葉の誕生は，このトランスファーマシンを契機としている．なお，オートメーションには，トランスファーマシンのようなメカニカル・オートメーション，またこれとは異なる石油化学工業の生産工程を構成し，原材料の組成，流量，温度，圧力，湿度，濃度，液位などを制御するプロセス・オートメーションがある．

　こうした自動制御を格段にステップアップさせたものがコンピュータによる自動制御である．真空管を用いたコンピュータも開発されたが，戦後にはトランジスターや集積回路が，1970年代には高集積のマイクロプロセッサー (中央演算処理装置：CPU) を内蔵したマイクロコンピュータが登場する．

　こうしてマイクロコンピュータを搭載した NC 制御の工作機械，産業用ロボットが登場し，互換性部品の切削加工や車体の溶接・塗装が自動化された．日本の製造業は工作機械工業に支えられ，こうした生産の自動化をコンピュータ制御の本家アメリカよりも急速に普及させた．これをマイクロエレクトロニクス (ME) 技術革新という．ATM に象徴される銀行のオンライン化やコンビニ・スーパーの POS システム，全自動の家電製品が登場するのもこの時期である．

4　自動制御技術のネットワーク化と多彩な新産業の成立

　技術革新は新たな社会的分業が生み出す．前述の ME 技術革新後の生産の

自動化を指向する技術発達は，不均等に発展しつつも体系的に拡大した．こうして，自動工作機械・装置を製造する産業や，半導体・コンピュータ・ソフトウエア産業，センサー・電子部品のメーカーなどの新たな産業分野が生み出され，その後には移動体通信技術（携帯電話等）やインターネット技術により，情報・通信のサービス業を含む情報通信産業などが展開されることになった．

　1990年代には地球を周回する衛星を利用した GPS 技術の運用が開始され，ナビゲーションシステムが自動車や航空機のみならず，今ではスマーフォンにも装備され，誰にでも位置情報・地域情報のコネクティッド・サービスが受けられるようになっている．現在では自動車の自動走行が話題となっているが，これは IoT と AI の賜物といえよう．

　現在，AI や IoT を駆使したスマート工場では，生産性をなお改善する生産システムのネットワーク化の取り組みが始まっている．例えば，ドイツの Industrie4.0やアメリカの Industrial Internet，中国製造2025など生産改革で産官学の取り組みが進んでいる．日本でも Society5.0とのキャッチフレーズで進められているが，ドイツの取組みは中小企業をしっかり支援している点で日本のそれとは印象が異なる．

　近年取り組まれていることの一つは，各種の工作機械・製造装置に取り付けたセンサーからの振動や温度などのデータを IoT によって集約し，AI と連携したクラウドコンピューティング（インターネットを介して，コンピュータ資源のサービスを利用する）やエッジコンピューティング（機器の近く分散的にサーバーコンピュータを配置してデータ処理を行なう）によって，これらデータを分析し，消費電力のコスト管理や機械・装置システムの性能維持・故障予知を行って生産性の改善に役立てることである．このシステムは極めて多品種少量生産の電子機器の製造工場に適合しており，多彩な電子部品の管理・取付け，作業者に付着している静電気管理など，生産管理のデジタル化によって生産性の改善を図っている．

　前述のような工場内での生産システムの中で近年注目されているのが，AI, IoT と連携して製造機械を統制する PLC（プログラムロジックコントローラ）である．製造目的に従って設定されたプログラムの順序・条件などに即して，またセンサー等の入力機器からのデータを踏まえて製造機械の動作を制御する装置で，工場内の異なった装置間の情報交換も可能である．

　それにしても，なぜ近年 AI や IoT が話題となり，急速に普及してきたの

図 8-7　プログラムロジックコントローラ（PLC）の例　その 1

・センサーで検知して PLC を介して所定の作業をおこなうプロセス
（出所）　オムロン HP を基に筆者作成.

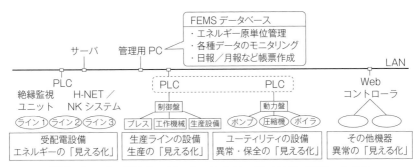

図 8-8　プログラムロジックコントローラ（PLC）の例　その 2

・H-NET, PLC, Web コントローラなどを LAN でつなぎ, 受配電設備, 生産設備などの工場全体の設備エネルギーと生産データをリアルタイムで監視・収集, 管理するシステム
（出所）　日立産機システム HP を基に筆者作成.

か. これは次のような国産分業による. 先進国等の顧客企業が電子部品の設計データを, 東アジアの受託生産に特化したファウンドリとよばれる, 低廉な人件費を基礎とした企業に託し, 安価でコンパクトな電子部品（半導体チップ等）が大量に生産・供給されるようになったからである.

　以上, 時系列的に自動制御の機械制御, 電気制御[5], コンピュータ制御, そして今日の AI 制御について述べてきたが, このように自動制御は機械化の始まりでは機械制御で実現され, その後より複雑で高度な作業がコンピュータ制御によって, さらに今日では情報の高度な解析・処理が AI を含む自動制御で行われるようになっている.

　確かに AI を含むコンピュータに象徴される情報技術は, 機械・設備を自動的に作動させる制御技術としての役割をもっている. とはいえコンピュータが直接的にものづくりを行っているのではなく, 作業技術（機械・装置）に連携

して間接的にものづくりに関与している．いくらコンピュータが進歩したとしても，生産活動としては物理的ないしは化学的な作業技術などがそれにふさわしく進歩し関与しなければ，コンピュータの情報処理機能は意味をなさない．

5 生産の自動化・デジタル化の普及条件

仮に AI の機能が拡充されたとしても，ただちに職場に導入されるとは言い難い．その点を前述の ME 技術革新の時代にどういった事情があったのかを事例を示して考えてみる．

産業用ロボットは1台で24時間稼働し，二交代の労働者2人分にとって代わる．単純労働の職種ではその作業に適応するシステムの登場によって代替される．もちろん作業能力は作業速度に依存し，熟練労働者の能力が高い場合もある．現実にはいろいろな状況が考えられる．どちらにしても人件費に対してNC 自動工作機械導入にかかる設備投資・ランニングコストがどの程度になるかが問題になる．この設備投資経費を5年間で減価償却するとすれば，設備費

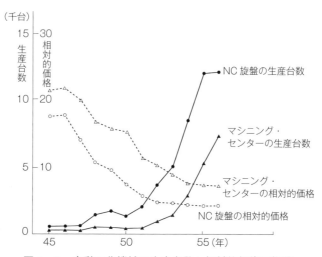

図8-9　自動工作機械の生産台数と相対的価格の推移

（注）　相対的価格とは，1台当り生産金額を製造業（雇用30人以上）常用労働者の1人平均年間現金給与額で除した数値である．
（資料）　通称産業省「機械統計年報」，労働省「労働統計年報」
（出所）　科学技術庁「昭和58年版　科学技術白書」．

が2000万円の場合は年400万円となる．労働者の年間賃金が200万円とすれ
ば，2名で400万円となり，NC 自動工作機械を導入はメリットを生みそうに
ない．とはいえ，NC 自動工作機械の価格が1500万円，さらに安価になれば採
算が良くなり状況は変わる．

　こうした機械設備の導入の是非は AI で制御された機械設備においても基
本的に同じで，機械設備の経費と労働者の賃金との比較になる．すなわち，生
産の自動化が，省力化や製品加工の均一化・高速化，品質の向上を実現し，ま
た設備稼働率をアップさせて労働生産性を飛躍的に高められるかどうかが条件
となる．これが経営者側の判断となる．

　また，次のようなことも考えられよう．ある機能をそなえた AI システム
を開発する場合にそれがサービスしうる事業分野として採算を得られる程度の
大きさがなくては，その AI システムの開発・実用化は進まない．なぜなら
ば，AI 制御のシステムの開発には開発投資とその製造経費，さらにランニン
グコストもかかるので，採算に見合う程度に市場が拡大しなければ実用化は進
まない．ただし，生成系 AI は，その周辺システムは，製造工場の生産設備
とは異なって比較的簡単な装備で済む点でこの限りではないともいわれる．

6　生産の自動化・デジタル化にともなう労働の変容と労働者

　さて，労働の生産性は，労働者の組織編制によって高めることができるが，
より進化した技術の導入によっても向上する．AI を含む機械・装置システム
の自動制御の導入は労働者の労働の質だけでなく，その編成の仕方をも変え
る．産業革命期の機械化においては，機械が主たる加工を行い，労働者は個々
の機械の操作を行うか，機械化されていない補完的作業に携わり，機械に即し
て作業を行う従属的な位置に転じた．

　とはいえ，今日のコンピュータで統御された自動工作機械や搬送システムな
どの自動制御技術の進展は，今のところ人間の手指の繊細な動きを超えるには
至ってはいない．依然として人間労働による作業が引き続き行われている．し
かし，熟練労働者の技能や経験をコンピュータ・プログラムに書き込むこと
で，人間の代わりに機械が自動的に逐次，判断し，作動するようになってきて
いる．もっぱら労働者の役割は，自動工作機械やロボット群の監視，集中制御
機器の操作や取付けミスの手直し，メンテナンスなどの補助調整の副次的作業

へと転じ，作業対象への直接的な労働から遠ざけられるものとなった．

　さらにまた，設計作業のコンピュータ化（CAD）をはじめ，生産，流通，販売，経営戦略などを包含したコンピュータ統合生産（CIM）を現実のものとし，受注から資材発注，製造，出荷までのオンライン化を進めることで，端末コンピュータで操作することで事足りるようになった．また，その後のインターネット技術の導入は，開発，生産，販売，保守・修理等の情報のデジタル化を進め，ネットワーク上での相互交渉による効率的対応を実現することで，機敏な企業経営と経営資源の節約を実現してもいる．

　AI 制御のロボットシステムは，カメラによる画像認識技術・各種センサー技術との連携によって自律的かつ相互協調的な多彩で柔軟な動作を実現することで，労働者との協業を現実のものともしている．実際，取付けや検品などの作業を行う，対話型，行動共有型のヒト型ロボット（ヒューマノイド）が，80％の作業をこなし，労働者と協働している工場も出現している．また，会話の言質や顔の表情を判断して私たちの身体的・心理的状況をフォローするシステムもある．周知のように，東京電力・福島第一原子力発電所事故処理において原発プラント内部の状況を調査するロボットが，放射能汚染の悪環境下で活躍もしている．

　どちらにしても，産業ロボットを含む自動化はかつてのライン生産に見られる単調な反復労働を解消し，無人化を指向している．このような自動制御によ

図 8-10　ロボット（中央）と人間の共同作業

（出所）　日経ビジネス電子版「人間ロボットと働く日」2013年１月11日．

る無人化が進展して行くと，社会的必要労働は減って，労働と余暇との境目が曖昧になり，労働の対価となる賃金との関係がはっきりしなくなるのではとの指摘もある．いうならば労働に依存しなくてもよい社会が到来することになり，このような事態は資本主義と両立しない．言い換えれば，情報財は価格を正確に設定する市場の力を弱め，無料の情報財を基盤とする経済は資本主義から離反し，協働生産が自然発生的に増加する．一般にネットワーク技術はそのシステムを介して作業を連携して（ときには時間外のボランティアを含め）進めることを可能とする，作業を共有する場合にうまく機能する性格をもつ．

こうした産業社会（資本と労働との関係）の変動の可能性はともかくとして，確かに有害な汚染・危険性がともなう悪環境下での作業から労働者を解放させる可能性もある．とはいうものの一方で，こうした生産の自動化・デジタル化，システムのブラックボックス化は，必ずしも労働環境の改善につながるものではない．稼働速度・稼動率のアップによる労働の高密度化のみならず，自動制御への敏捷な対応や監視業務による長時間の精神的緊張，自動工作機械やロボットに囲まれた作業による疎外感，脱熟練化による作業の無内容化に伴う労働意欲減退など，精神的ストレスを原因とする健康障害を引き起こしかねない．それどころか，自動化が採算の合わない，もしくはその実用化の目処のない作業では，AI 制御などの自動化は進展せず，3K（きつい，汚い，危険）ともいわれる劣悪な環境下での作業が残り，そうした労働に労働者は追いやられる．

また，コンピュータ支援システムの発達は，製造業のみならず事務労働等の

表8-1 各国の AI アクティブ・プレイヤー（一部でも業務を AI に託している）の産業別の割合

	中国	アメリカ	フランス	ドイツ	スイス	オーストリア	日本	
消費者向け産業	84%	41%	57%	39%	65%	32%	35%	50%
エネルギー	86%	73%	48%	50%	n.a	67%	36%	67%
金融機関	86%	61%	45%	34%	67%	22%	42%	52%
ヘルスケア	83%	49%	51%	43%	38%	33%	23%	49%
産業財	83%	49%	43%	60%	35%	44%	32%	55%
テクノロジー/メディア/通信	89%	65%	63%	64%	43%	67%	60%	71%
計	85%	51%	49%	49%	46%	42%	39%	55%

（出所）総務省「令和元年版 情報通信白書」.

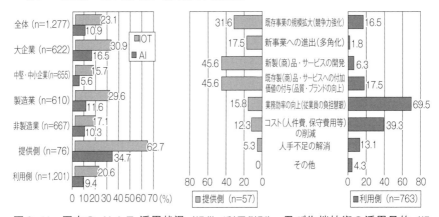

図8-11　国内の AI, IoT 活用状況 (提供／利用側別), 及び先端技術の活用目的 (提供／利用側別)

(出所)　総務省「令和元年版　情報通信白書」.

マニュアル化を進め, 比較的未熟練の人でも対応可能で, 派遣労働者による作業の外注等, 非正規雇用を増大させ, 熟練の中高年労働者の配置転換や雇用を奪いかねない状況を生み出している. AI 時代は, 新たな雇用も生み出し必ずしも雇用を消滅させるわけではないが, 識者によっては既存の雇用の消滅の方が多いとも指摘される.

　なお, 自動制御技術・システムを稼働させるためには, その管理・保守, プログラミングやソフトウェアの制作, データ入力作業等の知的労働に携わる新しい技術系労働者を必要とする. そしてまた, これらシステムを研究・開発するために, 情報科学・電子工学・ロボット工学・材料工学・オプトエレクトロニクス (光電子工学)・センサー工学等の分野の科学者・技術者を増大させることになる.

　どちらにしても, これら労働構成の変化は, 一面では労働者の絶対数は減少するどころか増加させる. つまり一方で非正規, 低賃金労働者を増大させ, 労働市場の二極化をすすめると共に, これまでの年功的序列賃金, 終身雇用などの日本的労使関係の変更を迫ることになると指摘されている.

7　AI, IoT と連携した技術システムとその「共生」
——問題点とルールづくり——

　以上，労働の変容について示してきたが，労働現場での AI との「協働」にとどまらず，日常生活での AI との協調も可能だとのことで，AI と人間との「共生」が可能となる夢のような時代が到来するとの指摘もされているが，本当にそうなるのだろうか.

　AI がビッグデータを踏まえた的確な対応を一応なしうるとしても，AI への依存は AI システム自体の不備・欠陥，各デバイスの故障，また電力・電波システムのブラックアウトなどが発生した場合には不測の事態が起きることもある. GPS との連携についていえば，太陽風や電離層の変動による電波障害，近接アンテナ等による電波干渉，大気中の水蒸気による電波遅延，衛星軌道の誤差など，運用の確実性を揺るがす自然的・技術的な構造的矛盾を抱えている. これらの技術的不具合・誤作動，はては悪意あるハッキングによる「暴走」など，取り返しのつかない，場合によって人命の殺傷につながりかねない事故につながる. 自動制御しているだけにその運用には十分に注意を払う必要がある.

　もう一つ，これら AI や IoT, GPS の情報技術・センサー技術などを駆使して，軍事技術を一新しようとする動きがある. 今日の軍事技術は，無人偵察飛行機，自動移動ロボット兵器が話題となっている. 近年の報道ではアメリカ

図 8-12　ロシアのネレフタ

（出所）「ウォール・ストリート・ジャーナル・ジャパン」電子版, 2017年10月31日.

図 8-13　アメリカの RQ-1／MQ-1 プレデター

（出所）U.S. Air Force photo.

や中国で100機をこえるドローン兵器が自律的判断を行い編隊飛行に成功したという．遠隔操作ではなく人を介さないような攻撃をも AI 自体が行なう「自動戦争」[6]ともいうべき事態が現実味を帯びてきている．

　アメリカでは民生用技術を軍事技術に転用するデュアルユースの国防研究が進められている．実に軍事技術は兵器技術ではあるが，高度な移動による探査・探知・追跡・情報解析・評価をおこなうシステム技術の側面での研究，実用化が推進されている．日本でも2015年，集団的自衛権による安保法制が成立した．日米安保体制の中でこうしたデュアルユース技術の日本版研究開発[7]が防衛装備庁を中心に進められている．こうした軍事的研究開発の底流には軍事力には軍事力で対抗する考え方が基調となっていると見られる．こうした国際的緊張を緩和するためには，国家間の対立を解消し，軍事的覇権によるのではない平和を志向する国際連携を目指す必要がある．

　2019年5月には，初めて複数国で合意された AI 原則が OECD から公表された．OECD の AI 原則は，包摂的な成長，持続可能な開発及び幸福，人間中心の価値観及び公平性，透明性及び説明可能性，堅牢性，セキュリティ及び安全性，アカウンタビリティからなる．さらに EU では倫理指針が新たにまとめられているという．2023年7月には国際連合の安全保障理事会も「平和と安全保障における AI の恩恵とリスク」のテーマでの会合を開催，早期の国際的枠組みを目指すとのことである．

　政府の統合イノベーション戦略推進会議は2019年，AI の活用をめぐる「人間中心の AI 社会原則」を決定した．人間の基本的人権を侵さない人間中心であること，AI 利用において格差が生じないようなリテラシー教育，プライバシーに配慮した個人情報の利用，セキュリティの確保，ビジネスにおける公正競争確保，公平性・透明性のある意思決定と説明責任，イノベーションの原則などが謳われている．基本的人権，リテラシー，セキュリティを挙げたのは評価できる．だが，AI, IoT によって個人情報がビッグデータとして集積され，その恣意的分析・利用，流出の可能性がないとはいえない．この原則はいささかビジネス，イノベーションにシフトしており，生命の殺傷さえ引き起こしかねないリスクの危険性をどう回避するのかといった問題については触れられていない．AI の活用はすでには始まっているけれども，適正な実際的運用は倫理指針も含め課題を残している．2021年には，経済産業省の AI 原則の実践の在り方に関する検討会が，AI の開発，利用，提供に関しての動向やガバ

ナンスの在り方について審議している[8]．

　一般に新たな技術進歩がともなう変動期は得てして雇用，その雇用環境・条件は不安定となる．ここで話題としている AI の企業活動をともなった社会的利用においては，AI の所有者・経営者の意に即して利益が拡充する限りにおいて設備は充用される．この利益を優先する機械の資本主義的充用[9]は，必ずしも労働者の意と合致したものではなく，労働者には打撃的な部面が生じる．先に指摘したように AI を含む情報通信技術の発展は労働環境の二極化，即ち知識労働優位の一方でそれ以外の現場労働の価値を貶める（低廉な非正規労働等の不安定雇用の増加）二極化を進行させる．つまり，この根底には労働と資本（経営）の構造的矛盾がある．かつてイギリス産業革命においても労働者が自動化された織機等を打ち壊す行動（ラダイト運動[10]）に出たが，今日でもこれに類似した動きが起きても不思議ではない．言うならば，富と労働の再配分の問題がその根源に横たわっている．

　確かに AI, IoT 等が技術的にどう発展しいくのか，またその社会的な存在形態，すなわち誰が所有しどう利用されようとしているのか，この点に留意し新たな技術の利用にどう対応していくかが問題となっている．だが，技術至上主義の，技術は使い方の問題だというような，技術の利便性の視点にシフトした捉え方では事柄の全貌を見失う．私たち一人ひとりの人間的尊厳を高め，人類社会の平和と福祉を志向する視点を基本に据えて，到来する AI 時代の問題を揺るがせにせずに向き合っていくことが求められている．

　注
1）　富士通 AI 基盤事業本部によれば，ニューラルネットワークは，20年前3 階層程度であったが，コンピュータの高速化で20階層から200階層までになったという．
　　　なお，ディープラーニングは機械学習の一部に位置するが，機械学習のモデル構築にあたって，これまでモデルの精度を高める特徴量を人間が関与することが求められていたが，なかにはデータがディープラーニング・アルゴリズムに入力されると，出力データを決定するための有用な特徴量を自動的に学習するものもある．
2）一連の事象に関しての評価の報酬を最大化し，AI が評価を判断して更新する「強化学習」というのもある．
3）　動輪の回転軸に取りつけた球は，回転が速くなると遠心力で外側に振れて，この動きを連接棒によって伝え蒸気機関の蒸気調節弁を調整してシリンダーに送り込む蒸気量を少なくする．回転が遅くなると球は軸に近づいて弁は開いて蒸気量を増やして，

蒸気機関は一定の速度で作動する．

4） この孔の有無で表す方法はコンピュータの2進法（0と1の数字で表記）による電子制御に通ずる．

5） 電気的制御の事例の一つにリレー回路を利用した電話の自動交換がある．

6） アメリカでは民生用技術を軍事技術に転用するデュアルユースの国防研究が進められている．2011年の DARPA（国防総省・国防高等研究計画局）の「戦略計画における重点分野」によれば，戦略目標として「グローバル情報・監視・偵察」，宇宙空間での「適応型製造」，有人無人の高度ネットワークシステムの「適応型インターフェース」，捕捉し難い地上目標の探知・識別・追跡・破壊を可能とする「サイバーと動力学」，地下構造の探知・割出・評価を実現する「新しい軍隊」等の構築，及びそれら目標の中核技術をなすものとして，材料，マイクロシステム，エレクトロニクス・フォトニクス，位置調整・ナビゲーション等をあげられている．実にこれらは直接的殺傷兵器技術というよりは高度な移動による探査・探知・追跡・情報解析・評価の支援システムというべきものである．集団的自衛権による安保法制が2015年に成立したが，日米安保体制の中で，こうしたデュアルユース技術の日本版研究開発が防衛装備庁を中心に進められている．

7） 軍事技術関連の周辺の情報通信技術や自動制御技術，また人間行動に関わって脳の状態を可視化する研究なども行なわれている．

8） 経済産業省・AI 原則の実践の在り方に関する検討会報告書「我が国の AI ガバナンスの在り方 ver. 1.1」（2021年7月9日）；「欧州 AI 規則案の概要」（2021年6月21日）（株）国際社会経済研究所：小泉雄介．

9） 機械の利用は労働を軽減し労働時間を短縮する．だが，資本主義的に充用されれば，労働日を延長し労働を強化し，機械の登場は自然力にたいする人間の勝利であるが，資本主義的に充用されれば，人間は自然力によって抑圧され，充用する側（資本の側）は富を増やすという，マルクスの『資本論』第13章の見解による．

10） 「ネッド・ラッド（Ned Ludd）」と名のる者たちが，織機や編み機など備えた工場を襲撃，破壊した．労働者の組織的団結が認められていない時代，ラダイトは生活の困窮を打破しようとして行なわれた苦悶の運動であったともいえる．拙著『技術のあゆみ』ムイスリ出版，2001年を参照されたい．

第9章
産業化・都市化の進行と感染症の蔓延
——問われている人類社会のあり方——

　ウイルスの地球上での起源は少なくとも30億年前にさかのぼり，その種の数は国際ウイルス分類委員会によれば，判明しているもので約3万種，またウイルスを含む人獣共通の感染症は千数百種とされている．ちなみに人類の出現はせいぜい500万年前，人類は新参者なのである．

　近代以前は感染症の原因はよく分かっていなかった．微生物が顕微鏡で発見されたのは17世紀，医学の発達にともない病気の中に細菌が関係して発症しているものがあることが判明したのは19世紀，のちにウイルスと称される，細菌よりも微小な「濾過性病原体」が19世紀後半になってあることが判明した．20世紀になると，1930年代にウイルスを結晶化し可視化によってその姿が捉えられ，50年代にウイルスの複製機構や遺伝子構造が解明され，タンパク質の殻と核酸からなる実体が明らかになった．ちなみにウイルスの語源はラテン語で毒の意味合いもあるが，粘着性の分泌物というような意味もあり，単純化しない方がよい．

　なぜ感染症がパンデミック，すなわち世界的流行の形をとって社会化するのか．実はその社会化には，都市化による人口稠密性が関与し，そのバックグラウンドとしての産業化が関連してきた．つまり，そこには人類が構築してきた都市社会，産業社会の展開が，自然界の多様な生態系とどのような関係を取ってきたのかという問題が見出される．これらの諸点について考える．

1　社会的分業の人類史と都市化，そして疫病

　狩猟・採取の原始社会は小さな共同体に分散し，交流も盛んではなかった．だが，農耕・牧畜による生産活動が始まると，人類は定住し村落を形成した．とはいえ，古代の灌漑農耕による治水，家畜の飼育は一面で感染症発生のリスクを常態化させることになった．農耕の開始とともに人類は蚊が媒介するマラリアはのがれられなくなった．また巻貝を宿主とする住血吸虫による生水を介

した感染症にも罹ることになったと指摘されている．

　やがて政治的経済的拠点としての古代都市が形成されるに至った．古代ギリシア・アテネの人口は奴隷10万人，在留外人3-4万人を含む20数万人を抱えた．アリストテレスは，「植物は食糧として彼らのために存し，他の動物は人間のために存し，……もし自然が何ものをも無目的に，或は無駄に作るものでないならば，人間のためにそれら凡てを自然が作っているのでなくてならぬ」（『政治学』）と述べた．ここには，当時の市民的教養が人間中心主義の二分法の考え方に貫かれていたことを示している．市民は奴隷制社会の支配階級として，市民の生活に役立つ全てのものを自分たちのための占有物として利用し，奴隷をも道具と見なし収奪したのだった．

　さて，アテネがスパルタと相闘ったペロポネソス戦争[1]期，古代都市の多くは城塞でおおわれ軍事的に防護されていた．だが，衛生状態は決して良くはなかった．アテネも例にもれず疫病の発生で多くの市民の生命が奪われ，アテネの戦力が削がれた．奴隷制下の民主政は，民主主義とはいっても市民（成人男子）3-4万人とみられる限定的なものであった．古代100万人に達した中国の西安，都市ローマも感染症に見舞われた．上水道を備えていたものの殺菌はされず，衛生防護のための都市下水も十分なものではなかった．

　人類史は社会的分業の歴史といわれ，産業を礎に形成された．中世になる

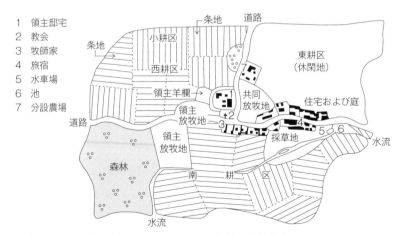

図9-1　三圃農法（東・南・西耕区）を営む有核集落（中央の街道沿い）

（出所）N. S. B. Gras, A *History of Agriculture in Europe and America*, F. S. Crofts & Co. 1925.

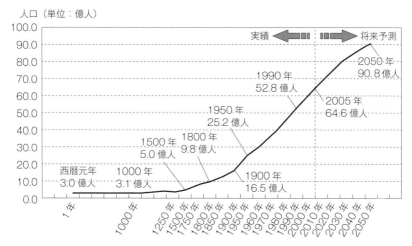

図9-2　世界の人口の推移

（出所）　内閣府「平成18年版　少子化社会白書」.

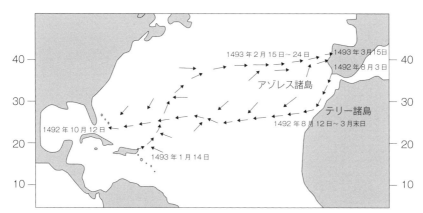

図9-3　大航海時代のコロンブスの第1回航海（往路：1492年8月3日-12日，9
　　　　月8日-10月12日，復路：1493年1月14日-2月15日，2月24日-3月15日）

（出所）　S. D. Gedzelman, *The Sience and Wonders of the Atmosphere*, John Wieley & Sons Inc.
　　　　1980. を基に筆者作成.

　と，三圃制という新たな農法等が編み出され，農業生産性が向上した．その余
剰生産物と各種特産物が商品となり，やがて手工業者や商人が渡し場や港湾，
居城の周りなどに集結し，都市が農村に対して社会分化して形成された．

　世界の人口は，西暦紀元3.0億人，1000年3.1億人で10世紀までは変動は少なく，1500年には5.0億人となり500年で6割増えた．人口の増加は中世における前述のような都市と農村の社会分化を伴った歴史展開によると考えられる．

　都市人口の稠密性はペストの蔓延の条件を満たし，多くの都市住民の生命を奪った．ペストはネズミなどを宿主とするが，ネズミに寄生するノミが媒介することで蔓延した．

　15世紀の大航海時代には海外との交易活動を始まった．当時の帆船は，コロンブスやマゼランなどの航海日誌からすると，大西洋を横断するのに1－2カ月程度，アジアとの東西交易には数カ月要した．したがって，船を住みかとするネズミなどが宿主となり船員が感染したとしても，ただちに大洋を越えて病原体が伝染するというものではない．とはいえ，やがて寄港地に移植される可能性もある．陸路伝いの隊商や軍隊など，東洋と西洋を結ぶ交通も伝染のリスクを抱えていた．

2　近代産業革命，その後の重化学工業化と都市化

　近代産業革命以降の工業化は，原材料の調達や製品の搬送によって物流を盛んにし，資本主義的経営は労働者の確保を不可欠とし，都市化を加速化させた．産業革命発祥の地イギリスのマンチェスターやリバプールは労働者を集積

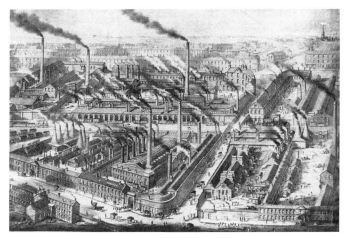

図9－4　産業革命が生んだ工場集積と煙突群

させ，1760年からの100年で数万人から40数万人へと10倍化させた．ちなみに世界の人口は，19世紀初め9.8億人，20世紀初め16.5億人，今日80億人に達している．ことに20世紀の急増はもちろん産業化や都市化のみによるものではない．先進国を例にとれば，平均寿命は19世紀30-40歳台，20世紀初め50歳程度，今日80歳程度，食糧生産や医療の進歩を背景とした長寿命化も大きな要因である．

　さて，19世紀後半から20世紀初めにかけての産業化の第二の参入（第3章の6参照）は，ドイツやアメリカの重化学工業化である．重化学工業は電力生産をはじめとして鉄鋼やアルミ，石油化学などの地下資源依存型の素材系の生産財産業，ならびにこれらの素材を用いた自動車・家電などの耐久消費財産業を構築した．しかも，フォードシステムに象徴される大量生産方式を導入し，動力面でのエネルギー多消費型の産業構造をつくり出した．

　日本の産業の近代化は明治期から始まるが，こうした特性をもった産業が日本に根付き成長するのは，20世紀後半である．こうして日本は第三の参入を果たしたが，21世紀にかけて新興国が第四の参入を実現し，中国は「世界の工場」たる地位を築いた．新型コロナウイルスの発生地とされる武漢は中国の拠点都市の一つである．

　こうして地下資源由来の原燃料は，CO_2による地球温暖化をはじめ，鉱毒・粉塵などの拡散で人命と環境を破壊する公害，いわゆる地球環境問題を現実化させた．すなわち，重化学工業化の進行は，地球的自然に非可逆的な大きな影響をもたらし環境壊変を引き起こした．なお，その進行はウイルスを含むあらゆる生物たちが生息する生態系に大きな負荷を与え，手つかずの自然圏と人間の生活圏とを有無を言わさず接近させることとなった．

3　日本の産業構造の転換と人口の都市集積による感染症の潜在リスクの増大

　こうした産業化の展開は日本国内の産業別就業人口からも検証できる．第一次産業の割合は1950年代以降急減し，一方で都市型の第二次，三次産業の就業者を増加させた．その進行は過度な人口の都市集中をもたらし，ウイルス蔓延の感染症流行の下地をつくり出した．

　日本のみならず世界各地に数少なくないメガ都市——東京，武漢，ニュー

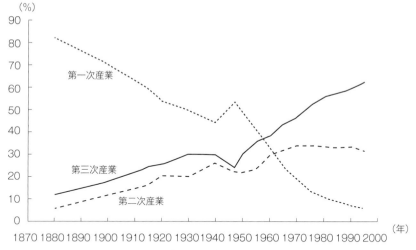

図 9 - 5 産業別就業人口割合の推移

（資料） 1879年–1915年「明治以降本邦主要経済統計」（日本銀行）.
　　　　 1920年–1995年「国勢調査」（総務省）.
　　　　 1847年は臨時国勢調査の数値.
（出所） 日本リサーチ総合研究所 HP.

表 9 - 1 世界の主要都市人口の推移

（単位：千人）

	1950年	2015年
東京	11,270	37,256
近畿	7,005	19,305
北京	1,671	18,421
深圳	3	11,275
武漢	1,311	(10,892)
ニューヨーク	12,338	18,648
パリ	6,283	10,743
モスクワ	5,356	12,049
リオデジャネイロ	3,026	12,941
デリー	1,369	25,866

（出所） 国立社会保障・人口問題研究所「人口統計資料集（2022）」等
　　　　（武漢は2017年）を基に筆者作成

表 9 - 2　　主な国の雇用労働者産業別割合と食料自給率

雇用労働者産業別割合	第一次産業	第二次産業	第三次産業	食料自給率（穀物）
インド	43.3	24.9	31.8	－（107）
中国	26.1	27.6	46.3	－（97）
韓国	5.0	25.1	69.9	38（25）
日本	3.4	23.9	72.7	37（31）
オーストラリア	2.6	19.9	77.5	223（347）
フランス	2.5	20.0	77.5	127（171）
アメリカ	1.4	19.9	78.7	130（118）
ドイツ	1.2	27.3	71.5	95（113）
イギリス	1.1	18.0	80.9	63（94）

（出所）　雇用労働者産業別割合は2018年，帝国書院 HP による．自給率のデータは農林水産省「食料需給
　　　表」，なお日本は2018年，韓国は2017年，他は2013年．（　）内の数値は穀物自給率，FAOSTAT（2017
　　　年）を基に筆者作成．

ヨーク，パリ，ロンドン，モスクワ，等々を形成した．東京を中心とした首都
圏地域の20世紀後半の人口推移は，1990年以降幾分鈍化したものの，1950年の
1127万人から2015年には3725万人になった．その集積は日本の「高度経済成
長」の象徴的出来事ともいえる．日本においては，こうした産業化は産業構造
の転換を招き，同盟国の米国や豪州などへの農産物（飼料を含む）の海外依存を
進め食料自給率を低下させた．政治的経済的断絶や感染症蔓延などによって貿
易が滞る事態となれば，自給率問題は人命の安全保障における脆弱性要因と
なる．
　言うまでもなく食料自給率の産業構造転換との関係は単純ではない．イン
ド，中国等は第一次産業の割合を一定程度の水準を保持している．これに対し
てドイツ・フランスの西欧諸国は第一次産業の就業割合は小さいが，集約型農
法のゆえか自給率95％以上を有し遜色のない水準を確保している．これに対し
て，日本は第一次産業就労率・食糧自給率ともに割合は40％を切り，特異な状
況にある．なお，関連では家畜飼料の調達問題もあるが，自給率は農産物の価
格保証措置，通商政策など，国の政治的施策により一通りではない．

4　「インバウンド効果」と新型コロナウイルス感染症

　近年の特徴は物流の地球規模での最適調達が目指され，グローバル・サプラ
イ・チェーンが形成された．結果，市場の国際化によって地域間・国家間で連

携・競合する新たな段階を迎えている．世界の都市は高速ジェット・エアライ
ンでつながり，年に延べ40億人有余のさまざまな国籍の人たちが，それぞれの
目的を実現しようと，即座に世界各地へ行き交う事態に至っている．これらの
効率優先の市場原理主義的な物流と人的交流は，遠隔地であればあるほど，お
びただしい見知らぬヒトの出会い，コトの行き交いを重ね，感染症蔓延の環境
条件を提供している．

　政府統計「e-stat　統計でみる日本」によれば，空港経由で日本に入国する
旅客数は，1960年前後は100万人にも達していなかったが，近年は毎年度数千
万人の規模になっている．1980年代には，個人所得の増加や円高ドル安の為替
相場を受けて，日本人の海外から帰国する入国旅客数が数百万人，2000年には
1700万人を超えた．外国人旅客数の増加は1990年代までは日本人旅客の3分の
1程度に留まった．ところが，21世紀入ると日本人旅客は頭打ち，今度は外国
人旅客数が増え，2010年代には年に1000万人から3000万人へと急増，「インバ
ウンド効果」なる言葉も一般化した．なかでも東アジア諸国からの入国者が増
えた．考えられる背景は東アジア市場の急速な経済成長，航空（LCC）運賃の
低価格化，相対的な円安の進行，呼び込み策としてのビザの緩和措置等で，イ
ンバウンド増は人為的施策の産物といえる．

　新型コロナウイルス（COVID-19）の発生が武漢で確認されたのは2019年12月
初旬，日本の空港の入国制限開始は2020年3月中旬，この間感染リスクはあっ
たが3カ月制限されなかった．

　コロナ禍は緩和傾向になり，2023年4月，入国制限も撤廃された．一時は空
港経由で日本に入国する旅客数は「水際対策」を受けて月当り2万数千人，加

表9-3　日本の空港に入国する旅客数

年	計	日本人	外国人	日米地位協定該当
1950	34,185	16,139	18,046	―
1960	257,434	105,321	146,881	5,232
1970	1,735,088	927,572	775,061	32,455
1980	5,232,904	3,899,569	1,295,866	37,469
1990	14,531,017	10,952,222	3,504,470	74,325
2000	23,045,833	17,655,946	5,272,095	117,792
2010	26,200,844	16,611,884	9,443,696	145,264
2018	49,202,924	18,908,954	30,102,102	191,868

（出所）　政府統計「e-stat　統計でみる日本」を基に筆者作成．

えて営業の時間短縮措置を受けて，国内の観光・外食も敬遠され，店舗・ホテル・企業は立ち行かなくなった．

　「喉元過ぎれば熱さを忘れる」ということではなく，何を当為（まさになすべきこと）とするか，改めて考えてみることが必要である．

5　資源採取・採掘による地球的自然の壊変

　本書の第１章でも触れたところであるが，原自然に手を加える資源採取・採掘は，自然界に生息・自生する動植物と交わる可能性を拡大させ，感染リスクを増大させる．このような人間社会の自然との間合いを考える上で参考となる，生産活動の物質フローが示す問題について指摘しておきたい．この物質フローは生産・流通・消費活動に川上から投入される国内外からの資源や中間・最終製品等の総量と，川下から取り出される製品や廃棄物ならびにリサイクルを含む総量とを収支として整理したものである．

　この生産活動に投入される物量は，生産拠点の日本からの海外移転の影響もあって漸減し，「環境白書・循環型社会白書・生物多様性白書」（環境省）によれば2020年度21億トン程度である．確かに，この物質フローには，廃棄物の最

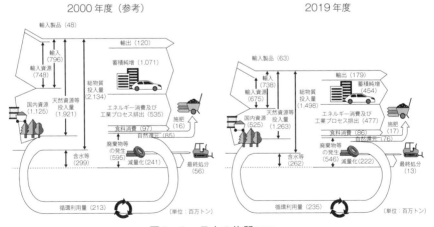

図 9-6　日本の物質フロー

（注）　含水等：廃棄物等の含水等（汚泥，家畜ふん尿，し尿，廃酸，廃アルカリ）及び経済活動に伴う土砂等の随伴投入（鉱業，建築業，上水道業の汚泥及び鉱業の鉱さい）．
（出所）　環境省「令和４年版　環境白書・循環型社会白書・生物多様性白書」．

終処分問題もあるが，これに留まらない「隠れたフロー」，すなわち資源採掘や建設工事などに伴って改変される間接伐採材，覆土壌の掘削土砂，捨石・不用鉱物，建設工事や土壌侵食の土砂等がある．隠れたフローの総量は生産活動に投入される総量の数十％増しと推定されている．仮に総物質投入量を20億トンとすると，隠れたフローは日本にかかわるものだけでもおよそ30億トン，あわせて50億トン有余になる．総物質投入量と隠れたフローを合わせた総量は，恐らく世界全体で数百億トンという膨大な量になる．毎年それだけの量の地球的自然が改変されていることになる．

　なお，地球上の森林は陸地の約30％，北米やシベリアの針葉樹林のほか，アフリカや南米，東南アジア等の熱帯雨林が40％を占める．国際連合食糧農業機関（FAO: Food and Agriculture Organization of the United Nations）の「世界森林資源評価2020 メインレポート概要」によれば，最近の減少率は鈍化しているものの1990–2020年の30年間で1億7800万ヘクタール（日本の国土面積の約5倍），約4％の原生林が失われ，その半分は砂漠化，荒地と化しているという．その原因は，森林火災によるものもあるが，建材・パルプ原料の商業伐採やパーム油・天然ゴム製造によって，あるいは農耕地や遊牧地の確保によって熱帯雨林等が開拓されていることによる．さらに資源埋蔵地帯では森林や原野が伐採・掘削されて鉱山が開発される．また交通インフラ，生活インフラの整備等による森林の消滅に歯止めがかかっていない．2015年6月のドイツ・エルマウで開かれた G8サミットにおいては，違法伐採の問題性が指摘された．

6　地球的自然の開発と感染症
——野生種と栽培品種・家畜品種——

　前述の地下資源依存型の重化学工業の展開，またこれらの生産活動にともなう行為は，大自然に深度深く手をつけることで環境壊変を引き起こす．国際自然保護連合「レッドリスト」（2017年）によれば，絶滅危惧種は2万6000種にのぼる．森林・原野が消失することになれば，共生関係や食物連鎖で繋がっている生物たちの生存のための条件を根こそぎ奪うことになる．

　生産＝消費活動の活性化にともなって新たに開発した人間の生活圏に，動物たちが出現し，危害をおよぼすこともあろう．それらの野生動植物を宿主とする細菌やウイルスなどが家畜・家禽に伝染し，ウイルスの人間との親近性いか

んによっては人間も暴露される．また自然の保有宿主となっているウイルスが変異することになれば，感染をまぬがれえない．

　石弘之（『感染症の世界史』KADOKAWA，2018年）によれば，西アフリカのエボラ出血熱の流行は，ギニアでは奥地の森林まで伐採され農地や集落が伸び，コウモリが追い出されたことに関係しているという．コートジボワールでは希少な絶滅危惧種の動植物がいきづく熱帯林地帯に焼き畑の跡が広がる．ガボンは地下資源の宝庫であるが，金鉱山開発直後の1994年に感染症が発生している．さらにいえば，21世紀なってアフリカの輸出先は欧米諸国に代わって中国が筆頭となった．それは，世界の工場と化した中国がアフリカの天然資源を必要としていることを示しているのだが，現地で働く中国人労働者を介してウイルスが中国本土に持ち込まれる可能性がある．

　インフルエンザ・ウイルスは，シベリアやアラスカ，カナダなどの北方の湖沼に潜み，カモやガンなどの渡り鳥の体内に入り込み腸管で増殖し，渡り鳥は南方への移動の際に，ウイルスが潜む糞をばらまく．このウイルスを哺乳類が取り込み，私たち人間も感染するというのだ．インフルエンザの季節性には渡り鳥の媒介，関与が指摘されている．

　食糧を確保しようと，野生に生息・自生する野生種の動物を飼いならし家畜化し，また野生種の植物を定住域近くで栽培する．やがて家畜品種や栽培品種がつくられる．今日，マスプロダクションと化した畜産業など，世界で飼育される家畜は2014年時点で牛15億頭，豚10億頭，羊・山羊22億頭，鶏214億羽，等々，世界人口の数倍のとてつもない量である（FAOSTAT, last updated May 17, 2017）．

　ちなみに日本における「輸入動物」（「平成16年度　厚生労働白書」）は2002年1年で4.9億個体（哺乳類，爬虫類，両生類，鳥類，昆虫，魚類の愛玩動物等），また「生きている動物の輸入実態」（環境省2012年度第1回外来生物対策小委員会：資料5）には，前記の「輸入動物」と類似の動物が2011年で1億個体近くに上るとの報告がある．衛生管理を施したにせよ，先に上げた病原体や寄生虫が国内の家畜に感染する可能性がある．

　ことに人畜共通の感染症，そして越境性ないしは地域内新興感染症など，ヒトに親近性のある感染症の原因となる病原体については，その存在形態を見極めた対処が欠かせない．病原体はヒトと動物との間で何世紀にもわたってある種の共存状態にあったとしても，ウイルスの新しい系統による感染の突発が生

じることもある．問題は，気候変動にともなって，病原体を媒介する動物や昆虫などが異なる生態系に入り込むことで，疾病発生のパターンも変わってくる．この複層的実態を見極めなくてはならない．

　FAO は，畜産衛生及び食品安全システムは新しい事態に入り，疾病の突発は複雑化し周期化していると指摘している．人口の多い地域に畜産が近接すれば，人の健康に対するリスクが増幅する．また，病原体は家畜品種の生産能力を低下させる．この点は畜産業の課題でもある．感染症蔓延のリスクは，近年の食肉等への需要を背景に，貿易自由化による経済グローバル化によって増大する．人獣共通の感染症をどう回避するのか，問われている．

7　自然との間合いと産業社会の「質」

　産業は自然を礎としており，産業社会は近代化に伴ってさらなる豊かさを求めて地球的自然を開発する．だが，それは同時に人間の側と自然の側との距離を近接させてしまうことでもある．現代資本主義は利益を求めて，経済成長と技術進歩の競争化に明け暮れる．しかし，それは自然を収奪し利用する人間中心の二分法の延長線上にあることを認識すること，その上で，人間の側の産業が自然との関係，生態系とどうリンクしているのか，これらの関連性を見極める必要がある．

　文明という「ゆりかご」に守られた私たちはそのことに無自覚であってはならない．ヒトはあらためて地球的自然の中で一つの種としてどう生息しえてきたのか．人間自身が，自然からなっていることを自覚し，人類の自然との間合い，その歴史を振り返って指針を見出し，確かな社会選択を行うことが求められている．しかしながら，21世紀へと展開したものの，私たちの歴史社会としての意識や記憶のつながりは，この社会が感染症発生で機能不全に陥ったことを感染症の流行が下火になって忘れ去られてしまうかもしれないが，現代産業文明に埋め込まれた問題を咀嚼するに至っているのだろうか．

　人類の歴史は農耕牧畜の生産経済が始まっておよそ 1 万年，機械制工業を軸とした産業革命からおよそ260年，地球環境問題の解決の見通しはようやく端緒についたばかりである．現代文明は成熟したと慢心せず，人類社会はいまだ未成熟で発達途上にあると考えた方が良い．近年グローバル市場の展開において競争政策をすえて国家競争力強化が目指されているけれども，コロナ禍を契

機に環境にやさしい原燃料に切り換えることが欠かせない．第1章で示したように，金属地下資源の確認埋蔵資源の可採年数は数十年，やがて底を突く．可能なものは地上資源へとシフトさせ，第一次産業の農業・林業も関与するものになれば，地下資源の過剰輸入から脱却できる．2020年のモーリシャス沖の貨物船の重油流出事故が話題となったが，遠隔地交易とそれに伴う事故を漸減することもできよう．

　感染回避には行動の変容が必要とされているが，産業社会のシステムの変容こそが求められている．開発志向の実学に対して，世界を長期的かつ俯瞰的に見据える虚学（歴史学や哲学，理学）の役割が大切である．

　21世紀に生きる私たち人類にはこの時代に生きる人類が持つべき固有の課題がある．パンデミックは過去にも多数起きているが，思っているほどには教訓化できていない．対立・分断ではなく世代間をつなぎ，歴史をつなぎ，世界をつなぐ記憶と意識の共有が求められている．

　注
　1）　ペロポネソス戦争（前431-404年）はスパルタを盟主とするペロポネソス同盟とアテネを盟主とするデロス同盟の両同盟のギリシア世界の覇権を争いである．

第Ⅳ部

「国家資源」としての科学と政府，企業
――競争政策・安全保障政策と学術研究体制――

　第Ⅰ部から第Ⅲ部までに取り上げた，これらの現代産業社会の話題に共通することは，19世紀以降，科学・技術の研究開発が盛んになったが，得てして政治的便宜や経済的便益のため手立てとして政策的に統制（統合）されるようになったことである．そればかりか，20世紀の二つの世界大戦を契機として，科学・技術は軍事的研究開発の対象となり，戦時において戦争を優位に進めるための手立てとなったばかりか，今日では平時においても安全保障を建前に軍事的研究開発が進められるようになっている．

　こうした経緯を踏まえて，第Ⅳ部では，まず19世紀以降の社会における科学・技術の存在性・位置，その変貌をたどる．概して科学・技術は，政治，経済の道具と化し，政治介入により学術の意向，尊厳はあやうい状況にある．日本における競争的資金政策とその配分状況や学術研究体制の政策的措置などの部面からその現状を示し，いまだ途上段階にある学術，科学・技術政策の課題を考える．

第10章
科学・技術の20世紀的展開と世界市場の形成
──競争政策と軍事的覇権政策──

　日本の研究力が国際的に見て低下してきていると指摘されている．それは文部科学省の科学技術政策研究所「科学技術指標」の記載である（本書11章参照）．日本政府は科学技術基本法を1995年に法制化し，その後5年ごとに科学技術基本計画を策定し，科学技術の底上げを図ってきたというのに「研究力低下」とは皮肉な話である．政府は科学研究・技術開発における国際間競争での優位を企図したにもかかわらず，相対的低位となった．もちろんこの科学技術指標の根拠，整理の仕方については議論のあるところであるが，なぜこのような事態を招いたのか，そのことはそれ自体として究明する必要があろう．

　それにしても，こうした科学・技術の指標が国際的に問題とされるようになった最初の起点はどこにあるのか．日本の科学技術政策は，前記の基本法の下に進められてきたが，その政策の主眼は次第にイノベーション政策へと傾斜し，今やイノベーション政策を前面に掲げるようになってきている．こうした政策展開との関連で思い当たるのは，1985年のアメリカの産業競争力委員会のヤング・レポート「世界的競争　新しい現実」[1]である．

　ときにヤング・レポートの提起は米国のその後の趨勢にあまり影響は与えなかったともいわれ，功を奏したのは，貿易条件などの市場開放を求める政治力をバックとした二国間交渉であったとの見方がある．とはいえヤング・レポートは米国の1980年代後半，1990年代のあり方に影響をもたらした．それだけでなく，21世紀に入っての東アジア市場の急速な成長を受けて，米国はより明確な形で産業競争力政策を打ち出すに至った．それが2004年に策定されたパルミサーノ・レポート「イノベート・アメリカ」である．これは，産業競争力委員会の後継として競争力評議会が民間組織として設けられ，その提言活動によって提示されたものである．こうした経緯からすると，ヤング・レポートはその後のイノベーションを掲げて国際競争力を競う時代の起点となる政策だったといえる．

　このレポートはタイトルの「世界的競争」に示されるように，米国の産業経

済の力が相対的に低下し，競争力自体を競い合う時代となっていることを指摘している．競争化自体はこの時期に始まったものではないが，以前にも増して，国の産業経済の格付け，評価がクローズアップされ，各国の産業経済政策，そしてまた新技術開発や研究開発税優遇措置，知財権保護策などに示されるように科学・技術政策にリンクするものでもあった．

それにしても，このような競争政策が各国政府の政策として審議され，採用されるに至ったのには，科学・技術の価値が「国家の資源」として重要な位置を占めるようになってきているからである．

ひとまずその起源となる20世紀の前半期の研究開発政策の登場，その実際的展開はどういうものだったのか．この点をふりだしに今日に至るまでの学術と産業，政治（政策的措置）との関係について，20世紀から21世紀にかけて競争政策を軸に示し検討する．

1　19世紀から20世紀にかけての学術・産業・政府
——科学・技術政策の底流——

なぜ20世紀前半期に科学が「国家の資源」として位置づけられるようになったのか．この点についてすでに本書の第4章で示したところであるが，それは科学と技術とが接近し，産業振興の鍵となり政府をして折からの戦時政策との関係で国家競争力の一翼を担うようになったからである．

産業革命期頃までは，産業技術の課題は産業資本の側からの自生的な提起に科学研究が応えるような関係にあった．例えば，ワット機関の効率化に潜熱の理論[2]が応えたが，グラスゴー大学のブラックの潜熱の研究は蒸留酒業者の側からの問題提起を契機としていた．またイギリス・バーミンガムのルナーソサイエティは科学者や発明家，経営者などが集合して出来上がった私設研究団体的なものだったといわれている．

しかし，19世紀に入ると，幾分事情が転じた．J. D. バナールが指摘しているように，19世紀は科学と産業の結びつきは未だ希薄だったが，世紀末には転換期を迎えるに至った．いうならば，科学と産業の結びつきは分かち難くなり新たな時代を画したのである．この科学と産業の関係性の新たな展開は，企業をして，政府をして，研究開発に投資を行うことで，当該企業や当該国家の競争力を強めようとしたのである．

　19世紀の科学と産業の結びつきの違いの事例を挙げれば，1800年ボルタが「動物電気[3]」の研究とのかかわりで発明した電池は，産業の側ではなく科学の側によるものである．ダニエル電池が開発されたのは1836年のことで，実用化には歳月を要した．これに対して，無線電信の実用化は事情は異なった．19世紀後半，電磁波の存在が予言され，その存在が1888年科学的に発見されると，世紀末にかけて無線電信の工学的実験が行われた．1900年には無線電信が商用化され，やがて無線通信のサービス，電子管工業が立上げられた．

　こうして科学研究の先見性による技術の発明，その産業化が構想され，科学—技術—産業の連関は，科学が新たな産業経済の立役者になることを認識させ，企業家は科学者を雇い，新たな科学シーズ（Seeds：種）を元にした製品化，その産業化を計画的に統括することの意味を理解した．このような経緯は企業家の科学に対する認識を変えた．

理工系大学の創設　一方19世紀後半から20世紀前後にかけて欧米諸国，ことにドイツで理工系大学が創設された．そして，電気技術や製鉄技術，光学技術，天然染料に代わる合成染料や新薬を開発する産業が立ち上がった．研究開発の先駆的な活動は19世紀後半のドイツにおける染料・医薬など，主に化学製品の開発を行った技術学校・理工系大学，企業内研究所による．ミュンヘン大学の化学者バイヤーは藍色の染料インジゴを開発，バイエル社のデュイスベルクは社内に医薬の研究開発システムを編成した．それだけではない．ジーメンスやクルップ，ツアイスなどの企業でも取り組まれた．

　イギリスでは1874年，キャベンディッシュ研究所がケンブリッジ大学の実験物理学講座の付属施設として設立された．先の電磁波の存在の予言（1864年）をしたのは，同研究所初代所長マクスウェルであった．これは1851年の万国博覧会を機縁とする，英国の科学技術振興を期したもので，なおいえば，ドイツの大学において展開されていた研究と教育と連携させた（ギーセン大学のリービッヒ由来の）研究所に触発されたものでもあったといえよう．これに類した研究機関としてはイギリスには王立研究所（1799年）があるが，これは民間のアカデミーである．これとは異なってキャベンディッシュ研究所は大学付置の研究機関で，学制制度を改革し，将来を嘱望される若き学徒を広く集め研究者養成を行い，それと共に有意な研究成果を上げたのだった．

政府科学　もう一つ，特記すべきは政府科学の象徴ともいえる国立の試験研究機関である．その先駆的な取り組みはドイツの帝国物理工学研究所（1887年）である．この研究所の設立には19世紀後半の国家としてのドイツ帝国のあり方，拡大する世界市場への新たな対応が要求されるようになったことが背景にある．産業界は工業技術の計量標準を含む基盤研究を，また応用研究のサポートを求めた．こうした要求を具現化するには，同研究所の初代所長を務めた物理学者 H. ヘルムホルツが指摘したように，大学は教育業務のノルマがつきもので研究者が置かれている環境には課題があった．そうした事情から研究に専念できる研究拠点を整備することが求められた．物理工学研究所の設立はアカデミーや大学の側からの反発もあったけれども，政府と産業と学術のトライアングル構造の中で生み出された新しいタイプの研究機関であった[4]．さらにドイツでは20世紀に入ってカイザー・ヴィルヘルム研究所（1911年）も設立された．

　この時期にイギリスでは国立物理学研究所（1900年），アメリカでは国立標準局（1901年）が設立されたが，これらは計量標準を主務とする技術行政的な試験研究機関であった．また学術研究を担うアカデミー（栄誉機関も含む），公衆衛生院のような保健行政研究機関などが欧米の国々で設立された．日本でも電気試験所（1891年；工業技術院電子技術総合研究所の前身）や工業技術試験所（1900年；現在の産業技術総合研究所の起源となる組織）が設立された．前者は電気試験や電気事業を監督する逓信省の電務局の実務的性格のもので，後者は工業に関する試験，研究，分析，鑑定などを行う農商務省所管の工業と連携した実際的な業務を担うものであった．当時，産業関連の試験研究機関の設立・展開は各国の状況の違いもあって，設立時期，組織のされ方は不均等であった．

国家の資源としての科学　19世紀から20世紀にかけて，科学が，企業においては将来の製品・製造の技術として見込まれるシーズを事前に確保して，技術力や企画力を強められるものとして認知された．またこの時代，欧米の国民国家は帝国主義（海洋帝国）の時代を迎え，これまで以上に海外市場を拡大させ，鉱物資源，海洋資源，森林資源などと同様に科学を「国家の資源」として位置づけた．こうして，科学を担う研究者・学術研究組織は，科学・技術の研究開発，その社会化（実用化）を通じて企業（産業）や政府と連携することになった．これはこの時期の科学固有の特質がこのような産業と政府との関わりで学

術研究体制を新たに構築し編成されていった時代であった.

　　アカデミック・サイエンスとインダストリアル・リサーチ　こうしてイギリスの大学は前記に示したように学制改革を行い, 気鋭の若手研究者を養成し, 国際的にオープンなコミュニティを自前の基金で形成して台頭した. 一方アメリカに代表されるインダストリアル・リサーチは, 先進ドイツ等の科学・技術の知見を留学によって吸収した研究者などを企業内研究所等に迎えることでキャッチアップした. 企業, 研究所に研究者が雇われてその科学的知見を発揮し, それが当該企業の製品化の技術シーズとして欠かせないものとなった.

　アメリカでは GE 研究所 (1900年), デュポンの研究所 (1902年), ベル研究所 (1925 年 : ウェスタン・エレクトリック社の研究部門と AT＆T の技術部門を起源とする) 等の企業内研究所などがその例である. 当時急速に発達した白熱電球工業を基盤に X 線管や電子管等の製品装置の工業的開発と, これを担う技術スタッフ陣との連携によって, 基礎科学と応用科学が結びつくことで, アカデミズムとは異なった研究と開発の連係によって際立った成果を上げた.

　もちろん, こうした展開が実際に具現化するには, アカデミズムの中で培われてきた科学とその成果, そしてまた国立の試験研究機関, 企業内研究所において研究開発を担う研究者 (科学者) が養成されなければ成り立たない. これらの技術学的な側面を含む科学研究活動は, 基礎と応用の科学性の両面を結びつけた. また, 原子物理学, 放射化学, 結晶物理学等において活躍した科学実験観測装置は, 世紀交代期に発達した産業技術に基礎づけられつつも, 相対的に自立したより抜け出た形でその機能 (技術性) を発揮した.

　なお, こうした民間企業の動きは「科学の産業化」として特徴づけられる. これは自然諸科学の研究成果を活かし, 資本集約的な研究が優勢となってきたことによる. その結果, 科学と産業との相互浸透が深まって, 科学者共同体が自立性を志向しつつも統制されていく[5]. 今日, 「産学連携」や「産官学連携」なる言葉が飛び交い, 政府の政策と政府省庁のコーディネートに基づいて企業と大学・研究所とが研究契約を結び, 中央統制的に取り組まれるものがあるが, 「科学の産業化」とは多分に性格を異にする. この20世紀の「科学の産業化」は概して民間企業内に集約されたものである.

　さて, 大学等のアカデミック・サイエンス, 産業界の企業内研究所に見られるインダストリアル・リサーチ, そして国立試験研究機関に見られる政府科学の推進の動きは, 幾分ドイツが先行した. そして, イギリスはアカデミック・

サイエンスで，アメリカはアカデミック・サイエンスを含めてインダストリアル・リサーチでキャッチアップしていく．

　確かにイギリスの大学における科学は，ドイツに遅れてはいたが，高等教育における研究制度として確かな研究拠点を構築した．しかし，意外と大学における研究は基本的にそれぞれの独立性が比較的強い群雄割拠した分散的な状態にあったともいえよう．またイギリスは，アメリカの企業内研究所に比して，企業内研究所の研究は脆弱であったといわれる．例えばイギリスの政府科学の代表格である国立物理学試験所（NPL: National Physical Laboratory）は，リスクをこえて新たな発展の可能性のある工業物理の研究を進めることはなかった．これに対して，アメリカの企業内研究所は自己のうちに純粋な基礎科学をも取り込んだことで，また潤沢な資金のおかげで，科学と技術の相互作用が進んだ．例えば，真空技術の進歩を刺激したのは最初，電球工業であったが，やがて電子管製造が大いにこれを刺激した．これらの産業活動におけるインダストリアル・リサーチは，アカデミアの科学研究活動とは異なり，科学が産業技術とより直截に相互交渉する場面を日常化させた．

　とはいえイギリスでは，第一次世界大戦時の1915年，はからずも科学を産業と共に統括する政府機構として科学産業研究庁が，そしてアメリカでは1916年，米国の学術界の側の科学・工学・医学のアカデミーの実働部隊として全米研究評議会（NRC: National Research Council, U. S. A.）が設置されることになった．なお，全米科学アカデミー（NAS: National Academy of Sciences）の設立は1863年，ちなみに英国王立協会の設立は1660年，ドイツ科学アカデミー・レオポルディーナの設立は1652年である．

　こうして20世紀の第1四半世紀に科学の理論的な研究と技術的な装置開発とが連係し，進展していく段階を迎えた．これらの取り組みは研究陣の集団性を分厚く形成し，やがて規模を大きくしていった．20世紀科学のこうした展開は，研究者の養成・確保は当然のことながら，研究施設とその装備を整備しないことには，科学研究自体が現実化しないことを示してもいる．そして企業ならずとも政府が，これらを統括するための科学・技術政策を企画し研究資金を賄う時代に入っていった．というのも当該国家の経済的・軍事的覇権にとって科学・技術力は不可欠な要素となったからである．しかしながら，大学や企業においてはそれぞれの組織固有の性格・機能ゆえにその自発性に任せられていた．それゆえに「国家科学」の推進は政府の関係部局，場合によってその関連

の外局がこれらを統括することになった.

国家科学の推進　科学は国際性を本性としているが, 各国の政府の国家主義的
統制 (政策的, 財政的な側面など) によって, その命脈は分断, ないしは連係され
ることで顕著に左右される時代に入った.

　アメリカにおける「国家科学」の推進は, 第一次世界大戦時に立ち上がる.
1915年, 海軍諮問委員会が設置され, 理事会メンバーは工学・技術系の学協会
の代表で構成され, 議長にトーマス・エジソンが就いた. また, 航空諮問委員
会も同年設置された. 航空諮問委員会はその目的に「飛行の問題点の現実的な
解決法の観点での研究の監督と解決すべき課題の決定」を掲げ, 1917年ラング
レー研究所を設立し, 航空機研究を開始した. こうしてアメリカでは第一次世
界大戦時に政府主導の研究開発が開始された. こうした動きはイギリスでも海
軍本部の発明研究委員会が設置され, 仏独などでも展開された.

　政府主導の研究開発の取り組みは, 戦時のみならず, 1930 年代の戦間期の
平時においても展開されるに至った. アメリカにおいて, 1933年科学諮問評議
会による「科学の活用」の調査が, そして1937年国家資源委員会による「研究
は国家資源である」との位置づけが行われるに至った. これは, 科学が一般的
生産力としてその機能を発揮しうる, 政府としての戦略的価値づけを示したも
のである (第二次世界大戦時の政府統括の科学・技術開発については本書第4章を参照さ
れたい).

2　「東西冷戦」と軍産複合体の常態化

　こうした科学を「国家の資源」と位置づける政策的措置は, 第二次世界大戦
終了後も, 朝鮮戦争やベトナム戦争などの地域戦争をともないつつ, 核兵器を
配備した「東西冷戦」という枠組みにおいて引き継がれた.

　1961年, 米国のアイゼンハワー大統領はその退任の演説[6]の際に, こうした
軍と産業との結合と, 軍事的国家安全保障との関係について次のような趣旨の
ことを述べた.

　アイゼンハワーは,「自由と民主主義」の見地から軍産複合体について「警
告」し, 軍産複合体の行き過ぎた「不当な影響力」とは述べている. けれど
も,「軍産複合体 (military-industrial complex)」の存在そのものについて必ずしも

「警告」を発しているのではない．軍産複合体は国家防衛には欠かせず，「この巨大な軍事的な編成と産業の結合」は，「米国の実践」であるとし，今やその「影響」は，「経済的，政治的，精神的——あらゆる都市，州議会，連邦政府のオフィス」においても感じられる，すなわち，隅々まで行き渡っているとしている．しかもその「軍事的防衛」の経費は「アメリカのすべての会社の純収入よりも多く」，「平和を維持するための不可欠の要素」は「軍事組織」なのだと述べている．

　そこから帰結されることは，米国が説く「平和」は軍事力に物を言わせる，ときにはその実力行使をともなう戦争態勢を準備した「武装平和」[7]であることである．まことに，こうした軍産複合体の形成を基礎とした武装平和は，戦後現実のものとなった．それも単に米国だけのものではなく，今日少なからぬ国々が米国の水準には及ばないものの，軍事産業と国家安全保障体制を保有している．

　だが，その体制を保持しようとする路線は，それらの国の国家財政に莫大な軍事費を注ぎ込むことを強いるものである．その一つの破綻がソビエト連邦の崩壊ともいえよう．その崩壊の原因はもちろん単純ではないけれども，過大な軍備予算は財政破綻の一因であったであろう．

　一方の米国も貿易収支の悪化に加えて連邦予算も過大な国防費に苦しめられていた．こうした情況からの政策転換は，カーター大統領時代「大統領競争力報告書」(1980) を経て，レーガン大統領時代の産業競争力委員会のヤング・レポート「世界的競争　新しい現実」で具現化した．この時期，戦略防衛構想 (SDI: Strategic Defense Initiative) といわれる宇宙空間における国家防衛戦略も提起されているが，米国は明らかにこれまでの路線とは軌道修正をしたといえよう．

　その直接的動機は貿易収支と財政収支の赤字である．だが，その根底には長期にわたる軍事開発と軍産複合体への傾斜，言い換えるならば冷戦体制化の軍事同盟と狭小なナショナリズムへの傾斜が，健全な科学・技術の研究開発とグローバルな産業経済を遠ざけたことにある．すなわち，科学・技術は空間と時間を超えて成り立つ通時的・共時的国際性をもち，基本的に自由でオープンな研究交流を基礎に発展するもので，「武装平和」路線は学術研究本来のあり方とは異なり，国力を低減させたといえよう．

3　科学・技術は軍事主導性で高められるものなのか

　しばしば科学・技術の軍事主導性が指摘されるが，それは軍事的対抗が際立った国際情勢であるがゆえに軍事経済にシフトした国家体制において成立することである．そしてその事例として第二次世界大戦中の軍事研究開発として原子爆弾が，戦後に民生用の原子力発電が開発されたことが挙げられる．だが，原子爆弾，原子力発電の出発点としての原子核分裂の発見は，軍事研究とは無縁の核化学領域の基礎科学的研究の成果であった．

　この核分裂の発見がその後に軍事研究として取り組まれるようになったのには，当時のファシズムの台頭による戦争の危機が到来する国際政治と亡命科学者たちの亡命先での研究事情に負うところが大きい．それは米国に亡命したシラードが起草したアインシュタインの手紙や，イギリスに亡命したフリッシュとパイエルスの爆弾構想を記したメモが如実に物語っている．潜在的可能性としてドイツ原爆による「世界の破滅」，これを抑止するための方策として「超爆弾」構想が浮上してきた．そしてまた当時，米英の，とくにイギリスの科学者たちはレーダー研究などの国防研究に関与し，核開発は戦時には間に合わないとみられていた．そうした事情から核研究はその当初においては亡命科学者が関与しうる研究領域となった．しかしながら，いよいよ実現可能性のある原爆構想が提起されるや，英米政府はここに莫大な予算をつぎ込み，科学者を本格的に動員し，その実現に躍起になった．

　その際に大きな役割を果たした機関が米国の国防研究委員会（NDRC：National Defense Research Committee），これを包摂，再編した科学研究開発局（OSRD：Office of Scientific Research and Development），そしてこれらの機関でリーダーシップを発揮した V. ブッシュ（電気工学，1939年国家航空諮問委員会：National Advisory Committee for Aeronautics 委員長，第一次世界大戦時潜水艦探知技術開発従事）や，J. B. コナント（化学者，ハーバード大学学長，一次大戦時化学兵器開発従事），K. T. コンプトン（物理学者，MIT 学長，1933–5 年科学諮問委員会議長）や F. B. ジューエット（全米科学アカデミー会長）らの科学行政官で，テクノクラート（技術官僚）ともよばれる者たちである．

　なお，こうした戦時の軍事研究の統括でその指揮を執ったものは，ナチス・ドイツでも同様にテクノラートであった．ベリルン工科大学助手（建築技師）

であった A. シュペーアは，ヒトラーの目に留まり1937年ベルリンの首都建築総監となり，1942年軍需相に就任，教育科学省帝国研究会議と陸軍兵器局との共催の会議を含め，ナチス・ドイツ下の国家科学を統括した.

さて，その後の経緯について，つぶさに語る紙幅の余裕はない．だが，第二次世界大戦後から今日に至るまでのアメリカの事態は，軍産複合体を基本とする体制が続けられ，多額の研究資金が政府，それも国防総省を通じて投下されている．そして米国の国防費は本書第４章で示したように，世界の軍事費の約５分の２（2021年）を占め，名実共に軍事国家である.

簡略ではあるが，二度の世界大戦が行われた20世紀，科学が国の「資源」として位置づけられ，研究開発が軍事化した産業経済の下でより深く組み込まれてきた過程について見てきた.

軍民転換，軍民統合 ところで，アメリカの科学・技術政策，産業政策においてしばしば指摘されように，軍民転換ないしは軍民統合の観点はどう展開したのか．1970年代のアメリア経済は長期に渡るベトナム戦争の影響を受けて一時期の勢いを失っていた．そのような状況において軍事主導のアメリカの政策は軍事と民生とのバランスをどのようにとろうというのか．軍事主導型技術開発の産業を中心とした経済社会の意識構造は，現実の経済社会が内包する諸矛盾を相応には認識できずにいたともいえよう.

そうした事態の中で，1980年に始まった「超高速集積回路（VHSIC：The Very High Speed Integrated Circuit）」計画では，国防総省が民生技術を取り込もうと，「軍民統合」の軍事技術開発制度に統合する取り組みが策され，IBM など多くの企業が参加表明した．だが，軍事利用にシフトした技術開発であったことから民間企業は撤退し，結果として計画は縮小した.

その後，登場したのが冒頭で紹介した1985年の「ヤング・レポート」である．端的にいえば，これは科学・技術の研究開発を民生に幾分シフトした形で「国家の資源」として位置づけ，イノベーションを惹起して産業競争力を盛り立てる，アメリカにとって転機となるものであった．すなわち，アメリカの製造業を中心とした産業経済の停滞を認め，概略すれば技術開発，資本の運用，人的資源，貿易環境などの改善により浮揚を図るものであった．半導体開発のコンソーシアム「セマテック（SEMATECH）」の半導体産業の企業連合によって巻き返すこの取り組みはその一つである．だが，この取り組みの受け皿は商

務省の予算ではなく国防総省のそれで，その意味で安全保障の枠組みから外れることはなかった．なお，その後の政府の対応は部分的なものにとどまり，1980年代後半の日米構造協議や包括通商・競争力強化法，為替相場・金利政策，M&A など，外国との二国間の政治的交渉が仕組まれたが，貿易環境，金融に傾斜した政策で，アメリカの産業・経済の構造的解決を図るものとはならなかった．

　1990年代前半に注目されるものがクリントン政権時代の冷戦終結後の「技術再投資計画（Technology Reinvestment Program）」である．表向き軍民転換による産業競争力の強化，軍需産業の縮減であった．とはいえ削減される国防予算の下でいかに安全保障に資するデュアルユース技術を担保するかという「軍民統合」の枠組みを維持するものだった．米国政府の財政赤字は1990年代になって解消したが，これは為替と金融政策，くわえて IT 化によるインフラ整備・サービス経済化による生産効率が改善したことによる．けれども，製造業の競争力の停滞，軍事力優位という「軍事安全保障論」の基本路線はそのままであった．

　こうした時代に軍事技術として活用されデュアルユース技術の事例として取り上げられるものに，インターネット技術や GPS 技術がある．これが商用に開放されるのは1990年代前半である．これら情報通信技術は，その使途は民生用にも大いに利用できるものであるけれども，軍事技術のハイテク化にともない，これらの軍事的デュアルユース技術の機能を高める周辺技術として注目されるようになった．ちなみに，近年の日本では，安全保障技術研究推進制度に見られるように，民生用の技術開発の軍事への転用や，基礎的な科学研究を軍事の枠組みに取り込もうとする政策的措置が政府によってとられている．ただし，上述した軍民統合，軍民転換は単純ではなく，基本的枠組みに違いがあることに留意すべきである[8]．

4　EU の競争政策と「知識基盤型経済」の提起

　先述のように，1985年，アメリカのヤング・レポートが発表され，その後1995年，日本の科学技術基本法が法制化された．こうした施策に対して，「知識社会」「知の拠点」といったキャッチフレーズを書き込んだ競争政策が2000年にEU で提示された．この動きが日本において現れたのは2000年4月の東京で開

催された G 8 教育大臣会合においてである．そこでは「伝統的な工業化社会
から顕在化しつつある知識社会へ」の認識が示され，国際競争力の一つの核と
して「知の拠点」たる高等教育・研究機関を明確に位置づけることの重要性が
打ち出された．

　この頃，日本は行政改革の真っただ中にあり，省庁再編によって文部省は科
学技術庁を吸収し文部科学省（2001年）となり，学術審議会は科学技術・学術
審議会に衣替えした．そして同審議会は2001年10月人材委員会を設置した[9]．
人材を掲げた委員会の設置は上述のような方向性と符合する．しかしながら，
この省庁再編でひとこと指摘しておかなければならないことは，表向きは科学
技術と学術とをつなげた委員会名に見られるように併存する形となっている
が，実態は科学技術重点の実利的観点の政策的措置に傾斜していることで
ある．

「知識社会」「知の拠点」　それはともかくとして，先の G 8 教育大臣会合で話題
となった「知識社会」「知の拠点」は，EU の「リスボン戦略」（2000年 3 月）に
掲げられたものである．これは1984年以来立ち上げられている情報通信技術を
はじめとする研究・技術開発枠組計画（FP : Framework Programme for Research
and Technological Development）との連携，そしてさらに欧州における研究開発の
共通領域としての「欧州研究領域（ERA : European Research Area）」の設定を構
想している．

　「リスボン戦略」はこれらにとどまらない．雇用問題や社会的疎外の解消の
ために経済の持続的発展，社会福祉も追求するという「欧州型経済社会モデ
ル」ともいわれる総合的な戦略である．「2010年までに，より良い雇用をより
多く創出し，より強い社会的連帯を強化した上で，環境への配慮をともなった
持続的な経済成長を達成しうる，世界で最もダイナミックで競争力のある知識
基盤型経済となる」という目標は，そのことを物語っている．そして，未来社
会の姿として「知識基盤型経済」を提起したことで知られる[10]．

　この欧州委員会の競争政策をどう評価するか．知識社会への移行には，IT
革命への対応が一つの軸として位置づけられているが，なぜ欧州委員会は「知
識」に，言い換えれば，情報通信技術，知財，研究拠点に注目したのか．当然
のことながら1970年代以降の情報通信技術の進化とその産業分野への応用（メ
カトロニクスとよばれる NC 工作機械や産業用ロボットの普及）にとどまらず，1990年

代に始まったインターネット技術，GPS 技術等に象徴される動きに後れを
取ってはならないとの認識にあったのであろう．また，先に記した米国の産業
競争力政策，これを受けた日本の科学技術基本計画実施の動き等に触発された
のであろう．だが，それだけではない．ソビエト連邦の政権崩壊と東欧社会主
義諸国の政変は東欧市場を開放し，一方でまた東アジア市場，なかでも中国の
改革・開放政策による市場経済の導入は，EU 諸国を刺激し，グローバリゼー
ションを伸長させたことは間違いない．やがてこれはサプライヤ・システムの
拡充にともなって多国籍企業のコングロマリット（多業種・複合企業体）を形成
していく可能性を潜在化させていた．

　しかしながら，「リスボン戦略」は，焦点を研究開発・情報通信技術の名に
おいて整理せず，「知識」，なおいえば「知識基盤型経済」としたのか．確か
に，こうした知識経済は労働価値説の枠組みからすれば転倒しているといえよ
う．知識は直接的生産力ではなく普遍的（一般的）生産力である．知識があれば
それで物質的生産が可能になるわけではない．では，なぜ知識に焦点化するの
か．こうした標榜は国家，EU においては，普遍的生産力ゆえにそれぞれの
国・地域にとどまらない波及効果の可能性を秘め，国家群をして競争優位を確
保せんとする公的資金の予算の配分策の枠組みとして適合しているともいえ
よう．

　こうした動きはしばしば指摘されるものづくりの製造部門を途上国へと移転
させ，低賃金労働による生産体制で競争力を追求する事態を引き起こす．その
結果として国内においても現場労働の過少評価をもたらし，非正規労働を生み
出していったといえよう．一方，ハイテク技術の特許等の知財，知識がものを
いうとはいっても，それが生産場面でのハードの製品に仕込まれなくては意味
がない．とはいえブランド価値，例えばインテルの CPU のように量産の累
積効果によって膨大な経済的価値を生み出すように，交通流通システムに見ら
れる多頻度性は同一の知財価値を所有する企業の独占的地位を高める．この両
者の格差のアンバランスさをどう考えるか．

　政策・戦略は科学・技術をどのような位置においてその機能を発現させよう
としているのか．前述の科学・技術と知識／知の創出の一体化といった科学・
技術の研究開発を担う社会的組織のあり方が，科学・技術システムの科学・技
術・イノベーション・産業の枠組みにおいて示されているともいえようが，競
争の先鋭化の中で二極化の格差構造のリスクにさいなまれているともいえ

よう.

　興味ある事柄は，「知識経済」や「知識社会」といえば，ドラッカーの著書
『断絶の時代』(1969年) が思い起こされる. そこには「20世紀の技術は，自然
科学といわず人文科学といわず，人知の全体系を包含し，さらにそれを発展さ
せている. ……両者の明白な区別はない. ……自然科学的な訓練をうけた人々
も人文科学者になることを要求しなければならない. もしそうでなければ，彼
は彼の学問を効果的なものにし，真に科学的なものにするために必要な知識や
認識に欠けることになるからである」(p. 51) と記され，自然科学と人文科学と
を区別すべきでないことを指摘されていることだ[11]. 日本の旧・科学技術基本
法は両者を区別し「人文科学のみに係るものを除く」としていた. 両者は学術
研究の組織化の方向性・あり方が異なっていることを付記しておく.

　このように知識基盤型経済が提示される一方で，1999年，ユネスコ＆ICUS
はブダペスト宣言と呼ばれる「科学と科学的知識の利用に関する世界宣言」を
提示した[12]. この宣言には，1. 知識のための科学：進歩のための知識，2. 平和
のための科学，3. 開発のための科学，4. 社会における科学と社会のための科
学，という四つの視点が示されている.

　まことに EU もユネスコ＆ICUS も共に科学と社会のあり方について提起
しているわけであるが，前者は当然のことながら EU 自体，知識経済社会の
展開に注視し，後者は人類的視野から知を進歩と平和，開発，社会の枠組みで
捉えている.

5　東アジア市場の台頭と「米中対立」

　こうして競争力政策そのものが競争化する事態が日米欧で進行することに
なった. だが，この競争化をもう一段引き上げたのは他ならぬ21世紀に入って
の東アジア市場の成長，なかでも GDP を急速に伸ばした中国の存在で，米
国をして同盟国を巻き込んでの自国第一主義のナショナル・イノベーションの
競争政策へと転じさせた. 2004年12月，米国はナショナル・イノベーションを
提起した報告書「パルミサーノ・レポート」；「イノベート・アメリカ」[13]を発
表した. タイトルにパルミサーノが付されているのは，当時 IBM の CEO
の任にあったサミュエル・パルミサーノがアメリカの競争力評議会の議長を務
めていたことにちなんでいる.

　レポートが「イノベート・アメリカ」を掲げたのには次のような認識に基づいていた．世界は新たに台頭してきた「イノベーション・ホットスポット」との厳しい競争に直面し，今後の推移如何で，これまでの培った土台が揺らぎかねない事態にあると考えたからである．ホットスポットとして挙げられているのはインド，中国，ロシア，イスラエル，シンガポール，台湾，韓国などである．1990年代から21世紀に入っての東アジアを中心としたものづくり市場の伸長が，アメリカ経済を脅かす存在へと成長してきた．米国はこの事態に危機感を覚えた．

　ちなみに，日本の科学技術基本計画に掲げられるイノベーション政策は，2001年度以降の第2期の「技術革新」の記載に始まるが，名実ともにイノベーション政策を導入したのは2006年度以降の第3期で，「イノベーター日本」なるキャッチフレーズを登場させた．

中国経済の伸長と米国の政策転換　さて，第二次世界大戦後，米中の国交が正常化したのは1979年で，これを契機に米国は中国に「関与」する対応に切り替えた．これは，中国政府が中国の経済伸長の起点となった「改革開放」[14)]へと舵を切った1978年の翌年のことだ．1986年には関税及び貿易に関する一般協定（GATT: The General Agreement on Tariffs and Trade），2001年には世界貿易機関（WTO: The World Trade Organization）に加盟し，中国市場は世界に開かれた．

　中国のGDPの伸長が目立ってきたのは1990年代半ば以降である．そして，米国は2000年代当時は対抗的視点を示しつつも，一方では世界経済の統合とテクノロジーの進歩は，グローバルな経済環境では競争を伴わざるを得ないとして協調していく視点を示していた．

　付記しておきたいことは，先進国の米国と新興国の中国との到達点の違いゆえに，両者のたどった軌跡は異なるものの，ヤング・レポートも日本研究を行い，奇しくも改革開放政策を進めるにあたって鄧小平も日本のキャッチアップを参考にしたということである．

　ともかく，中国経済の伸長，その加速が露わになって，米中の力が接近するにつれて両者の認識は転じていった．この転機は2000年代半ば頃でパルミサーノ・レポートの発表時期と重なる．

　そしてなお，中国の急速な成長は2010年代にさらに加速した．なかでも2013年の「一帯一路」の経済圏構想，2015年の「中国製造2025」[15)]が打ち出され，

経済市場をめぐる米中の競争は局面を変えた．これに対してドイツや英国など
は当初は中国と「融和」的であった．だが，米国は「関与」ではなく「競
争」，「対立・分断」へとブロック経済化の動きを策し，経済戦争の様相を強
めた．

　米国は，トランプ政権下の2017年12月の「国家安全保障戦略」，これに続く
2020年５月の包括的報告書「中国に対するアメリカの戦略的アプローチ」にお
いて，中国は経済，価値，安全保障で米国に挑戦し脅威となっているとした．
こうした戦略方針が表面化したのは2017年以降のトランプ政権が仕掛けた「対
中貿易戦争」，加えて日米豪印の安全保障の戦略対話「クアッド」の設立（2019
年），ならびに米英豪の軍事的安全保障同盟「オーカス」の設立（2021年）で
ある．

　バイデン大統領は2021年の就任演説で中国を「唯一の競争相手」とした．そ
して，2022年11月の習近平国家主席との会談で，《競争が衝突にならないよう
に》と語りかけたと報道されている．このバイデン大統領の「競争」は貿易や
技術交流などで制限を設けた軍事的覇権をともなった「対抗的競争」のことで
あり，かつての「関与」の時代の「競争」とは異なる．要するに，「米中対立」
には，中国が米国のパワーを越えて米国が優位を喪失する事態を何としても避
けるために，米国は同盟国に働きかけることで中国を押しとどめようとする意
思が根底にある．この対抗・連携は，「経済安全保障」問題で互いに競合・対
立の度合いを深めている．チャイナ・バッシングはそうした米国の危機感の裏
返しの部面を持つ．

　注意を要することは，「米中対立」は，経済面の問題だけでなく，軍事面にお
ける問題もクローズアップされてきたことだ．中国の周辺地域への軍事的覇権
活動にともない，米国の経済圏，軍事的覇権と摩擦を引き起こす事態となった．

　どちらにしても，経済のグローバル化時代にあって国境を超えた経済活動が
展開され，経済面での国家間の依存関係を深める中で，21世紀に入って中国を
中心とした東アジア市場がめざましい成長をした．中国のキャッチアップは米
国の国際経済における地位を危うくさせることになった．米国の優位は依然と
して揺るぎないけれども，近年の米国の政策はこれまでの権益を死守したいと
いう意思が窺える．

　今日，国際的な経済活動（貿易・物流を含む）は，インターネットを基礎にデ
ジタル情報を介在させ，またハードの技術インフラを基礎にしつつ，グローバ

ルに展開している．このような実体経済の流れを政治的に分断しようとしていることをどう判ずればよいのか．判ずればというのは，東アジア市場の成長は確かにめざましいのだが，外資の参入を含む，第3章で示した産業化の「第4の参入」の進行をどう受けとめるかという，かつてアメリカが20世紀への世紀交代期に「第2の参入」を果たしたように，歴史展開の問題であるからでもある．

　憂えることは，米国と中国が経済的競争・対抗を超えて政治的・軍事的に互いに競い向き合うばかりに，両国だけでなく両国と連携し同盟関係を結ぶ国も含めて「同じ穴の狢（むじな）」になって，かつての第二次世界大戦の「枢軸国対連合国」，大戦後の東西冷戦を引き起こした「米ソ対立」のような轍を踏んではならないことだ．政治的・軍事的な国家間対抗・同盟国間の連携の行き着く先は，きな臭いかつ際限のない20世紀的な旧態依然とした軍拡競争に陥らざるを得ない．もちろん米中対立はかつての米ソ対立のような「冷戦体制」のような事態と性格は異なる．

　しかし「自由で開かれたインド太平洋構想」は，端的に言えば，前記のクアッド，オーカスを背景とした中国包囲網の対応である．そして，2022年6月，北大西洋条約機構（NATO）は米国の意向も反映してか，中国を「体制上の挑戦」とする首脳宣言を発表した．NATO はこれを新たな「戦略概念」としているが，「勢力均衡論」の旧思考に基づくものといえよう．

　ここで留意しておきたい点は「ASEAN インド太平洋構想」は，ASEAN諸国は当然のことながら米国，日本のみならず中国も包摂したものである．ASEAN 諸国のマレイシアやインドネシアはこうした「域内軍拡競争」の動きに懸念を表明している．事態の緊張緩和，平和的外交による国際協調の道を探ることが求められる．経済の国際化は名ばかりとなり，相互互恵の経済のグローバル化に支障をきたすことがないよう努力が求められている．

6　日本型競争政策の先鋭化としての陥穽

　日本における科学技術政策は，1990年代後半から2000年代にかけて重点化競争政策へと転換した．確かに科学技術基本法法制化，科学技術基本計画実施は明らかに競争力政策へと力点を移したことの現れであり，大学等技術移転促進法の法制化（1998年）もその一つであった．だが，その政策転換がより具現化

したのは，次に見られるように，経営者団体と連携した総理府・産業競争力会議の政策が，効率的生産（プロセス・イノベーション）から新産業・新事業の創出（プロダクト・イノベーション）へと軸足を移していったことに見て取ることができる．

　経営者団体は，バブル経済崩壊後の急激な円高，製造業・金融市場などの空洞化と雇用不安に対応すべく，当初は規制緩和，内需型経済への転換，新産業・新事業の創成，創造的人材の育成などの優先順位で説いていた．この方向性は，1997年の旧・経済団体連合会の提言「わが国の高コスト構造の是正－新たな経済システムの構築を目指して」や，1998年の「産業競争力強化に向けた提言」においても，その筆頭に「高コスト構造」の解消が提起され，引き継がれた．バブル経済崩壊から数年経過しつつも依然として過剰生産構造を含むリストラ対策が最優先事項だった．

　この産業政策に変化が現れるのは，1999年に総理府に産業競争力会議が設置されてからである．政策化のキーカテゴリー「新産業・新事業の創出」は当初，「既存産業の活性化」「リーディング産業の育成」の後塵を拝していた．だが，産業競争力会議（1999年3月–2000年5月）で産業技術戦略や産業技術力の強化が「創造的人材の育成」とともに話題となり，2000年4月「産業技術力強化法」が制定されるや，にわかに筆頭に浮上してきた．同法律では，コスト低下，品質改善を進める技術革新，すなわちプロセス・イノベーションだけではもはや対応できず，新事業・新市場を創出するための技術革新，いうならばプロダクト・イノベーションを可能とするような技術開発体制を構築することが目標とされたのだった．

　このような政策転換への背景は，前述のように「高コスト構造の是正」が一段落したこともあるが，1990年代以降の日本の経済や学術分野の国際的評価が下げ止まらない現実があった．国際経営研究所（IMD : International Institute for Management Development，本部：スイス）の競争力の総合ランキングによれば，日本は90年代初めには1位にあったが，1990年代半ば以降順位を下げ，1996年は4位であったものの1997年には9位，1998年には18位まで滑落した．またOECD内のハイテク産業輸出占有率は，1992年の20.6%から1996年の17.1%，1998年には13.1%に落とした．

　また，これらのバックグラウンドには，日本の「知識基盤」が国際的に見て相対的に劣位へと落ちたこともある．確かに特許登録件数（2000年）は，日

本：18.6万件，アメリカ：18.4万件，イギリス：2.4万件，ドイツ：7.7万件，フランス：3.6万件で，欧米と比肩ないしは凌駕している．けれども，研究成果の実力・注目度の指標である論文の相対被引用度（2000年）は，日本：0.84に対して，アメリカ：1.50，イギリス：1.36，ドイツ：1.21，フランス：1.06である．これらの科学・技術指標は，基本法法制化前の状況と同様に，特許などの実際的な応用開発場面では優位にあるものの，論文の引用度などの創造性が問われる科学研究において弱さを示している．

　こうした事態を払拭しようと，科学・技術開発と学術制度の改変を促す競争政策が策定された．ところが，実態としては科学・技術（学術）を日本の産業経済の下支えにしようとするもので，基礎科学を強化しようとするものではなかった．第2期科学技術基本計画に見られる科学・技術と学術への期待は，先に示した新事業・新産業のための科学・技術開発が課題となってその優先順位を高めた．前述のように日本の競争政策は，重点化の競争政策，そしてイノベーション政策を導入し，2011年度以降の科学技術基本計画では「科学技術イノベーション政策」が策定され，大学改革を含む産学連携策（第13章参照），さらには安全保障技術研究推進制度（第12章参照）も推進され，デュアルユースの科学技術政策も導入されるに至る．日本の「研究力低下」が話題として指摘されるのは2010年代，皮肉にも競争政策の「先鋭化」と重なっていた．以下に示すように（第11章参照），その「誤算」の一つは策定された政策に起因している．

　まことに内憂外患の状況下ではあったが，政策化の方向は改められず，「日本経済再生戦略」「日本産業再興戦略」などを掲げた，「経済大国」とささやかれた頃の再来を期待する経済政策が展開された．近年では「未来投資戦略」「成長戦略」などが策定されたが，事態としてはそのジレンマ構造から脱却しえていない．米中対立の中において米国の意向を汲んで，軍拡は推し進めるが対立と分断で成長の芽を閉ざす方向に進んでいる．

　F. エンゲルスの書『家族，私有財産，および国家の起源』の「文明社会を総括するものが国家である」の言葉を待つまでもなく，現代社会はさまざまな歴史的条件によって規定されている．国家を担う政治権力は自らの意に即して統括しようとする．そうではあるけれども，今日の政治は議会制民主主義を基本とする．人々（国民，市民）が求める社会的要請もある．

　学術，科学・技術をめぐる状況は，学術研究と産業活動，広く市民社会との

繋がり，また自然環境の方向付けなど，実に複合的・複層的である．学術，科学・技術を規定するのは政策もあろうが，これを担うのは大学や研究所である．それらの構成員たる科学者・技術者の意向を含め，これらの学術研究制度がどう社会的に機能するのか．これらの社会的に存立する研究機関の自主性がどう担保され，その機能が発揮されるのかが鍵となる．

注

1）　ヤング・レポートは，アメリカの産業競争力の相対的低下を前にして競争力を下支えするための施策を打ち出した．支援策の中には，資本コスト低減を図る税制・通貨政策，人的資源面での労使関係改善や技術教育の改革，通商政策の重視等の施策もあるが，新技術開発や製造プロセス改善を狙った研究開発税優遇措置や知財権保護策等が提言され，科学・技術の底上げが図られた．

2）　潜熱は物質が固体・液体・気体と状態を変える際，例えば，融解，蒸発にかかわる熱のことである．

3）　動物による電気の発生のことだが，ここではボルタが，ガルヴァーニのカエルの脚が電気に反応することに触発されて，2種の金属を使って電池を発明したこと．

4）　参考：有本建男「科学技術の体制を築いた人々9　ビッグサイエンスの始まりとなったドイツ帝国物理工学研究所とヘルムホルツ」『情報管理』40（9），pp. 817-819，1997年：有本建男「科学技術の体制を築いた人々10　ドイツ科学を世界一にした科学行政官　ドイツ帝国文部省局長アルトホフ」『情報管理』40（10），pp. 941-943，1998年.

5）　参考：I. R. ラベッツ（中山茂他訳）『批判的科学──産業化科学の批判のために──』秀潤社，1988年.

6）　http : //www.inaco.co.jp/isaac/shiryo/Eisenhowers_Farewell_Address_to_the_Nation_January_17_1961.htm のページに「原文」へのリンクあり；https : //americanrhetoric.com/speeches/dwightdeisenhowerfarewell.html.

7）　この武装平和という言葉は，『シラードの証言』（レオ・シラード著，伏見康治・伏見論訳，みすず書房，1982年，pp. 247-252）に収録されている「覚え書き」（1944. 8. 10）にある．「現在の戦争の後に，「近代」兵器を保有する数ヵ国の力の均衡に基礎を置く武装平和を迎えることになれば，われわれ物理学者はその時代を戦後であるというよりは戦争前の期間であると考えなければならない．新聞報道から判断すると，われわれが流れて行く先は，せいぜい同盟関係と国連規約によって安定化されたそのような武装平和である」．この覚え書きは，必ずしもシラード（第二次世界大戦中にアメリカに亡命，マンハッタン計画に参加）が記したものとの確証はないが，科学者たちが戦時とはいえ確かな目で戦後を展望していたことを的確に物語っている．

8）　松村博行「軍民統合の政治経済学」（関下稔・中川涼司編著『IT の国際政治経済学』

晃洋書房，2004年，所収）．

9）　これは，産業技術力強化法が制定された2000年3月，経団連は「グローバル化時代の人材育成について」と題する提言をまとめ，これからの人材の能力として問題解決能力，コミュニケーション能力，英語力，情報ネットワーク活用能力などの基礎的能力の育成だけでなく，プロ意識の育成や国際的に通用する能力，指導的立場に立つ人材には哲学を含む幅広い高度な専門的教養・能力の育成が必要であると説いた．これを受けて，文部省大学審議会は2000年11月，「グローバル化時代に求められる高等教育の在り方について」と題する答申をまとめ，「高等教育制度の国際的な整合性を図り，教育研究のグローバル化を推進するとともに国際競争力を高めること」が重要であるとした．

10）　欧州委員会は，これに先行する1996年，問題点を洗い出した上で，「イノベーションのための第1次行動計画（The First Action Plan for Innovation）」を策定，1998-2002年のFP5では，テーマ横断的なプログラムとして，①欧州研究活動の国際的役割の確認，②イノベーションと中小企業の参加，③人材能力の向上を挙げた．2002-06年のFP6では，①ライフサイエンス，ゲノム及び健康のバイオテクノロジー，②情報社会技術，③ナノテクノロジーと科学，知能材料，新しい製造プロセスとデバイス，④航空宇宙，⑤食品の品質と安全性，⑥持続可能な発展と地球環境の変化及びエコシステム，⑦欧州の知識主導型社会における市民と統治の7つの優先テーマを設定した（大磯輝将「研究開発政策——新リスボン戦略とFP7——」国立国会図書館調査及び立法考査局『拡大EU——機構・政策・課題——』2007年）．

　　参考，関下稔「知識資本の時代」（『知識資本の国際政治経済学』同友館，2010年，所収），田中友義「EUリスボン戦略はなぜ変更を迫られたのか～ひらく米国との成長・雇用格差～」『国際貿易と投資』(60)，pp. 95-106，2005年，佐貫浩「『知識資本主義』，『知識基盤社会論』批判：グローバル化と新自由主義教育政策下の学力問題を考えるために」『生涯学習とキャリアデザイン』11（2），pp. 59-74，2014年．

11）　ドラッカーは，1850年辺りを境に，技術と産業は性格を変え，「知識は中心的な経済資源となってきた．知識の体系的な習得，すなわち組織的な正規の教育によって，経験—伝統的に徒弟制度によって得られた—は，生産力の基盤としての座をはずされることとなった」と，今日に至る知識経済化が進行したと指摘している．ここに登場する生産力とは，一般には労働力，労働手段，労働対象のことを指すが，労働手段の近代化（機械化，自動化など）によって労働力を担う人間の能力の発現の仕方が変わる．そうした事情から労働力を養成する教育，労働手段を開発する研究機関・企業，生産活動をとりまく社会的関係性を含めて，客観化された知識を媒介にしないでは成り立たなくなったことを知識経済と称しているのであろう．なお，ドラッカーは『断絶の時代』において「今日では知識は経済的ポテンシャルと経済力の基礎であり尺度となった．……現代の経済の基礎は，"科学"ではなく"知識"である」（p. 352）と述

べて，科学を知識から峻別し，知識を社会的に客観化された，すなわちあらゆる現代の産業を担う人々，なおいえば知識労働者のものとして捉えている．P. F. ドラッカー（林雄二郎訳）『断絶の時代』ダイヤモンド社，1969年.

12)　宣言の文脈には，「政府，市民社会，産業界の科学に対する強力な関わりと，科学者の社会の福利への同じく強力な関わりの必要性を考慮」するならば，「世界の国々や科学者たちは，科学のあらゆる分野から得た知識を，濫用することなく，責任ある方法で，人類の必要と希望とに適用させることが急務であること」，また「科学的知識の生産と利用について，活発で開かれた，民主的な議論が必要とされている．科学者の共同体と政策決定者はこのような議論を通じて，一般社会の科学に対する信用と支援を，さらに強化することを目指さなければならない．」と述べられているように，「宣言」は社会における科学の適正なあり方について提起している．

13)　このレポートが提起していることは，1. 人材　① 科学者，エンジニアを育成する基礎の構築，② 次世代イノベーターの触発，③ 労働者にグローバル経済で成功するための能力，2. 投資　① 最先端の多数分野に跨る研究の活性化，② アントレプレナー経済の活発化，③ リスクの引き受けと長期的投資の増進，3. インフラ　① イノベーション成長戦略を支援する国民的合意の形成，② 21世紀の知財制度の創設，③ アメリカの製造能力の強化，④ ヘルスケアを試金石とした21世紀のイノベーション・インフラの構築で（資料："Innovate America," National Innovation Initiative Summit and Report, May 2005, pp. 48-75），人材を前面に投資・インフラをテコにナショナル・イノベーションを惹起するというものである．ここにはコンペティティブ・エッジ（競争の優位性）の確保にはイノベーションが不可欠であるとの考え方が礎となっている．研究開発やテクノロジー，生産現場，これをバックアップする政府の役割が欠かせないとするナショナル・イノベーション政策が書き込まれている．

14)　中国の改革開放政策は農業，工業，国防，科学技術の「四つの近代化」を，「外資依存・市場原理・優遇政策・経済自主」すなわち外国の先進技術，管理体制，経営ノウハウを導入するものだった．この中国の政策を「改革開放」と称しているのは，これまでの自力更生の閉鎖経済から，国内市場の開放の法制度を含む環境整備策を相次いでとったことによる．1979年の経済特区をはじめとする「沿海地域開放」（広東省の深圳，珠海，汕頭と福建省の廈門の「輸出特区」を設置），ならびに1984-86年に14の「対外開放都市」（大連，秦皇島，天津，煙台，青島，連雲港，南通，上海，寧波，温州，福州，広州，湛江，北海）を指定し「国家経済技術開発区」（ETDZs：China National Economic and Technological Development Zone）を設置した．さらに1990年代に地域開放を含む「全方位・多元的開放」が進められた．この対外開放の波は，1990年代に入ると，全国にまで押し寄せていく．1992年に中国政府は，「沿江開放」（長江流域の開放），「沿辺開放」（辺境地帯の開放），「沿線開放」（重要交通 幹線周辺地域の開放）を盛り込んだ方針を打ち出した；滕鑑「中国における開放経済への政策的展開──貿易

投資体制改革，全方位・多元的開放を中心として——」『岡山大学経済学会雑誌』49
（3），pp. 163-183，2018年.

15）　第1段階：2025年までに製造強国へ仲間入り，第2段階：2035年までに製造強国の
　　　中堅ポジションへ到達，第3段階：2049年（建国100周年）までに製造強国のトップ
　　　入り.

第11章
「研究力低下」を招いた競争資金政策
—— 「研究大学」「公的研究機関」構想と財政基盤の格差構造 ——

　今日につながる意味での競争政策の節目は，先に触れた1985年ヤング・レポート「世界的競争　新しい現実」である．この米国の政策策定に当たって民生用の耐久消費財で製品開発競争力を向上させた日本研究が行われたことはよく知られたことである．だが，その一方で，1980年代後半になって，欧米諸国から日本の科学技術・学術研究は「基礎研究ただ乗り論」との批判を受けた．こうして，科学・技術政策面での競争政策の検討が始められ，その具体方策として1995年の科学技術基本法の法制化と，これに続く科学技術基本計画が実施された．

　ただ，この科学・技術政策は，競争政策としての性格を備えたものであるが，これまでの日本における科学技術・学術研究体制がどう構築されてきたのか，また将来に向けてどういうことを配慮して行くのか，考える必要がある．この点について，法制化に立法府で関与した尾身幸次は4点を語った．一つは，キャッチアップの時代の終えん，経済の自由化・国際化に伴う経済競争の激化，二つは産業の空洞化の一方で社会の活力，生活水準が低下し，未来社会を拓く新産業の創出が求められている，三つは独創的，先端的科学技術の源泉となる基礎研究が欧米に比して立ち遅れている，四つは基礎研究の担い手たる大学・大学院，国立試験研究機関等の研究環境は劣悪な状況にあり，研究者が組織や専門分野の壁を超えて総合的・学際的に連携しえてはおらず，若者の科学技術離れもみられる，ことなどを指摘した．

　この整理が十全な整理であるかどうかはともかく，尾身は，上記の一つ目でキャッチアップは終えんを指摘したが，上記の三つ目，四つ目の指摘は，欧米に比して日本の科学技術・学術研究体制が途上段階にあることを述べたもので，この面ではキャッチアップできていなかったことを図らずも述べた．

　それを物語る数値の一つとして研究者数の水準を指摘しておきたい．これは統計調査の整理の違いを考慮しなくてはならないが，日本の研究者数ならびにその総就業者数に占める比率は，1975年に約25.5万人：0.48％，1985年に約50万

人：0.8％程度となり，1990年代に60万人を超えて比率が 1 ％相当になる．これに対してアメリカの研究者数ならびにその総労働者数に占める比率は，1940年 に 36.3万人：0.68％，1950年に63.6万人：1.08％ であるという[1]．ここに示されるように，日本の研究者数の水準が 1 ％相当になるのは1990年代で，ようやくアメリカの1950年代の水準に達し，40年遅れていることになる．

　その意味で，この時期に科学技術・学術研究体制を研究活動分野のラインを構想しつつその組織化を見直し，その財政的基盤を含め，本格的に構築して行くとば口に，日本は立ったのである．確かに，科学技術基本法が法制化され，続いて第 1 期科学技術基本計画が策定され，研究インフラの整備も図られた．だが，第 2 期基本計画になると，視点を基本的な課題から外し，既存の学術研究機関を即戦力的に活用するために重点化を掲げた競争的資金政策を開始し，大学に産学連携を，第 4 期には安全保障という名の軍事研究を課する「改革」が進められ，基本的な枠組み[2]から外れた政策化が図られるようになった．

　近年話題となっている「研究力低下」，また大学の世界ランキングにおいて日本の大学の「相対的低位」も取り沙汰されている[3]．そこでの指標の中には，論文数や被引用論文数などの相対的な順位づけが採用されている[4]．こうした事態，すなわち「研究力低下」などに対して，一応フォロー政策が案出され，措置が講じられてきてもいる．それにもかかわらず，相変わらず下げ止まりが見られない．この現実をどう行政府当局は見ているのだろうか．

　どちらにしても，この「研究力低下」の原因は，およそ四半世紀にわたる日本の科学技術政策が，科学技術（学術）をシーズにイノベーションを出口とする「科学技術イノベーション」の一体化政策を採用したことで，日本の科学技術・学術研究体制に偏った負荷が掛けられたことにある．そうした事態にあるにもかかわらず，関係当局は，当の学術研究機関の事情・本来のあり方，取り組むべき基本的な課題を考慮しないで，ますます「国益」に資する国家主義的政策を推進している[5]．

　なお，これらの「研究力低下」の科学技術指標や大学ランキングの評価法は，指摘されているように問題がある．したがって，これら指標を絶対視する必要はない．しかし，残念ながら政府・財界の政策はこれらの指標やランキングを真に受けて策定されている．

　以下においては，こうした問題点があることを了解しつつ，考察することを予め付記しておく．検討課題は，この「研究力低下」を招いた科学技術基本計

画をはじめとする，これまでの競争政策との関連において，これまでの予算的措置を手掛かりに，その実態を分析し，その根底にはどのような問題が潜んでいるのかを考えることにある．また，この間の科学技術政策は「大学改革」を焦眉の課題として取り組まれてきた経緯がある．大学改革は，少し遡るけれども1990年代においても近年に引き継がれる大学改革，すなわち大学院重点化政策が行われた．そしてまた，公的研究機関制度の研究拠点化がどう図られたのか，先進的対応をしているドイツの「公的研究機関」と比較し分析する．

　その上で，これらから窺える日本の学術研究体制，その発達段階はどういった事態にあり，その課題はどのようなものであるのか，加えて，競争政策にともなう研究拠点化を図る競争的資金政策と，それとは裏腹の関係にある学術研究体制の基盤経費となる非競争的資金はどう推移したのか，といったことなどについて考察する．

1　科学技術指標が示す「研究力の低下」の概況と科学技術政策

（1）「科学技術指標」に示される「研究力低下」の実態とは

　日本の「研究力」が相対的に低下したと表立って指摘されるようになったのは2010年代半ばになってからであるが，この「研究力低下」は，一過性のことではなく，2020年代を迎えても「低下」の下落にブレーキがかかっていない．

「科学技術指標」が示す「研究力低下」とは　文部科学省の科学技術・学術政策研究所／科学技術予測・政策基盤調査研究センター発表の「科学技術指標2022」（2022年8月）によれば，論文数（分数カウント）は6.8万件で4位から5位へ，次いで Top 10％補正論文数（分数カウント）は0.4万件で10位から12位へ，また Top 1％補正論文数（分数カウント）は0.03万件で9位から10位へとのことで，指標数値は下げ止まっていない．

　この下落の原因は何か．研究活動のポテンシャルが低下しているのか，あるいはその活性度に問題があるのか．見たところ日本の論文数は絶対数が減っているのではなく，主要国に比してその伸びが相対的に小さい．各国のこの20年間の推移（2020-2018平均／2000-1998平均）を比較すると，20年前に比して，中国の18.6倍を筆頭に，韓国の5.4倍，米国の1.72倍，英国の1.90倍，ドイツの1.75倍など，軒並み大幅な増加，また順調な伸びを示している．これに対して，日本

は1.21倍にとどまっている．こうした論文数における事態と同様に，論文の被引用度の程度を示す補正論文数のシェアにおいても日本は見劣りしている．

　なぜ日本の論文数の増加の伸び率が低迷しているのか．単にランキングの表面的な結果に目をとどめるのではなく，このような結果を引き起こしている構造的問題に目を向け，分析しその原因を探る必要がある．

　まずは，研究活動の活性度に直接に関わるものとしては，その経費をまかなう研究開発費，そして研究成果を論文としてまとめる研究者数がどのように推移しているのかが問題となる．この点を上記の「科学技術指標　2022」にみると，「科学技術指標　2021」に比して，企業を含む大学，研究機関等の日本の研究者数は69.0万人（内訳は，企業51.5万人，大学13.6万人，公的機関3.0万人）で，いずれも順位は3位で変動はないとのことである．ただし，研究者数の大学の順位に米国が含まれていない．これは OECD に届けられた米国の統計数値は，同国の大学部門のそれは1999年まで，ならびに公的機関・非営利団体部門は2002年までしか示されておらず，「科学技術指標」に表記されていない．したがって，日本のそれらの部門の順位は3位ではなく実質4位である．

　研究開発費総額についていえば，日本のそれは17.6兆円で3位，企業のそれは13.9兆円で3位，大学は2.1兆円で4位，公的機関のそれは1.5兆円で4位で，いずれも変動はない．

　このように学術研究体制を支える研究資源を示す数値は，相対的順位において近年の「科学技術指標」が示すところでは主要国の中では遜色はなく，近年の相対的順位は依然として一定の順位を確保している．先の研究力低下の下落の原因は，どこに問題があるのか．実は研究開発費や研究者数の推移の浮沈をみると，日本の伸びははかばかしいものではなく，その水準は明らかに落ちて，置いてきぼりを食らっているというのが現実である．

　たとえば，**図11-1**は「科学技術指標　2021」記載の主要国の研究者数推移を示したもので，中国，米国，韓国は明らかに右肩上がりで，ドイツや英国も堅調に伸びている．だが，日本のそれは2000年代こそ少し増加を示してはいるが，2010年代は横ばいで推移している．どうにもこれでは日本の研究力がじり貧になるのも当然である．問題はなぜ研究者数が伸びなくなったのか．研究者養成に問題があるのか，研究職の確保に問題があるのか考えられるが，日本の脆弱性要因はどこにあるのか，単純ではない．

　先に示したように，知的専門性を担う研究拠点としての大学や公的機関の研

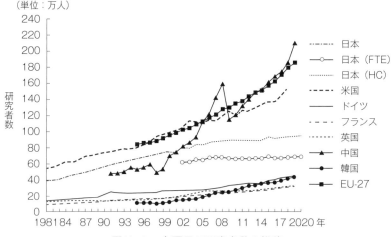

図11-1 主要国の研究者数の推移

（出所） 科学技術・学術政策研究所「科学技術指標 2021」.

究者数で，日本は英国やドイツの後塵を拝している．また，同様に大学と公的
機関の研究開発費においても，日本はドイツの後塵を拝している．なぜ，この
点をことさらに指摘するのかというと，日本はドイツや英国より総労働力人口
の規模において上回っているにもかかわらず，公的な研究拠点の研究者数や研
究開発費額において相対的に低い水準にあるからである．ちなみに中国は科学
技術指標で１位の順位であるものの，総就業者数からすれば相対的に低い[6].

　こうした実態は「科学技術指標 2021」の「主要国の人口１万人当たりの研
究者数の推移」の各国の状況が如実に示している（図11-2）．図に示されるよ
うに，主要国はおおかた右肩上がりで増加している．だが，日本は2000年代
後半から横ばいに推移し，2010年代に入って幾分増えているもののその傾向
は顕著ではなく，順位を４位に落とすに至っている．

科学技術指標の統計方法に見られる OECD と日本の違い 次の点を考慮してこ
れらの数値を評価する必要がある．「科学技術指標 2022」によれば，研究者
の定義及び測定方法は各国さまざまで一様ではない．たとえば，米国の定義
は，企業では「研究開発活動に従事している科学者とエンジニア」，大学では
「新しい知識，製品，プロセス，方法，システムの構想または創造に携わる専
門家，及び当該プロジェクトの管理に携わる専門家．研究開発マネー

（単位：人）

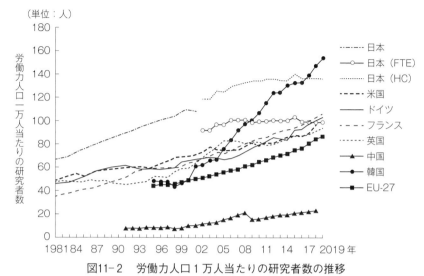

図11-2　労働力人口1万人当たりの研究者数の推移

（出所）　科学技術・学術政策研究所「科学技術指標　2021」.

ジャー」，公的機関では「研究又は開発に分類される活動を行っている科学者
とエンジニア」である．ドイツの定義は，企業では「学術関係者及び研究開発
管理部門の管理職に加えて，工学系の学校及びアカデミーを卒業した者」，大
学では「教授，大学助手，その他の学術関係者，特別な任務ための教員，奨学
金を受ける大学院生」，公的機関では「研究者」である．英国の定義は，企業
では「研究者」，大学では「研究者，研究活動に50％以上の時間を費やしてい
る大学院生」，公的機関では「大学レベルの資格を持つ全ての研究開発スタッ
フ」となっている．これに対して日本の定義は，企業や公的機関では「大学
（短期大学を除く）の課程を修了した者」，大学では「教員（HC），博士課程在籍
者（HC），医局員（HC），その他研究員（HC）」，またどの部門においても「上記条
件，また同等以上の専門的知識を有する者で特定のテーマを持って研究を行っ
ている者」を加えるとされている．HC とは実数カウントのことである（後述）.

　欧米の科学者や研究者，エンジニア，研究開発スタッフ，専門家などとして
カウントされる者が実際どういう者たちなのか，博士や修士などの学位取得と
いった資格条件を問うているのか子細は分からないが，もちろん個別的には同
定の難しさがあるものの，その職域・職能の専門性をもって定義としている．
　日本のそれは分かりやすいといえば分かりやすいが，学卒であればよいとい

（単位：兆円）

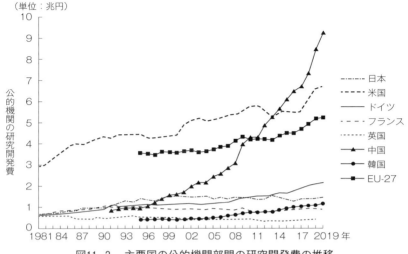

図11-3　主要国の公的機関部門の研究開発費の推移

（出所）　科学技術・学術政策研究所「科学技術指標　2021」.

うもので，これで研究者の定義とするのには疑問符が付く．ちなみに，日本における企業や研究機関の研究者の定義・カウントの仕方は，2001年以前は「研究本務者」とのカテゴリで集約されていた．2002年以降は「主に研究に従事する者」とのカテゴリに加えて「研究を兼務する者」を含むとされていた．どちらにしても日本の研究者数は「上げ底」カウントになっている．

　さらに，この大学等・研究機関に属する個々の者を研究者としてどうカウントするかという問題とは別に，日本の定義の中に「HC」との表記が付されているが，研究者数を OECD で標準的に行われている研究業務の専従換算 FTE（Full-Time Equivalents）で行うか，実数（HC：Head Count）でカウントするかという，計測方法の統計手法にかかる問題もある．というのも，大学等・研究機関に属する者の個々人の人件費をすべて一律に研究開発費に組み入れてよいのかという問題があり，人によって研究業務への関与の割合が異なるとなれば，この点をどうカウントして人件費を研究開発費に組み入れるかという問題が横たわっている．「科学技術指標」ではこの点を考慮して FTE と HC の二つの数値が掲載されている．図11-1，11-2 に示されるように，この二つの数値のギャップは大きい．

　ところで，1990年代に大学院重点化（後述参照）による大学の研究拠点化は

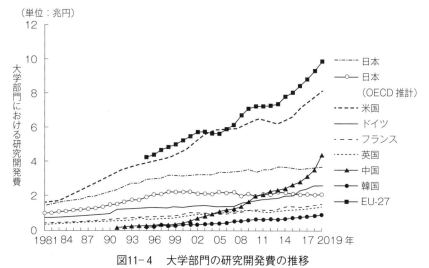

図11-4　大学部門の研究開発費の推移

（出所）　科学技術・学術政策研究所「科学技術指標　2021」.

始まったが，科学技術基本計画の実施によって基盤的リソースは抑制されて大学の研究拠点化の取り組みは高められるのではなく，かえって抑えられた．この点について，大学部門や公的機関の研究開発費，また政府負担の競争的資金，非競争的資金の推移を事例に検証する．

大学部門と公的機関部門の研究開発費の推移　大学部門における研究開発費の主要国の推移を示しておく．日本の大学部門の研究開発費の推移は，先の研究者数と同様に，他の国々は増加傾向にある一方で，日本は2000年代以降，横ばい状態にある．

　OECD 推計によれば，日本の大学部門のそれはドイツを下回っている．「科学技術指標　2021」には，2000年を1とした場合の各国通貨による大学部門の研究開発費の名目額と実質額の指数を示した図が掲載されている．名目額での2019年の日本（OECD 推計）は0.9で，米国は2.6，英国は2.5，ドイツは2.3，フランスは1.9，東アジアの中国は23.4，韓国は4.7という．実にこれらの国々との日本のギャップははなはだしく，この20数年間，日本だけ停滞という特異な事態にある．しかも，この横這い状態に転回した時期は科学技術基本法の法制化，科学技術基本計画が策定されていった時期と重なっている．

　なぜこうした事態を招いたのか．先に示したように，「科学技術指標　2021」の研究開発費の推移を見てみると，主要国は増加しているのにもかかわらず，日本の公的研究機関のそれは横ばい状態である．おそらく研究の進展に必要な研究資源は年々増大している．けれども，競争的資金への比重の高まりを受けて経常経費は抑制されて，研究現場はひっ迫している．すなわち研究現場の到達点と課題，実情が汲み取られず放置されてきていると察せられる．

　公的機関部門の研究開発費の推移においても，大学部門と類似した傾向にあり，日本は2000年代以降横ばい状態にある．研究開発費においても，日本のそれは21世紀に入ってからの水準は見るべきものがなく，これでは相対的低下を招いたとしても不思議ではない．

（2）基本法法制化前後の「公的研究機関拠点化」，「大学院重点化」と競争政策

公的研究機関の拠点化について　公的研究機関を「中間組織体」などと性格づけする見解もあるが，これは J. D. バナールが『科学の社会的機能』（坂田昌一ほか訳，勁草書房，1981年；原著1939年）で記す「技術科学研究所」である．バナールは，これは大学の部課，技術学校，政府の科学関係の部局，大工業の研究機構から派生してきたものとしている．たとえば，日本の産業技術総合研究所（略称：産総研，前身は旧・通商産業省の工業技術院試験所）はこの範疇に入る．

　日本の公的研究機関の経緯についていえば，比較的新しいところでは，省庁再編期の2001年から2003年に独立行政法人へ移行し，2015年に国立研究開発法人への組織改編が行なわれ，産業技術総合研究所，理化学研究所，物質・材料研究機構（前身は金属材料技術研究所と無機材質研究所）の三つが特定国立研究開発法人とされた．

　実は，こうした組織改編以前に次のような取り組みも行なわれた．国立研究開発法人科学技術振興機構研究開発戦略センター，調査報告書「我が国における拠点形成事業の展開——課題と展望——」（2016年）によれば，1992年1月の科学技術会議18号答申の「卓越した研究拠点の構築に向けた方針」の枠組みに，「卓越した研究指導者，最新の研究情報，優れた研究施設・設備，充実した研究支援体制を有する中核的な研究機能を育成していく」ことが謳われた．また，同年10月の学術審議会の答申「21世紀を展望した学術研究の総合的推進方策について」で，「水準の高い学術研究を積極的に推進していくため，特

定の研究組織について重点整備を行う」とされ，「卓越した研究拠点 (センター・オブ・エクセレンス)」を育成する方針」が示された．そして，翌1993年度には科学技術振興調整費を活用した中核的研究拠点育成制度が始まった．

　一応，この時期，「国立試験研究機関が自己努力により競争的な研究環境を整備しつつ，特定の研究領域の水準を世界最高レベルまで引き上げる」ことを目指し，1997年度までに合計10機関が公募採択 (実施期間はⅠ期5年間とⅡ期5年間の10年間，各期の年間予算額はそれぞれ3億円，4千万円程度，3年目と6年目に中間評価) された．

　ここには「卓越した研究拠点」なるキャッチフレーズが掲げられているが，はたしてどれほどその言葉に相応した研究拠点形成のための助成が行われたのか，検証する必要がある．

　これらの記載で興味深いことは，「卓越」，「優秀」，「水準の高い学術研究」，「世界最高レベル」のような相対的優位性を表すワード，そして「特定の研究組織」，「特定の研究領域」，「重点整備」，「競争的な研究環境」などいった，競争による格差を示すワードが乱舞していることだ．

　実に，近頃 (2022年) の「国際卓越研究大学強化法」と同様に，政策策定化のキーワードは30年来，今日も変わらない．一定の実績のある限定された研究拠点が選ばれ資金が配分される．日本の研究政策は研究機関においても「格差社会」を強める方向で進められている．助成された研究機関は幾分潤うのだろうが，こうした方策で研究拠点は拡充されるのだろうか．

　ドイツの公的研究機関：フラウンホーファー協会，ヘルホルツ協会などを，単純に技術学，工学分野のものと特徴づけはできないが，日本の公的研究機関と比較しておきたい．例えば，フラウンホーファー協会は今日，研究拠点76カ所，スタッフ約3万名 (2001年のフルタイム換算では8800名) を数え，産業界と連携するばかりか，大学と連携する機能を備えている．これに類した日本の先に紹介した産業技術総合研究所の規模は，研究拠点11カ所，スタッフ約2300名 (2020年) である．「科学技術指標　2018」によれば，公的研究機関の研究者総数は，ドイツ約5.4万人 (2016年) に対して，総就業者数がドイツの1.25倍の日本は約3.0万人 (2017年) である．実数比で55％程度，総就業者比で44％程度となり，ドイツに届かない．日本の公的研究機関は相対的に規模が小さく実効性をどう発揮するのか，それともドイツを模してその規模を将来を見据えて拡充するのか．

研究拠点政策としての大学院重点化　この時期にあたる大学院重点化は, 端的に言えば, 大学院部局化による大学院生の倍増（大学審議会報告1991年）の計画であり, さらに専門大学院を含む大学院大学の制度化（2003年）が目指された. そして, この科学技術基本法が法制化される1990年代に「知識基盤社会」の到来が語られた. こうしてグローバル化する国際社会の中で学術研究の水準の向上が目途となった. そうした動きの中で, 大学院部局化による予算増は2004年の国立大学の法人化によって転機を迎え, 後述の米国仕込みの研究大学構想が, 研究資金の重点化・競争化と共に採用され, その取り組みが本格化する.

　やがて国立大学は大学院大学が一般化し, 大学院の重点化が図られた. 近年では2016年には「特定研究大学」が文科省の有識者会議でまとめられ, 2017年には, 国立大学法人法が改定され, 指定国立大学法人制度が「国際的な競争環境の中で, 世界の有力大学と伍していく必要があるため,『研究力』,『社会との連携』,『国際協働』の領域において, 既に国内最高水準に位置していることを申請の要件として設定」[7]するとのことで発足した. これらの大学改革は, 第4期科学技術基本計画以降の科学技術イノベーション政策に基づく, 大学運営の改変を迫る, さらなる産学連携策等を推進するものでもあった.

　顧みれば, 確かに大学院重点化によって在学者数は1990年代初めのおよそ10万人から2005年には24万人になり目標は達成された. だが, 近年の事態はかんばしくない. その後は微増して2011年をピークに漸減している. 中でも問題は博士課程の在学者数で, 全体としては横ばいである, その内訳は, 属性が社会人の博士課程在籍者は増えているものの, それ以外は減少している. 率直にこの事態を評せば, 将来を担う若手研究者の確保に暗雲が立ち込めているということになる.

　周知のように, 2022年には「国際卓越研究大学強化法」が法制化された. 学術研究は幅広い研究交流でその精密度を上げ真理性を追究しているのだが, この法律で選ばれるのは極めて過少で特異点となって学術界の格差構造を固定化しまいかねない, ひいては学術界を地盤沈下させる恐れもある. しかも国際卓越研究大学に選ばれた大学のガバナンスは学外者が半数を占め, なお原資は資金運用によるが, 報道によれば, すでに損失を出しているという.「卓越研究大学強化法」の成否は今後の行く末を見届けなくてはならないが, これは業を煮やして一部の大学だけでも国際ランキングを高めようと策されたかのようである. 仮にランキングを上げたとしても, 日本の「研究力低下」の回復に繋が

るのであろうか.

（3）基本法法制化後の科学技術政策は学術研究体制に何をもたらしたのか

　さて，科学技術基本法が1995年に法制化され，それに基づく科学技術基本計画が策定されたにもかかわらず，かえって日本の学術研究体制の水準は停滞している．端的にいえば，学術研究体制の法的規制，それにともなう基盤的経費の抑制とトップダウン的競争的資金の変幻目まぐるしい移り変り，その結果として日本の学術研究の「研究力」が相対的に見て劣位な事態に立ち至ったことを，まず指摘しておきたい．

　以下において，この間のこれらの法制，予算的施策の動向についてその概要を示す．こうした学術研究体制，これを下支えする研究資源の問題が指摘され，これに対する対策がとられたのは，冒頭で述べた日本の「基礎研究ただ乗り論」を契機とした科学技術基本法の法制化，これを受けた科学技術基本計画が策定された第1期科学技術基本計画である．

競争化・重点化と基盤的経費の抑制　もちろんこの1996年からの基本計画においても，競争的資金の導入が記されている．ただし，そこでは「柔軟かつ競争的で開かれた研究開発環境を実現する」とのフレーズに示されるように，予算的措置について「大幅な拡充」，「多元的な研究資金」などが記された．後者の「多元的な研究資金」とは「競争的資金の拡充」，「多様な研究開発の推進のための重点的資金の拡充」，「基盤的資金の充実」のことである．

　こうして第1期基本計画で「競争的」「重点的」という基本方向は示されたが，実際に具現化されたのは第2期基本計画である．「科学技術振興のための基本的考え方」の節で「基本方針」の1番目に「研究開発投資の効果を向上させるための重点的な資源配分を行う」として，ライフサイエンス，情報通信，環境，ナノテクノロジー・材料の四つの重点分野が，そしてエネルギー，製造技術，社会基盤，フロンティアの四分野が基盤的なものとして取り上げられた．

　問題は，競争化，重点化の一方でとられた政策が，しばしば指摘される基盤経費の抑制であったことである．第2期基本計画では，「基盤的経費の取扱い」の項に「競争的資金の倍増を図っていく中で，教育研究基盤校費及び研究員当積算庁費のいわゆる基盤的経費については，競争的な研究開発環境の創出に寄

与すべきとの観点から，その在り方を検討する」とされ，国立大学の「運営費交付金」の削減が開始された．

　ちなみに私学助成については，1980年度頃に一般補助はピークを迎え，第1期基本計画で「私立大学経常費補助金について，研究機能強化のための助成の充実と重点的配分を図る」と記された．これを受けて，大学の特別な取り組みに対して助成される特別補助の割合が2000年代，ことに第2期基本計画時に増え，第3期基本計画時には特別補助の割合が3分の1超えるに至った．2011年度に一般補助の見直しがされたものの，その後の実態は再び特別補助がじわりと増えており，現状15％程度となっている（参考：「平成30年度　文部科学白書」）．

大学の構造改革としての「遠山プラン」　先に述べたように1990年代以降の大学院重点化政策が取り組まれたが，これに加えて高等教育政策の新たな展開を目指そうとした，「遠山プラン」と呼ばれる「大学の構造改革の方針」（2001年6月）がある．この政策化は，1990年代半ば OECD の科学技術政策担当者たちによって導入された「知識基盤経済（もしくは知識基盤社会）」[8]の方向性と共通するもので，1999年のケルン・サミットを契機として翌2000年4月の G8 教育大臣会合の政策要素として確認されたものである．

　しかし，この時期の日本はバブル経済崩壊後にともなう産業経済の不安定な状況にあった．橋本内閣を契機に小泉内閣の行財政改革，さらに省庁再編の枠組みでのリストラ策がとられ，周知の「国立大学法人化」が実施された．これは高等教育の競争力政策として提起された．この法人化は国立大学の自主的な運営を目指すとの触れ込みもあったが，その後の展開は教育・運営費交付金の漸減，若手研究者の減少を招くなど，新たな問題を生み出した[9]）．

　この大学の構造改革は「活力に富み国際競争力のある国公私立大学づくりの一環として」との触れこみで，①国立大学の再編・統合，②民間的発想の経営手法を導入する「国立大学法人」に早期移行，③大学に第三者評価による競争原理の導入，これに基づく世界最高水準の研究教育拠点形成を図る21世紀COE プログラムが推進された．いってみれば，スクラップ・アンド・ビルドによって活性化を図り，評価結果に応じて資金を重点配分し，国公私を通じた競争的資金の拡充で，国公私「トップ30」を世界最高水準に育成しようというものであった．

　その実際は「第三者評価」の不可欠性をまことしやかに説くものであった

が，実態は大学間の競争を煽って，民間企業の経営手法の導入を進めるものであった．これは大学固有の営み，すなわち学問の自由や大学自治に基づく大学の自主性を軽んじ，大学の研究と教育のコミュニティの営みに支障をきたすものであった．そうした問題性があるにもかかわらず，今日そうした民間企業の経営手法を注入する競争政策は，当然視されるようになり，大学は疲弊し「物言わぬ大学」と化して，大学が持つ本来の競争力を見失っているのが現状ではないだろうか．

当時（2001年）の経済財政諮問会議に配布されたこのプランにかかる文部科学省の文書には「大学を起点とする日本経済活性化のための構造改革プラン──大学が変わる，日本を変える──」などという，勇躍するキャッチフレーズが付してある．まことにその後の経過を顧みると，これは掛け声に過ぎなかった．

イノベーション・モデルから見た科学技術イノベーション政策　経済活性のため手立てとして，このように大学をその起点とするというのは，イノベーション・モデルでいうところの，いわゆるリニア・モデルともいえる．けれども，その起点に大学をすえて企業に連携させて進めるのは，いわゆるリニア・モデルはなく，変異型のリニア・モデルといえよう．なぜならリニア・モデルというのは，例えば，企業の社内中央研究所を起点とした応用・開発・工業化を指している．連鎖モデルの方は企業の事業部の統括によって進められるもので，科学シーズは必要に応じてアウトソーシングする．リニア・モデルと連鎖モデルとの違いは，組織体が単一なのか複数なのか，またその統括が研究を起点としたものか事業を起点としたものか，それらの事情を踏まえた上で個々の組織体の独立性をおさえて整理しなくてはならない．

この点で，2011年度以降の第4期科学技術基本計画に掲げられた科学技術イノベーション政策は，どう整理されたのか．産学官連携ということからすれば，組織体としては複数なのでリニア・モデルとは言い難いけれども，科学技術・イノベーションの一体化政策の触れ込みからすれば，企業と大学等はどちらも主体なのだということであろうか．だが，両者は組織的にも機能的にも性格を異にする．この矛盾をどう調整していくのかが問題となる．

察するところ，この一体化政策は，出口としてイノベーションを至上命題として掲げることからすれば，大学等が担う研究は基盤的なものとはならず，委

託研究的な，せいぜい目的基礎研究的なものでしかない．つまり企業の固有の
ニーズを踏まえて研究課題が設定され，大学等の研究機能は狭められかねな
い．どのように研究シーズを提供する側と，これを開発し事業化する側とを
マッチングさせるのか．科学技術を起点としつつもイノベーションを至上命題
とする一体化政策は，イノベーション・モデルとしては特異な性格もつ．一体
化政策では複数の機能面で性格を異にする主体で構成されているわけで，大学
等のみならず企業においても功をなし得るのか，「研究力低下」が問題視され
る状況下，基本に戻って検討すべきである．

2　欧米主要国との日本の資金政策の違い

（1）「研究大学」に見る日米の研究資金政策の違い

　表11-1は，日本の国立大学が法人化へと制度を切り替えた時期の，日本の
科学技術関係予算と米国の政府研究開発費の総額とそれぞれの競争的資金の額
とその割合（%）について示したものである．

　表11-1に示すように，日本の競争的資金の割合は10%前後であるが，米国
のその割合は優に3割を超えて，しかもその額を2002年度に比して2005年度で
は割合はやや減ずるものの額自体は増やしている．他方で非競争的資金の額を
算定してみると，米国の2005年度の額は2002年度より12%増えている．これに
対して，日本の非競争的資金の2005年度の額は2002年度に比して11%減少して
いる．そしてなお，米国の大学は，相対的に高額の学費収入や寄付金等で資産
を増やしていることはよく知られており，一層日本との格差は大きい．

表11-1　政府研究開発費（科学技術関係予算）における競争的資金と非競争的資金
　　　　の日米比較

（単位：億円）

年度	日本の科学技術関係予算				米国の政府研究開発費			
	総額	競争的資金	%	非競争的資金	総額	競争的資金	%	非競争的資金
2002	38,682	3,443	8.9	35,239	129,276	41,104	31.8	88,172
2005	36,155	4,672	12.9	31,483	143,147	44,570	31.1	98,577

（出所）　総合科学技術会議 基本政策専門調査会 基礎研究強化に向けた長期方策検討ワーキング・グループ
　　　　「基礎研究強化に向けて講ずべき長期的方策について――基礎研究を支えるシステムの改革―― 参考資
　　　　料集」を基に筆者作成．

　これらの数値は次のことを示している．経常的な基盤的経費で米国はゆとりをもって配分されている．日本の場合はその逆でじり貧になっている．日本の競争的研究資金政策は米国に倣って制度を展開したものの無理がたたっている．実にわずか３年間で非競争的資金4000億円に近い額が削減され，競争的資金制度に与れなかった大学等研究機関は財政的抑制の影響を受けている．

　日本の資金政策で，しばしばささやかれる「デュアル・サポートシステム」などの触れ込みで，基盤的経常費と競争的資金制度を一見両立させているかのように思われる．しかし実態は前者の抑制の一方で競争的資金を確保しようとしているに過ぎない．こうした資金配分が「研究力低下」を招いている．研究資金政策が研究現場にどういう影響をもたらすのか，そのメカニズムを理解して政策化しているとはいえない．うわべの研究政策をまねたところで実効性どころか，かえって研究活動を脆弱化させている．となると「研究力低下」は政府の資金政策の失策にある．このような資金配分しかできないというのであれば，日本の「研究大学構想」は名ばかりで，米国型の研究大学の採用は日本には向いていないといえる[10]．

「研究大学」の日米比較から見えること　なお，この点について2000年代当初，研究大学構想を採用した頃の研究資金の実際について，日本と米国を比較してみる．

　まずは米国の実際を見てみよう．同国には3000校余りの大学があり，そのうちの５％程度の150校程度が研究大学に相当すると指摘されている．均せば，各州に３校程度ある勘定になる．日本はどうであろうか．大学数は800校程度であるから，各大学の学部特性による研究活動の守備範囲はともかくとして，米国の研究大学の割合５％に匹敵するには，日本の場合40校程度なくてはならない．

　問題はそれら大学が研究大学としての人的，施設・設備的資源から見て，ことに資金的に見て，それに見合う水準にあるのかどうかである．米国の研究大学について，日本で研究大学構想が採用された頃の米国の研究資金の水準を示す．U. S. Department of Education (2001) によれば，研究大学を二つに分けて，連邦政府から年4000万ドル以上の研究資金を得ている「研究大学Ⅰ」クラスと，1550万ドル以上の研究資金を得ている「研究大学Ⅱ」クラスがある．ここに示される資金水準は，1998年から2001年頃の為替相場１ドル101円から146

円程度で推移していることに鑑みれば，「研究大学Ⅰ」クラスは円換算でおよそ50億円前後に相当し（日本の物価指数の推移をみればあながち不均衡な比較にはならない），この水準を超える米国の大学は89機関となる．そして，「研究大学Ⅱ」クラスは円換算で19億円前後以上の研究資金に相当する米国の大学は，37機関を数える．あわせて126機関である（文部科学省「諸外国の教育統計」2019年版の米国の大学数：公立710校，私立2294校，合計3004校を用いて算定した）．

日本の大学の研究資金の水準は　政府からの研究資金の配分の代表格である科研費配分結果（新規＋継続：学術振興会資料）を該当する研究大学を整理してみる．また，その後の資金政策をめぐる措置によってどうなったのか，2021年度の配分総額に外挿して該当する研究大学を整理してみた（文部科学省の「令和3年度学校基本調査（確定値）」によれば，大学数は803校である．この数値で割合を算定した）．

　日本の大学は米国の研究大学の枠組みにどれだけ接近し得たのか．日米の大学の政府関連の研究資金の配分状況を比較すると，日本の大学で米国の研究大学に相当するその割合を分数で示すと，2／10，3.5／10，せいぜい4.7／10程度である．この間，科学技術基本法の下で科学技術基本計画及び高等教育政策に基づきステップアップを図ってきたのだろうが，効果は芳しくない．

　それにしても，なぜこのような事態になってしまうのか．米国においても大学間格差はあるが，日本の大学間格差の程度は米国の比ではない．これまでに示した研究開発費の配分状況が示しているように，先述したように日米両国で

表11-2　米国の研究大学Ⅰ・Ⅱの機関数とその比率，それらに相当する日本の機関数とその比率

		研究大学Ⅰ／全体に対する割合	研究大学Ⅰ＋Ⅱ／同割合
米国	2001年度	89機関／2.96%	126機関／4.19%
日本	2001年度	4機関／0.59%	10機関／1.49%
日本	2021年度	7機関／0.87%	16機関／1.99%

研究者が所属する研究機関別　採択件数・配分一覧（2021年度），文部科学省「諸外国の教育統計」（2019年版）．なお，米国の割合は本文に示した．日本の割合は，学校基本調査（「e-Stat　統計でみる日本」）にある大学設置数2001年669校で割合を算定した．

（出所）　日本学術振興会「研究者が所属する研究機関別　採択件数・配分一覧」（2021年度），文部科学省「諸外国の教育統計」（2019年版），文部科学省「諸外国の教育統計」2019年版の米国の大学数（公立710校，私立2294校，合計3004校を用いて算定）を基に筆者作成．

は政府予算額の違いがあり，その限られた予算を競争的資金で配分する結果，日本では一部上位校には資金が注がれ，上位校間においても資金は急減する厳しい事態にある．米国並みに日本の大学を押し上げるには資金政策を含む，学術研究拡充のための抜本的な，裾野の広い包摂的政策を施さない限り到達しない．

（2）公的研究機関の主要国の比較と日本の相対的劣位

　次に研究開発費の国際比較を行い，日本の水準がどの程度なのか示してみたい．経済産業省の「産官学の資金の流れ」[11]と題した主要国の公的研究機関の研究開発費（単位：US ドル．日本，中国，韓国は2019年，米国，ドイツ，フランス，英国は2018年の実績）によれば，日本135.34億ドル，中国813.14億ドル，米国602.24億ドル，ドイツ192.32億ドル，韓国102.45億ドル，フランス85.47億ドル，英国35.99億ドルとのことである（日本の政府負担には交付金を含む．米国，ドイツの政府負担には州政府等を含む）．中国と米国の額は日本の数倍で国の規模からその差は了解できる．しかしながら，日本より国の規模が相対的に小さい，ドイツや韓国が日本を上回るか接近していることに留意すべきである．

　大学と公的研究機関，非営利団体の研究開発費を合わせた総額に対する割合は，日本20.8％，米国26.6％，ドイツ31.1％，フランス34.6％，英国32.4％，中国23.6％，韓国19.7％である．概して，西欧諸国は30％を超え，東アジア諸国は20％前後にとどまっている．研究開発支援の領域を見ると，アジア諸国は企業による製品化，工業化などの実用化に偏り，基礎研究を担う公的な大学や公的研究機関などの領域ではサポートが弱い．

　日本で取り組まれている競争化や重点化は，先に指摘したように基盤的経費を抑制して競争的資金制度を拡充するもので，結果として大学や研究機関は必要な経費を競争的資金制度に求めようとする．こうしたやり方は競争的資金獲得へと現場研究者の意を誘導し，資金獲得ための手続きに意外と多くの時間を要する．その煽りを受けて真理性を追究する研究活動にかける時間が削がれる．長期的に見れば，実績主義の採択が一般的で特定の研究拠点は恩恵をうけるものの，恩恵に与れなかった研究拠点は放置され，ますます格差を固定化させる．

　こうした政策にとっている限り，研究拠点の命脈を育むものには繋がらない．もう一点，指摘しておきたいことは，国の規模が相対的に小さなドイツの

方が日本の予算配分額を上回っていることである．日本の「研究力」のどこに問題があるかを見ないで，相も変わらず競争だけ煽れば，それで「研究力」はアップするというのでは，先細り政策となろう．

3 日本の科学技術関係予算の推移と学術研究環境の格差構造

（1）科学技術関係予算と非競争的資金抑制の推移

表11-3は，日本の政府予算のうちの科学技術関係予算の推移と，そのうちの競争的資金予算の推移，競争的資金の一つである科研費予算の推移，それらと対となる，算定した科研費外の競争的資金の推移と非競争的資金の推移を示した一覧である．

この一覧は，日本の科学技術関係予算及び競争的資金と科研費，算定した科研費外と非競争的資金の額の関係を，1990年代後半から2020年代初めまでの状況を示したものである．これらは背中合わせの関係にあるが，資金政策のゆとり無さが事態の悪化を招いているといってよい[12]．この子細は本章末注12）を参照されたい．

（2）研究拠点化を目指したトップダウン式の競争的資金は功を奏したか

前項で競争化，重点化政策の予算の推移についてその特徴を指摘したが，以

表11-3 科学技術関係予算の推移と競争的資金，非競争的資金，ならびに科研費等の推移

(単位：億円)

年度	1997	2001	2005	2009	2013	2017	2019	2020	2021
予算合計	30,026	45,841	40,404	50,462	44,768	44,564	57,370	92,213	41,414
競争的資金	2,158	3,265	4,672	4,912	4,091	4,279	4,366	4,354	6,300
当初予算割合	7.2	9.4	13.1	13.8	11.3	11.9	10.3	9.9	15.2
科研費	1,122	1,580	1,880	1,970	2,381	2,284	2,372	2,374	2,487
科研費外	1,036	1,685	2,792	2,942	1,710	1,995	1,994	1,980	3,813
非競争的資金	27,868	37,500	31,482	41,697	36,351	35,337	47,939	82,688	35,114

(注) 非競争的資金の2020年度補正予算には第3次補正の「グリーンイノベーション基金事業（2兆円）」及び「10兆円規模の大学ファンド（0.5兆円）」を含む．2021年度の競争的資金は2021年3月時点の数値である．なお，2009年度，2012年度，2019年度は1次補正が例年より大きい．

(出所) 内閣府政策統括官科学技術政策・イノベーション担当「平成24年度　補正予算案（科学技術関係予算）について」，科学技術・学術政策研究所「科学技術指標　2021　統計集」，科研費予算額は日本学術振興会の公表値を基に著者作成．

下ではいくつか大学等の研究拠点化促進を目的とした公募型競争的資金の採択状況について示しておこう.

　日本の研究拠点政策は, 拡充化政策ではなく競争化・重点化政策によって進められた. 科学技術基本計画でいえば, 第2期の2001年度以降に当るが, 米国の研究大学構想にならって産学連携を推進すべく, 21世紀 COE プログラム政策が2002年度以降取り組まれた. 文部科学省「21世紀 COE プログラムの成果」(2006年8月) によれば, 年度予算14年度182億円, 15年度334億円, 16年度367億円, 17年度382億円, 18年度, 378億円, 採択実績93大学274拠点, 国立大学が7割強を占めた. 各年度の申請件数と採択件数・採択率は**表11-4**の通りで, 競争倍率は4-11倍である.

　なお, 後継のグローバル COE プログラムは2007年度から2009年度までについて示せば, 申請延べ326大学741件, 採択140拠点, 延べ採択率18.9%, 競争倍率は4-16倍であった.

　また, 文部科学省による「世界トップレベル国際研究拠点形成促進プログラム」が, 2007年度から国際研究拠点形成促進のための事業費補助金 (2022年度の公募情報によれば, 年7億円／10年70億円を上限とする) として取り組まれた. その当該プログラム委員会の公表では, 応募・採択件数は**表11-5**の通りで, 実に競争倍率は5-9倍であった.

　以上の数値が示していることは, 研究拠点化プログラムに採択されなかった研究機関がどういう事態にあるのか, 実情を調べなくてはいけないが, トップダウン型の統制的競争的資金で競争環境を煽れば, 研究拠点は育まれるどころではなく, 採択されなかった機関は研究への抑制状態を続けることになる. 研究拠点形成促進というものの, 各研究機関が創意と意欲をもって拠点形成計画を作成, 応募したにせよ, 採択率は数%程度である. 科研費の平均採択率が20%台でその底上げが期待されているが, この研究拠点形成促進プログラムはそれをはるかに下回る採択率である. これでは実績において相対的に抜け出た一部の研究拠点しか支援されず, 多くの機関が外れる. 日本の研究政策・資金政策は, 研究現場の意向をくんで拡充し未来志向で組織化するものになっていない.

(3) 科研費配分額の推移と学術研究環境の格差構造

　表11-6は, 21世紀に入ってからの科研費の予算額, 新規応募件数, 採択件

表11-4　COE プログラムの応募件数，採択件数・採択率及び競争倍率

公募年度	応募大学／件数	採択大学／件数	採択率	競争倍率
2002	163／464	50／113	24.4	4.1
2003	225／611	56／133	21.8	4.6
2004	186／320	24／28	8.7	11.4

（出所）　文部科学省パンフレット「21世紀 COE プログラムの成果」（平成18年 8 月）を基に筆者作成.

表11-5　国際研究拠点形成促進プログラムの応募・採択件数・採択率及び競争倍率

公募年度	応募件数	採択件数	採択率	競争倍率
2007	33	5	15.1	6.6
2010	9	1	11.1	9.0
2012	15	3	20.0	5.0
2017	15	2	13.3	7.5
2018	13	2	15.4	6.5
2021	7	1	14.3	7.0
2022	16	3	18.8	5.3

（出所）　文部科学省「世界トップレベル研究拠点プログラム採択拠点の決定について」（平成19-30年度）を基に筆者作成.

　数などを示したものだが，2000年代，予算額は増え，採択件数も増えて，採択率も上昇したが2010年代に入ると，予算額は2000億円台の前半で頭打ちとなり，10万件を超える応募件数に対して，1 件当たりの平均配分額を減らすことで凌いでいる．これでは研究現場の配分にしても減額されることになる．こうした配分措置をしていても，採択率は20％台後半止まりである．

　実に年々研究者登録人数は増え，この10年で18万人から29万人へと1.5倍になっている．つまり，それだけ研究者も増え，潜在的に研究課題も増えている．しかし，研究資金の新規配分総額は800億円台前半で推移し，これに対応していない．採択率を保つために，先に指摘したように 1 件当たりの配分額を圧縮し，1 件当たり400万円程度から300万円程度に減少させることで対応している．伸び拡がろうとしている研究現場，研究者社会は放置されているのが現状である．なお2021年度の応募件数が減っているのはコロナ禍が影響していると考えられる．表11-6 は，科研費配分結果の状況を当該年度の研究者登録人数をあわせて示した．なお，e-Rad が稼働したのは2008年以降である．

　現実的ではないとの誹りを受けるかもしれないが，参考に専任教員 1 人当たりの科研費配分額の平均値を機械的に算定してみた．算定した国立大学では，

表11-6　科研費予算額の推移及び応募・採択件数・採択率等及び1件当たり配分額
　　　　の推移

年度	研究者 登録人数	予算額 (億円)	新規応募	採択件数	採択率	新規・ 継続件数	1件当 (万円)
2001	－	1,580	83,548	17,400	20.8	37,268	423
2006	－	1,895	94,440	20,085	21.3	47,285	400
2011	188,433	2,633	91,737	26,170	28.5	63,721	413
2016	277,051	2,273	101,234	26,676	26.4	75,290	301
2021	291,951	2,487	95,208	26,550	27.9	83,973	296
2021／2001比		1.57	1.13	1.52		2.25	

（出所）　日本学術振興会「科学研究費助成事業（科研費）科研費データ」を基に筆者作成.

旧帝大系は約350-440万円／採択率約35-40％，これに対して地方国立大系は約
60-70万円／採択率約22-24％であった．私立大学では，大規模私学で約150万
円超と数10万円半ばに二極化，採択率は応募件数によるが30％台半ばと20％台
に分かれた.

　これらの研究資金に見られる格差は，大学等の学術領域の性格，例えば理工
系の学術領域の研究資金は相対的に機材を含め必要経費はかかるという傾向が
ある．もう一つ明らかなのは採択率の高低，国公立の違いにあり，こうした研
究環境の格差構造は，日本の高等教育政策における大学の「機能別分化」，端
的には種別化と連動しているともいえる[13]．仮説的ではあるが審査の実績主義
優位ないしは審査体制の偏りがこうした情況を常態化させていると見られる.
実に科研費の平均採択率は20％台半ば前後の低水準で事態は一向に省みられな
い．この20数年の予算の配分状況を見ても，競争的資金の2000年代の拡充確保
の一方で，非競争的資金が横ばい，じり貧状態にあることが，日本の科学技術
関係の予算的措置の脆弱性につながっている.

4　格差構造を打開する政策策定と民主主義

　先に指摘したように，2021年度以降の第2期科学技術基本計画時から基盤的
経費を抑制し競争的資金増やして競争化による重点配分を行われてきた．そし
てまた，COE プログラムなどが開始された．これは研究拠点づくりによる米
国仕込みの研究大学構想である．しかしながら，配分額は前記から示されるよ
うに，差し詰め日本においてこうした構想を適用しても，政策化に包含しうる

大学等は限定的で，米国並みの研究大学の水準には達していない．

　学術研究活動はそれぞれの研究者，研究拠点ごとに実にさまざまで定型的ではなく代替可能というものでもない．したがって，研究成果につながるように学術研究を深めるためには当該研究拠点の努力が欠かせないが，研究資源が不足していたのでは十分な成果を望めるはずもない．

　それだけでなく，研究成果の創出には国内外に広がる科学者コミュニティとの連携・研究交流，すなわち学協会の年次大会における研究報告，学術雑誌などの媒体を通じた研究交流を介した研究間の相乗作用（触発）が欠かせない．学術研究は普段からの研究者間の連携の厚みと共に裾野の広さがなくては，有意な研究成果は生まれえない．こうした部面をないがしろにした事態が続けば，競争化・重点化によって一部拠点は研究資金配分の恩恵に与ることはできたにせよ，研究環境の格差が進行し学術研究を支える基盤の広がりと厚みは構築されず脆弱化を免れないだろう．

　これまで研究にかかる資金は財政的抑制によって基盤的経費が漸減され，またボトムアップ型の科研費の採択率も改善されず，しかも採択率の極めて小さいトップダウン型の競争的資金によって政府に統制されてきた．こうした状況にあるにもかかわらず，経済安全保障推進法の法制化に象徴されるデュアルユースすなわち軍事研究志向のトップダウン型競争的資金は拡充されており，その額は将来5000億円に達すると報道されている．これは科研費補助金のボトムアップ型の競争的資金の総額をはるかに上回り，日本の学術研究の民生志向のあり方に転換を迫るものともなる．

　戦後日本の社会は，そして学術界は，戦前の軍国主義的あり方を省みて第二次世界大戦後に仕切り直しをした．だが，上述のような競争的資金の予算化，学術研究現場への選考採択による配分が進むとなると，軍事優先の学術研究のかつての現れ方とは違いはあるとしても，新たな形でのその再来となる恐れがある．予算化される資金額の規模[14]に照らせば，資金獲得を目指す企業，研究開発法人，大学が出現し，民生志向の研究開発に対してデュアルユース志向の研究開発が，産学官連携によって推進され強化されようとしている．必ずしも学術界に軍事研究への雪崩的シフトが起こるとはいえないが，この点の歯止めをどうかけられるか，学術界の意思と態度が試されている．

　国内には政策科学部や政策学部，総合政策学部を設置している大学，政策関連の学科を置いている大学を含め，数えてみるとその設置数は50を優に超え

る．その点では政策の科学化ということが学として根付いてきている．しかし，その一方の政策が形づくられる議会や行政府等の現場では，ステークホルダーの圧力と行政権優位，またマイノリティを数で圧倒する「政治力学」という「力の論理」がまかり通っている．政策策定の科学化，民主主義が図られているとは言い難い．

　日本の科学・技術政策を依然として道半ばというより道遠しといった事態にある．歴史を省みて，未来をどう構築するのか，あるいはまた，新たな志をもって構築することなしに学術の基盤を醸成し，より一段高みに昇りえるのか．研究機関・研究室の個別的な研究過程はしばしばねじられ抑制される．こうした事態を解決するには政策決定のマクロ的歴史的社会過程が未来への道筋をどうつけるのかといった視点が欠かせない．研究現場のミクロ的生活過程がどう前進するのかもそこにかかっている．

　　注
　1）　総理府「科学技術研究調査報告」，文部科学省「科学技術要覧」，総務省の労働力調査をもとに算定．米国は J. W. Kendrick, "Productivity Trends in the United States", 1961による．日本の研究者数は企業，大学，公的研究機関等の研究者数．米国 のそれは，エンジニアと化学者を合わせた数で，他の自然科学者は入っていない．
　2）　旧・科学技術基本法の第1条の目的条項には，「科学技術（人文科学のみに係るものを除く．以下同じ．）の振興に関する施策の基本となる事項を定め，科学技術の振興に関する施策を総合的かつ計画的に推進することにより，我が国における科学技術の水準の向上を図り，もって我が国の経済社会の発展と国民の福祉の向上に寄与するとともに世界の科学技術の進歩と人類社会の持続的な発展に貢献すること」と記されている．
　3）　調麻佐志「世界大学ランキングの決まり方：順位は算出方法しだい」（2016年）によれば，《現在，世界大学ランキングとして，上海交通大学作成の世界学術ランキング（Academic Ranking of World Universites： ARWU），Times Higher Education（THE）誌 作 成 の World University Rankings, QS 社 作 成 の QS World University Rankings の三つが広く知られている．ARWU は，特にランキングの基となるスコア構成要因の90％は他の条件が同じであれば大学規模に比例するよう定義されている．仮に旧七帝大が合併して一つの大学となれば「世界一」の大学となるような仕組みを有する．》という．THE 及び QS のランキングも，最大のスコア構成要素に評判 reputation が入っている．
　4）　「研究力低下」の言説の元は，Web of Science（トムソン・ロイター）もしくは

SCOPUS（エルゼビア社）の調査である．この調査における被引用度論文調査の対象すなわち論文引用データベースの収録範囲は，1万1000以上の学術雑誌，世界81カ国，約250の学術分野を網羅しているという．日本の指標が低い要因に，日本発の学術雑誌は5％に満たず，日本語論文は対象外，また日本の研究者は国際共著数が相対的に少ないことがある（文部科学省・科学技術政策研究所「日本の科学研究力の現状と課題 ver. 4」（2016年11月））．

5）　安倍政権時代の閣議決定「日本再興戦略──JAPAN is BACK─」（2013. 6. 14）は，「今後10年間で世界大学ランキングトップ100に10校以上を入れる」ことを成果目標として掲げた．

6）　参考に，主要国の「労働力人口（単位万人：2020年）」と日本のそれを1.0とした場合の相対比を示しておく．中国は78,392万人／相対比11.1，米国は16,074万人／2.33，日本は6,902万人／1.0，ドイツは4,352万人／0.63，英国は3,393万人／0.49である．

7）　特定研究大学（仮称）制度検討のための有識者会議が2016年1月に発表した審議まとめ．

8）　知識経済というワードはピーター・ドラッカーの著作『断絶の時代』（原著1968年，林雄二郎訳，ダイヤモンド社，1969年）に登場する．そして，『イノベーションと企業家精神』（原著1985年，上田淳生ほか訳，ダイヤモンド社，1985年）で，新しい知識が多様なイノベーションの生起に重要であるとの見解を示した．また，ダニエル・ベルは，『脱工業化社会の到来』（原著1973年，内田忠夫ほか訳，ダイヤモンド社，1975年）で，財貨の生産経済からサービス経済へと移行しているとして，理論的知識がイノベーションの源泉において中心的役割を果たすとして，知識生産のための要として大学をあげた．

9）　この辺りの経緯について，天野郁夫は，「構造改革の方針の2番目の柱は，『民間的発想の経営手法を導入』することです．実は戦前から，国立大学を法人化すべきだという長い議論がありました．大学という教育研究の場が強い自主性を持っていることが，その背景にあります．大学には学問の自由や大学自治が重要で，その時々の政府，あるいは議会の言い分に従って予算の変更等が行われたりしては問題であるという考え方です」と記している（天野郁夫「国立大学の構造改革」『21世紀フォーラム』(81) 2002年1月刊）．

10）　米国の研究大学の事情について次の論稿の整理を紹介しておく．木村千恵子『産業活性化と産学連携に関する研究』（大阪市立大学大学院創造都市研究科博士学位論文，2011年）によれば，米国型の研究大学構想は，研究資金獲得額，財政基盤，学生への支援，教員の実力，大学院の評価，学部生の学力評価など，全般で実力を有している大学を上位の研究大学として位置づけられたものだという．そして，米国研究大学の競争優位の源泉は，①政府のイニシアティブによる競争的資金，②ガバナンスが機能し且つ競争的な組織体制，③それらを支えるファンドシステムに集約でき，ブッ

シュ・パラダイムに始まる政府による長期的視野にたった基礎研究への資金投入，米国のこれまでの歴史の中で社会全体に競争的システムが導入されてきていることを背景とした効率的体制，その中で根付いた直接金融のノウハウを活用した基金運用にあると指摘している．

11)　経済産業省産業技術環境局「主要国の産官学の資金の流れ」「我が国の産業技術に関する研究開発活動の動向——主要指標と調査データ——」2021年11月．

12)　①2001年度以降の科学技術関係予算の合計値が4兆円台になっているが，これは4000-5000億円規模の都道府県・政令都市分が含まれ，トリックともいうべき数字で水増しされていることに留意すべきである．

　　②科学技術関係予算は科学技術基本計画の第1期から第2期にかけて増額され，それと共に競争的資金も基本計画の第1期から第2期にかけて増え，さらに2005年度以降を含む第3期基本計画以降競争的資金は4000億円台に達し，その後は横ばい状態が続いている．

　　③ただし，科学技術関係予算総額は2009年度に5兆円台に達しているが，リーマンショック関連「経済危機対策」名目で1兆3465億円規模の一次補正や，比較的大口では文部科学省6562億円，経済産業省3449億円，厚生労働省2307億円，農林水産省400億円が計上された．ただし，のちに民主党政権下，4000億円程度が執行停止となった．文部科学省関連での項目は「世界最先端研究支援強化プログラム（研究者最優先の研究システム）」2700億円，「大学等における教育研究施設・設備の高度化・老朽化対策の推進」1589億円，「地域の産業構造の変革」695億円などが予算化された（文部科学省「平成21年度補正予算における科学技術関係経費（速報値）」）．

　　記載を割愛した2012年度も5兆円台に達しているが，「復興・防災対策」，「成長による富の創出（民間投資の喚起，中小企業・小規模事業者対策等）」，「暮らしの安心・地域活性化」の三分野を重点とした，1兆212億円規模の一次補正が計上された．比較的大口では文部科学省7431億円，経済産業省1518億円，総務省640億円，農林水産省234億円が計上された．

　　なお，2019年度以降コロナ禍対処を目的とした，一過性の積み増しが行なわれてきている．上記の**表11-3**には2021年度，例年の1.5倍あまりの競争的資金が掲げられている．だが，これは当初予算のみで実は補正予算がある．「競争的研究費制度（令和3年度当初予算額・補正予算額，令和4年度当初予算額）」によれば，上記と数字が多少異なる当初予算6353億円に加え，補正予算7803億円が掲げられている．端的にその特徴を指摘すれば，科研費事業を除けば，その多くはコロナ禍対応であるが，応用開発の実用化，なかには対処的な事業もある．

　　④科研費については，第1期から第2期にかけて1000億円台の前半から後半に増額され，第3期で2000億円台前半に達し，民主党政権時の2011年度に2600億円が計上されたが，その後は2000億円前半の横ばい状態が続いている．

13)　大学の機能別分化の枠組み，一種の種別化は，2005年には中央教育審議会「我が国の高等教育の将来像」において，世界的研究・教育拠点，高度専門職業人養成，幅広い職業人養成，総合的教養教育，特定の専門的分野（芸術，体育等）の教育・研究，地域の生涯学習機会の拠点，社会貢献機能（地域貢献，産学官連携，国際交流等）として類型化されることになった．なお，これより遡ること1998年に大学審議会「21世紀の大学像と今後の改革方策について―競争的環境の中で個性が輝く大学」において，「社会的要請」に対応した「多様化・個性化」，機能的には，教養大学，専門職業大学，生涯学習大学，研究大学等に類型化する施策が示されている．

14)　例えば，安全保障技術研究推進制度の近年の採択状況，すなわち大規模研究課題：1件当たり最大20億円／5年に研究開発法人や民間企業を中心に応募・採択されている．

第12章
「安全保障技術」研究と学術界の立ち位置

　日本の科学技術政策「科学技術基本計画」が1996年度より5年度ごとに策定されている。その政策文書における「安全保障」概念の出現は以下のようになっている。第1期：記載なし、第2期：食料安全保障、国の安全保障、第3期：テロ等の安全保障、国家の総合的な安全保障、第4期：エネルギー安全保障、第5期：国家安全保障と、それぞれの各期の基本計画において出現し、「安全保障」概念出現の頻度は増している。

　目下の状況を政策部面からその特徴を指摘するならば、いくつかの政策が重なり合いつつ、学術研究を統合的に束ねて動員しようとの局面に差し掛かっているといえる。いくつかの政策が重なり合っているというのは、安全保障技術研究推進制度は2015年度に始まるが、2022年には、経済安全保障推進法ならびに国際卓越研究大学強化法が法制化され、2023年には日本学術会議の運営・組織問題についても一定の措置がとられようとしている。

　この章では安全保障技術研究を取り上げ、日本の軍事研究問題について科学・技術政策の部面から検討する。

1　研究開発モデルのせめぎ合い

　経営学におけるビジネスモデルのように、研究開発モデルというものを考えてみることができる。

　これまでの研究開発のあり方・性格をモデルとして整理すれば、民間企業や大学等が進める民生型研究開発モデルと、第二次世界大戦期のマンハッタン計画に代表される軍事型研究開発モデルの二つがあげられよう。

　今日の競争政策の起点ともいうべきヤング・レポート「世界的競争　新しい現実」(1985年) に見られる政策は、民生型研究開発モデルに類するといえるが、これ以降、ことに21世紀になって東アジア地域の経済成長に触発されてパルミサーノ・レポート (2004年) が策定され、アメリカではグローバル市場で

の競争優位を目論むイノベーション型研究開発モデルが産学官連携によって追
求されるようになった．

　日本での主たる研究開発モデルは，戦後日本が保持してきた憲法九条下での
民生型ないしはイノベーション型の研究開発モデルであるが，基礎研究を手掛
かりとした学術研究型研究開発モデルも上げられよう．

　しかしながら，「冷戦体制」後の1990年代頃から，地域紛争やテロ攻撃，軍
事的覇権の構造化を背景としつつ，デュアルユース型研究開発モデルも展開さ
れるようになった．なぜこのようなデュアルユース型が推進されるのか．一つ
には，米国では軍事予算が抑制され，民生用の研究開発費が伸長する状況下
で，軍事技術が民生用の情報通信や無人自動化技術などの技術を軍事転用する
ことで実現される高度なシステム技術の性格を際立たせてきている事情があ
る．こうした部面をいち早く実践に移したのは，他ならぬ米国である．確かに
デュアルユースは直訳すれば両用ということであるが，その実態は民生用技術
をいかに軍事技術へ利用するかというところにある．こうしたデュアルユース
型研究開発モデルは，米国が世界の覇権を握り続けようとする国際戦略，経済
覇権，技術覇権と重なり合って進められているともいえる．この影響は日本に
も現れている．政府は集団的自衛権を認める安保法制を2015年法制化し，安全
保障技術研究推進制度を防衛装備庁の下で推進するようになった．これはいう
ならばデュアルユース型研究開発モデルで，研究開発面での日米連携を図るも
のともいえるだろう．

　以上を概括すれば，民生型研究開発モデルと軍事型研究開発モデルとがせめ
ぎ合っていると特徴づけられる．

　こうした部面は国々の予算構造にも反映されている[1]．米国政府の研究開発
予算は，国防総省が50％強を占め，米国の国立科学財団のそれは 4 ％程度，教
育省は0.3％に過ぎない．これに比して日本政府の科学技術関連の予算のうち
65％程度は，文部科学省の科学技術関係予算が占め，防衛省のそれは3.5％で
ある．日米の予算構造は，両者の予算枠組みのカテゴリーは多少異なるが，米
国は軍事偏重で，日本は民生中心で，正反対ともいうべき状況にある．

　ところで，欧州の NATO 加盟国はどのような状況にあるのか．英国の防
衛関連の研究開発費の枠は幾分大きいものの17.2％，ドイツに至っては 5 ％で
しかない．米国情報が日常的に多い日本から見ると，米国がグローバル・スタ
ンダードのように見えるが，米国は特異な状況にある．近年の軍事 (国防) と

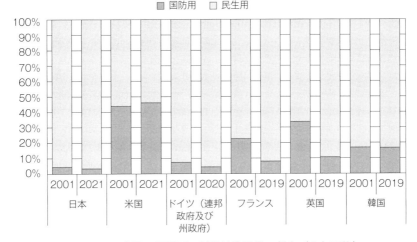

図12-1　民生用と国防用の科学技術予算の割合（3年平均）

（出所）　科学技術・学術政策研究所（NISTEP）「科学技術指標　2022」.

民生の研究開発費（科学技術関係予算）の主要国の状況は**図12-1**に示した通りである．日本政府は安全保障技術研究推進制度を導入して，ファンディング・システムの異なるアメリカのデュアルユース型研究開発のあり方に倣い，拡充させようとしている．

2　デュアルユース型研究開発モデルと防衛計画大綱

　先に指摘したように，2015年，政府は安保法制を成立させた．ここに到る日本の防衛政策の道筋について概略すれば，1999年に周辺事態法が成立し，2005年度以降の防衛計画大綱には「抑止重視」から「国際貢献」というワードを伴って「対処重視」が書き込まれた．民主党政権下での2011年度以降に係る防衛計画大綱では「動的防衛力」を掲げた．その後，自公政権下において2014年度以降に係る防衛計画大綱では「統合機動防衛力」へと転回した．2014年，これまでの安全保障会議を改編して米国を模した国家安全保障会議を設置し，その翌年には，前述した国際的な有事に集団的自衛権で外国の軍隊と共同で対処することを認める安保法制に行きついた．これは専守防衛を超えて場合によって先制攻撃をも認めるもので，憲法とは異なる「戦争法」であると批判が

ある.

　さて，この2014年度以降に係る「防衛計画大綱」(2013.12　国家安全保障会議決定，閣議決定) の「Ⅴ 防衛力の能力発揮のための基盤」の項には「7 研究開発」が特記された.

　　　安全保障の観点から，技術開発関連情報等，科学技術に関する動向を平素から把握し，産学官の力を結集させて，安全保障分野においても有効に活用し得るよう，先端技術等の流出を防ぐための技術管理機能を強化しつつ，大学や研究機関との連携の充実等により，防衛にも応用可能な民生技術 (デュアルユース技術) の積極的な活用に努めるとともに，民生分野への防衛技術の展開を図る. 以上の取組の目的を達成するための防衛省の研究開発態勢について検討する.

　要するに，「研究開発」をキーワードとして防衛力の整備について，最新の科学技術情報を踏まえて民生技術の取り込みを図るために，産官の結集，特に大学との連携が書き込まれた. これまでには見られない新たな政策であった.
　こうして2015年安保法制の成立と共に「安全保障技術研究推進制度」の導入へと至った. なお，2019年度以降に係る防衛計画大綱では「多次元統合防衛力」が謳われ，軍事的「研究開発」をさらに深化させる「技術基盤の強化」の項が書き込まれ，軍事研究の実効化を政策的に推進されている.
　さて，「安全保障技術研究推進制度」は，防衛装備庁のスタッフであるプログラムオフィサーが研究の進捗を管理する，軍事研究という指向性をもった「目的基礎研究」である. つまり，基礎研究とはいっても防衛装備品の開発を目途としている「委託研究制度」で，将来にわたって基礎研究分野にとどまるものではない. しかもその目的は防衛装備品の開発であって，仮想敵国の軍事力に対して際限のない「技術的優位」を掲げる，力の抑止論に立ったものである[2].
　「推進制度」の公募要領の注目すべき記述は，始まった当初の2015年度の公募要領にはなく，2017年度の公募要領に記載されるようになった「研究成果の公開」において，次のような文脈が赤字で強調され，しかも複数回示されていることである.

本制度の運営においては,

　・受託者による研究成果の公表を制限することはありません.

　・特定秘密を始めとする秘密を受託者に提供することはありません.

　・研究成果を特定秘密を始めとする秘密に指定することはありません.

　・プログラムオフィサーが研究内容に介入することはありません.

　防衛装備庁が推進制度の印象を変えるべく新たな対応に出てきたということであろう. 2016年11月, 日本学術会議の「安全保障と学術に関する検討委員会」に防衛装備庁のスタッフが説明者として招聘され, 委員会の審議は, 「研究の自由」,「研究成果の公開・発表」,「特定秘密の指定」などが大きな話題となって, 防衛装備庁が問いただされた. これが契機となって, 防衛装備庁は同年暮れにこれらのうちの前者3点を公示したのだった. そして防衛装備庁は2017年度公募要領に上記のように併せて4点を強調し明示した. そのねらいは, 推進制度における研究活動においては研究の自由・公開が阻害されるのではないかという, 研究者の疑念が払拭されると考えたからであろう. なお付言すれば, 推進制度は応募対象の第一位に大学・研究機関を上げている. そして, 大学・研究機関等に所属する研究者が気兼ねなく推進制度に応募できるように, 基礎研究で研究の自由を妨げるようなことはないのだと文章を整備し, 中には大学・研究機関には「軍事アレルギー」があるのだと評する見方もあるが, これを和らげて「安全保障技術研究推進制度」に参加させようとしたのだった. なお, 後述するように, 大学・研究機関に所属する研究者に健全な学術研究を志向する傾向があることを, 「軍事アレルギー」と見るのは適正な理解とはいえない.

　このように公募要領は記載しているものの, 2017年6月閣議決定の「科学技術イノベーション総合戦略2017」の「③ 国家安全保障上の諸課題への対応」における「[B] 重きを置くべき課題」には, 「これら科学技術情報は, 安全保障を維持していくため, 大学や中小企業を含めた研究開発主体等において適切な管理がなされるよう, 支援・指導していく必要がある」と, 科学技術情報の管理の支援・指導が謳われている. この記載からすれば前記の推進制度の4点がこのまま保証されているとは言い難い.「安全保障技術研究推進制度」は限りなく軍事研究に近い.

表12-1 応募／採択状況

年度	大学等		公的研究機関		企業等		合 計	
	大規模	小規模	大規模	小規模	大規模	小規模	大規模	小規模
2020	1/ 0	8/ 3	15/ 5	25/ 6	19/ 10	52/ 7	35/ 15	85/ 16
2019	1/ 2	8/ 2	18/ 2	15/ 8	31/ 17	28/ 7	50/ 21	51/ 17
2018	0/ 2	12/ 4	3/ 5	9/ 6	16/ 11	33/ 8	19/ 18	54/ 18
2017	1/ 4	21/ 1	5/ 5	22/ 4	12/ 8	43/ 8	18/ 17	86/ 9
2016		23/ 5		11/ 2		10/ 3		44/ 10
2015		58/ 4		22/ 3		29/ 2		109/ 9

（注） 1 スラッシュの前者は応募課題件数，後者は代表・分担を合わせた採択機関数.
（注） 2 大規模は大規模研究課題，小規模は小規模研究課題のことで，採択機関数はそれぞれの研究課題の分担を含む機関数を積算した. 小規模は二種のタイプがあるが合わせた機関数とした. なお，2017-2020年度の大規模タイプ S は最大 5 カ年度で最大20億円，小規模 A タイプと C タイプは最大 3 カ年度で前者は年間あたり最大3900万円，後者は最大1300万円である. 2016年度は年間あたり最大3000万円と1000万円の二種のタイプがあり，2015年度は年間あたり最大3000万円であるが，共に小規模とみなした.
（出所） 防衛装備庁「安全保障技術研究推進制度」のデータを基に筆者作成.

3 学術研究型研究開発モデルの政策的推進
——日本学術会議の「2017年声明」——

　こうしたデュアルユース型研究開発モデルの防衛装備庁の委託研究推進制度の登場を受けて，日本学術会議は，2017年 3 月「軍事的安全保障研究に関する声明」を発した.

　その主な趣旨は以下の 4 点に整理できる. 第 1 に「近年，再び学術と軍事が接近しつつある中，……軍事的な手段による国家の安全保障にかかわる研究が，学問の自由及び学術の健全な発展と緊張関係にあることをここに確認し」，1950年と1967年の声明を継承するとした.

　第 2 に「科学者コミュニティが追求すべきは，何よりも学術の健全な発展であり，それを通じて社会からの負託に応えることである. 学術研究がとりわけ政治権力によって制約されたり動員されたりすることがあるという歴史的な経験をふまえて，研究の自主性・自律性，そして特に研究成果の公開性が担保されなければならない. しかるに，軍事的安全保障研究では，研究の期間内及び期間後に，研究の方向性や秘密性の保持をめぐって政府による研究者の活動への介入が強まる懸念がある」. 研究推進制度は「将来の装備開発につなげると

いう明確な目標に沿って公募・審査が行われ，……同庁内部の職員が研究中の進捗管理を行うなど，政府による研究への介入が著しく，問題が大きい」とした．

第3に「研究成果は，時に科学者の意図を離れて軍事目的に転用され，攻撃的な目的のためにも使用されうるため，まずは研究の入り口で研究資金の出所等に関する慎重な判断が求められる．大学等の各研究機関は，施設・情報・知的財産等の管理責任を有し，国内外に開かれた自由な研究・教育環境を維持する責任を負うことから，軍事的安全保障研究と見なされる可能性のある研究について，……技術的・倫理的に審査する制度を設けるべきである．学協会等において，それぞれの学術分野の性格に応じて，ガイドライン等を設定することも求められる」．

第4に「研究の適切性をめぐっては，学術的な蓄積にもと，科学者コミュニティにおいて，一定の共通認識が形成される必要があり，個々の科学者はもとより，各研究機関，各分野の学協会，そして科学者コミュニティが社会と共に真摯な議論を続けて行かなければならない」．

この日本学術会議声明は，ほぼ1年間にわたる学術会議が設置した「安全保障と学術に関する検討委員会」によるものである．検討委員会の審議では，関連の研究者や政府・防衛装備庁関係者を参考人として招致し検討した．そして，これに関する「中間まとめ」の提示，学術フォーラムの実施等を行ない，しかも配布資料・会議録を公開して，公開性と透明性を確保し民主的な審議に努めたものである．

こうした検討委員会の取り組みもさることながら，総会を中心としたオープンな議論ならびに，おそらく第一部・部会がもっとも早かったと思われるが，各部会の論議が検討委員会をサポートしていたことに留意しておく必要がある．いわば，科学者コミュニティ，ここでは学術会議の総会・部会・分科会の取組みがその中枢の議論のありかたを支援していた，世論づくりに貢献していたと評することができる．

4　日本学術会議の見地・態度の根底

日本学術会議の発足は1949年1月，発会式の初代会長・亀山直人の式辞を一部示す．

　　如何にしてこの苦しい日本の現状を改良し得るであろうか．我々は理智
　　（Wisdom）を動員し，合理的（Rational）な思索を実行して有力ならしむる
　　より他にないと思う．合理は科学である．科学に依ってのみ日本は救われ
　　る．……それは研究室のみのものではなく，行政にも，産業にも生活にも
　　反映浸透させなければならぬ．誠に科学は有力である．然しこの力を搾取
　　と破滅に使ってはならぬ．平和と繁栄に役立てねばならぬ．

　ここには，科学を礎とする理智を研究室にとどまらせるのではなく，行政・
産業・生活に浸透させること，しかも搾取と破滅ではなく平和と繁栄に役立て
るのだという，日本学術会議法に掲げられた使命・目的が語られている．
　ついで，祝辞に立ったのは吉田茂総理の代理 殖田国務大臣である．そこに
は「時々の政治的便宜のための制肘をうけることのないよう，高度の自主性」
せいちゅう
が述べられ，学術（科学）の政治との関係について，干渉をうけない自主性が
あることを適切に指摘した．だが，吉田総理の式辞は次のようなフレーズでい
ささか異なっている．「日本学術会議は，科学振興のこのような国家的要請に
応えて，科学振興の具体的方策を樹立し，その実現を図るため，国家の重要な
機関として設立されたもの」であるとして，その使命・目的を「国家的要請」
という言葉にくるんでいる．政府代表が語る観点は国家主義的なものだった．
学術の側と政治の側のそれぞれの見地には拠って立つ世界性の違いが見られ
る．
　上に示した挨拶には，学術会議は学術の組織にふさわしい新しい地平に立っ
たが，政府は依然として戦前・戦時の意識から脱却していなかったのではない
かということが読み取れる．この観点の違いは，学術と政治とが将来にわたっ
てどう向きあうかを示したもので，科学を礎とした学術会議と国家主義に立つ
政権との構造的矛盾が見える．
　その違いの一端を，まず政権の側の代表，当時内閣総理大臣に就いていた吉
田茂の経歴に見る．吉田茂は第二次世界大戦の戦前・戦時，外交官や外務大臣
のキャリアをもつ．「合法満州権益」は実力に訴えてでも守るべきだとの意見
を持っていたが，とはいえ防共協定や日独伊三国同盟には反対したともいわれ
る．大戦の最終盤の1945年，「近衛上奏文」につながる「和平工作」を検討，
吉田邸に潜入したスパイによって近衛上奏への協力が露見し憲兵隊に拘束され
た．だが，この戦時中の投獄によって吉田は「反軍部」の和平派と見なされ，

GHQ（連合国最高司令官総司令部）の信用を得たとされている.

　こうして吉田は公職追放を免れて, 1946年に戦前の立憲政友会系の日本自由党（1945年結党）総裁となり, 大日本帝国憲法下の天皇組閣大命による最後の内閣総理大臣の地位に就いた. これには, 総裁有力候補の鳩山一郎が公職追放に遭い, 後継総裁に吉田を指名したことによる. 吉田は, その後1948年に結党された民主自由党総裁となり, 再び内閣総理大臣となる. この民主自由党は1950年分裂, 自由党を経て1955年保守合同で自由民主党となる.

　なお, 鳩山の公職追放は軍部の台頭に協力したためとのことである. この鳩山も, 1951年9月サンフランシスコ平和条約[3]の調印目前の1951年8月, 公職追放が解除され, 後に内閣総理大臣の任に就いた.

5　科学者の立ち位置と戦前・戦時の科学動員

　一方の学術の側は戦前・戦時においてどのような経験, 経緯を経てきたのか.

　日本の学術研究体制の起点は1879年創設の東京学士会院, これが1906年勅令で帝国学士院に改組された. これはやがて栄誉機関の性格を強めた. そうした矢先, 第一次世界大戦後に欧米を中心に国際学術研究会議が設立され, 日本でも1920年学術振興を図る学術研究会議が設置され, 国際学術研究会議に加盟した. この学術研究会議の会員は「学術研究会議ノ推薦ニ基キ」, そして会長を「総会ニ於テ会員中ヨリ之ヲ互選シ」と独立性が担保された.

　戦争への科学技術動員は第一次世界大戦期に始まるが, その後の展開は昭和の時代, 1927年の内閣付置の資源局である. 資源というと地下資源のような物的資源, また人的資源が浮かぶが, 科学も国家の資源として位置づけられた. 資源局下の資源審議会は1929年科学研究に関する一般方針を示し, 1933年資源局は「国家重要研究事項」を発表する一方, 同年発足した学術振興会は研究力の水準を引き上げるべく, 航空燃料, 無線装置, 宇宙線・原子核, 特殊用途鋼などに資金的バックアップをした. なお, 1931-37年の時期に国民精神文化研究所, 微生物病研究所（大阪大学）, 海軍技術本部, 陸軍航空技術研究所, 電気通信研究所（東北大学）などが設立されている.

　1937年盧溝橋事件を契機に日中戦争が本格化すると, 総力戦遂行のための戦時動員を策定する企画院が企画庁と資源局とを統合して設置された. そし

て，1938年国家総動員法が成立し，内閣に科学審議会が設置され，文部省は科学振興調査会を設置した．すでに学術振興会は「時局緊急問題」に取り組んでいた．前記の学術研究会議に対しても軍事的科学動員の要望が強まり，学術研究会議の戦時体制への再編が求められた．当初この再編は反発を招いていたけれども，結局，学術研究会議執行部はこれに呼応し，1941年改組された．

1941年5月，近衛文麿内閣は「科学技術新体制確立要綱」を閣議決定した．後継の東條英機内閣はこれを引き継ぎ，日米開戦の翌1942年1月，科学技術動員を推進する行政・審議機関として技術院を，加えて学術研究会議と密接に連携した科学技術審議会を設置するに至る．さらに1943年1月，文部大臣が「決戦体制下ニ於ケル科学研究ノ動員方策如何」を同審議会に提案，軍事動員をなお強化する方向に動く．

こうした展開の中で，改組・学術研究会議は1943年11月天皇の勅令による管制改正が行われ，会長は互選ではなく任命となって集権化を強めた．会員選考も「学術研究会議ノ推薦ニ基キ」を削除，「文部大臣ノ奏請ニ依リ学識経験アル者ノ中ヨリ内閣ニ於テ之ヲ命ズ」となった．学術研究会議の独立性は完全に排除され，天皇を頂く政権の下に統制されることになった．

学術研究会議に科学研究動員委員会を新設，内閣の研究動員会議と連携し，全国の大学を巻き込む研究班組織による大規模な軍事研究計画が作成される．この子細は割愛するが，超高速飛行機，電気兵器材料，化学兵器及爆発物，超音波ニ依ル潜水艦対策，原子核，戦時保健化学，航空医学，熱帯及寒地栄養，等々，多方面にわたる190有余の研究班が結成された[4]．ちなみに1938-45年の間に70近い試験研究機関が新設され，過半が大学付置だった．実に，これらの戦時科学動員の全貌は筆舌に尽くし難い，戦争遂行に協力する軍事研究であった．

戦後1949年の新たに組織された日本学術会議は，第1回総会で「われわれは，これまでわが国の科学者がとりきった態度について強く反省し，今後は科学が文化国家ないしは平和国家の基礎であるという確信の下に，わが国の平和的復興と人類の福祉増進のために貢献せんと誓うものである」と決議した．

実に，大日本帝国憲法は「大日本帝国ハ万世一系ノ天皇之ヲ統治ス」「天皇ハ陸海軍ヲ統帥ス」「天皇ハ戦ヲ宣シ和ヲ講シ及諸般ノ条約ヲ締結ス」「天皇ハ戒厳ヲ宣告ス」「日本臣民ハ法律ノ定ムル所ニ従ヒ兵役ノ義務ヲ有ス」等を記しているが，1949年の日本学術会議の発会に当っての総会の決議は，前述に紹

介したように，天皇を政治支配の権威の源泉とする体制の中で，科学者自身が戦前・戦時に軍事研究に駆り出され戦争に協力し，あってはならない経験を行い悲惨な境遇にあったことへの反省を出発点としていることが窺える．日本学術会議法にはその職務の独立性が法文として掲げられているが，その核心は学問の自由によるが，このような戦時における学術が置かれた事態への反省が基底となっている．

　なお，日本学術会議は1950年に「戦争を目的とする科学の研究には絶対従わない決意の表明」を，そして1967年には「軍事目的のための科学研究を行なわない声明」を発しているが，これらも前述のような反省を踏まえたもので，その延長線上にある．

6　日本学術会議の「声明」発信は功を奏したか

　日本学術会議の科学者委員会はそのフォローアップとして，2018年2–3月にアンケート調査を行い，その結果を同年4月に発表した[5]．調査対象は科研費交付金額の多い上位150位までの大学・研究機関を含む183機関，うち135機関から回答（回収率73.8%）を得た．国立研究開発法人等の回答は過半に満たず，調査への消極性が窺える．

　上記の調査によれば，学術会議声明を受けて「執行部で審議や報告をした」「理事会や評議会で行った」「検討組織を設置した」などの対応をしている．「とくに対応していない」と回答した機関は，大学が2割強なのに対し，研究開発法人等の研究機関では76.9%で多かった．また原則や方針，規則等を現状持ち合わせていないので「検討中である」と回答した機関が，大学では2割強に対して，研究開発法人等では「検討中」と回答したところはなかった．両者には組織体質に違いがあることを示している．そのことはアンケートの次のような設問の回答のあり様からも窺い知れる．

　つまり，日本学術会議の2017年3月の「声明」が「大学等の各研究機関は，施設・情報・知的財産等の管理責任を有し，国内外に開かれた自由な研究・教育環境を維持する責任を負うことから，軍事的安全保障研究と見なされる可能性のある研究について，その適切性を目的，方法，応用の妥当性の観点から技術的・倫理的に審査する制度を設けるべきである」との提起をしている．この点に関連して，この提起を契機に新たに審査制度を設けるのかどうかという設

問に対して，国公立・私立大学の3-4割が検討していると回答，「これを契機に設けた」を併せると国立大学では5割を超えている．これに対して，研究開発法人等では審査制度設置関連の回答はなかった．審査制度を持つことは研究開発法人にはなじまないというのだろうか．なお，「声明」発信の前から審査制度を設けていた機関が13.3％で，声明の発信をきっかけに設けた機関が12.6％，そして検討している機関が32.6％で，これらを合わせると6割近くに達している．

　また，興味深い回答は，防衛省の「推進制度」への応募を「認めたことがない」が75.5％，「ある」が22.2％であった．また「推進制度」への応募に関して何らかの方針（ガイドライン）や審査手続等を設けているかとの質問に，「方針や審査手続等は存在せず，検討もしていない」と回答した機関の73.2％が，「『安全保障技術研究推進制度』に応募する可能性は殆どないため，方針や審査手続等を検討する必要はない」と回答していることだ．この点，方針や審査手続等がない状況からすれば，無防備のように見られるが，当該大学の学部・学科の性格などからして，「推進制度」には距離があり，検討する必要はないとも受け取れよう．

　さて，この間の安全保障技術研究推進制度の採択件数は，大学等についていえば，2019年度大規模研究Sタイプに筑波大学が採択されたが，大学等の応募件数は初年度の2015年度58件から2018年度は12件，2020年度は9件に減少している．公的研究機関の応募件数は年度によって半減した年度もあるが，3年度目の2017年度から大規模型の研究費が公募されたことから，公的研究機関や企業等の応募・採択件数が増えた．大学の応募が減る中で，採択傾向は矛先をかえつつ安全保障技術研究の常態化が進行している．

　ところで，大学等は，上述に紹介したアンケートに見られる対応をしているが，安全保障研究に対する大学等に見られる姿勢には，次のような部面もある．

　①一応方針・手続き等が定められていても担当理事（公選ではなく任命制）の意向に一任されて，専決事項になっている，②恒常的な審査委員会はないが，課題が提示されれば急遽審査委員会を設定するものの，基本的な考え方等の規則はなく裁定の仕方を含めその委員会によって判定する，③一応研究理念・研究活動の規定などあるけれども，大学の任務は「社会貢献」にあるといったような「大義名分」の名のもとに認める，④軍事的な色彩があるとはいっても

「国民の安全・安心」にかかわるとすれば，大学としてはこれに応えないわけにはいかない，といった考え方で，「安全保障技術研究推進制度」を含む軍事的色彩をもつ研究資金制度を一概に反対できない，といった見解もある．

　周知のように，政財界は大学等に補助金制度や委託研究推進制度等の研究資源を充てて，連携・共同をつくり深めようとしている．一方の大学等においては，外部資金を獲得しようとの仕組みが研究組織内につくられ，組織的に取り組みが行われている．つまり研究者は研究目的を設定して研究活動そのものの質を評価するのではあろうが，一方でどれだけ外部資金が獲得できたのか，そこに研究活動の評価軸を置く「拝金主義的」ともいえる傾向が，この間の研究資金の重点化・競争化が強まった競争的資金政策の中で醸成されてきている．最近話題の東京大学の大学債の発行企画もその一つといえる．そしてまた，「安全保障技術研究資金制度」は「基礎研究」の領域に属する制度だから「明白な軍事研究」ではないのだとして，研究資金を確保しようとする姿勢が，研究開発法人や大学に見える．裏返して言えば，それは「新しい軍国主義」づくりに知らず知らずのうちに参加するものでもある．

　先に学術と政治の世界性に違いがあることを指摘したが，さまざまな自然や社会の真理性を究める学術の側は，その視野を多様性，国際性（international）を旨として活動する．政治の側も，国際連合のような機関では多様性，国際性を旨とするが，一国の社会を統治しようとする政治（政府）の側においては，どちらかといえば，単一性，自国性（domestic）を旨として振舞う傾向が強い．とはいえ，人々が国内において異なる多様な見解をもつことは市民的権利である．この市民の意見をどう尊重し，政治的に実行しえるのか，問題となる．

　上述のような整理からすれば，概して学術と政治は本来的に性格の異なる部面を持っているといえる．日本学術会議のようなナショナルアカデミーは国内に位置し，政治機構の関係性からいえば，政府・政権党とは容易ならざる位置にある．しかし，真理性を究める学術の本領を発揮させるには，日本学術会議法に記されているように日本学術会議の職務の独立性を政治の側が認めることが欠かせない．

　かつての1950年の「戦争を目的とする科学の研究には絶対従わない決意の表明」と1967年の「軍事目的のための科学 研究を行わない声明」は，日本学術会議の単一的な意思として提示されているが，2017年の声明は，「大学等の各

研究機関は，施設・情報・知的財産等の管理責任を有し，国内外に開かれた自由な研究・教育環境を維持する責任を負うことから，軍事的安全保障研究と見なされる可能性のある研究について，……技術的・倫理的に審査する制度を設けるべきである．学協会等において，それぞれの学術分野の性格に応じて，ガイドライン等を設定することも求められる」，そして「研究の適切性をめぐっては，学術的な蓄積にもとづいて，科学者コミュニティにおいて，一定の共通認識が形成される必要があり，個々の科学者はもとより，各研究機関，各分野の学協会，そして科学者コミュニティが社会と共に真摯な議論を続けて行かなければならない」としている．日本学術会議のこの2017年の声明は科学者コミュニティに対して，大学等の研究機関の自律性を尊重し，単一的にその意思の表示を要請しているわけではない[6]．

注
1）　なお，上記の数値は，日本は2017 年度概算要求における科学技術関係予算，米国は2011 年の各省庁の研究開発費，英国は2014年の社会的・経済的目的別の政府研究開発費，ドイツは2016年のドイツの社会的・経済的目的別の政府研究開発費による．

2）　防衛装備庁「装備品の研究開発の方向性」によれば，「一歩先んじた技術力の保持，『技術的優位』の確保のため，将来の研究開発の指向性を示す技術戦略のあり方について検討を進めます」とある．

　　また，「平成29年度　公募要領本冊」の「1.安全保障技術研究推進制度の概要　1-1.制度の趣旨」において，「我が国の高い技術力は，防衛力の基盤であり，我が国を取り巻く安全保障環境が一層厳しさを増す中，安全保障に関する技術の優位性を維持・向上していくことは，将来にわたって，国民の命と平和な暮らしを守るために不可欠です．とりわけ，近年の技術革新の急速な発展は，防衛技術と民生技術のボーダーレス化をもたらしており，防衛技術にも応用可能な先進的な民生技術，いわゆるデュアルユース技術を積極的に活用することが重要となっています．

　　安全保障技術研究推進制度は，こうした状況を踏まえ，防衛技術での将来における研究開発に資することを期待し，先進的な民生技術についての基礎研究を公募するものです」と書き込まれている．

3）　発効は1952年4 月である．GHQ の占領が終わり日本の主権が回復されると同時に，日米安全保障条約が発効し外国の軍隊（米軍）の駐留を認めた．

4）　青木洋「第二次世界大戦中の科学動員と学術研究会議の研究班」『社会経済史学』72（3），2006年．

5）　日本学術会議「『軍事的安全保障研究に関する声明』についてのアンケート 結果報

告」を参照されたい：https://www.scj.go.jp/ja/member/iinkai/gunjianzen/pdf/results.pdf.

6）参考情報1．統合型研究開発モデルを推進する「統合戦略2019」には「大学支援フォーラム PEAKS」なる組織のことが書き込まれている．この PEAKS 第1回会合（2019年5月）は，30を優に超える大学，産業界，政界の関係者等，60名余の出席があったとされる．この会合は，《大学における経営課題や解決策等について具体的に議論し，イノベーション創出につながる好事例の水平展開，規制緩和等の検討，大学経営層の育成を進める》ことを目的として掲げ，「改革」を推進するものである．

　　また，2018年末以来，産学官の重要な役割を担う人物を組織した「採用と大学教育の未来に関する産学協議会」には，2030年を見据えた採用形態のあり方，産学官連携のアクションプランが記されている．

　　参考情報2．「統合イノベーション戦略」の政策文書の「目標達成に向けた施策・対応策」には，総合戦略に続き他の省庁と並んで防衛省も書き込まれている．同戦略推進会議の構成員は，議長の内閣官房長官，議長代理の科学技術政策・内閣府特命担当大臣，副議長の IT 政策担当大臣や宇宙，海洋，知財などの内閣府特命担当大臣や防衛大臣とともに，その他すべての国務大臣が含まれている．なお，同戦略の推進会議下の「イノベーション政策強化推進チーム」には，チーム長の内閣総理大臣補佐官をはじめとして，内閣府政策統括官，内閣官房内閣審議官，科学技術・イノベーション担当の内閣府大臣官房審議官，IT や宇宙・海洋・知財などの各戦略本部の事務局長，各省庁の大臣官房審議官等に並んで，防衛省防衛装備庁技術戦略部長もメンバーとして入っている．

　　参考情報3．2022年6月16日，自民党国防議員連盟は提言「産官学自一体となった防衛生産力・技術力の抜本的強化について」を首相に手渡した．「技術が戦場を支配する」で始まるこの提言は，次の四つからなっている．1）研究開発費を，今年度の約3000億円から来年度以降は少なくとも5000億円以上，5年以内に1兆円程度に増やすこと．2）防衛生産力・技術力に関する戦略策定，研究開発については米国の DARPA のような研究開発の司令塔となる組織の新設．3）産官学自（自衛隊）の連携を可能とする体制の構築．4）持続可能な防衛産業の構築．

第13章
学術研究を抑制する科学技術政策の国策化

　学術は何のために，科学は何のためにあるのか．あらためて基本に立ちかえってこの問いを考えることが大切になる時代を迎えている．何といっても2020年10月の日本学術会議の会員候補任命拒否問題，それを契機とした日本学術会議の存在と独立性を脅かしかねない，政権与党と政府による論点のすり替え，すなわち日本学術会議の「在り方」を変質させようとする「法改正」問題である．それだけではない．これはコロナ禍の中でいささか隠れてしまった感もあるが，イノベーション創出の活性化を主軸にしようと科学技術基本法の改正も2020年行われた．この改正は，これまでの基本計画の政策化，また学術への焦点化など，イノベーション政策へと転じたその既定路線に合わせるものだったが，こうも簡単に基本法と銘打つものが変わるのかとの印象を持つ．加えて，例えば，教授会の機能を弱める大学のガバナンス改革を内容とする学校教育法の改正（後述参照）など，学術をめぐる環境は制度改編によって統制が引き起こされようとしている．

　現況は大学をイノベーション研究やデュアルユース型研究へ取り込んで，国際政治戦略色を伴った経済的，軍事的覇権の道具に学術を供しようとしている．求められるのは，政治と経済の民主的コントロールを行い，学術をどう受けとめ擁護するかということにある．

　科学を国家の資源と位置づける政策は20世紀の二つの世界大戦を前にして産業科学から政府科学，なお言えば国家科学へとシフトした．その末路は人命の殺戮と国土の破壊であった．このような20世紀の世界大戦の再来はあってはならない．

　科学技術基本法や科学技術基本計画は，科学・技術を資源と見て，これをどう方向づけるか，重大な法制度・政策である．資源というと研究成果，研究資金・インフラ，研究人材に目が行きがちであるが，真理探究の要となる研究の自由・独立性が保たれているか，研究現場の制度・環境，気風も欠かせない．

　以下において，これまでの日本の科学技術政策はどのようなものだったのか

を考察する．一つは1995年に法制化された科学技術基本法とその後の科学技術基本計画の展開をどう見るか．二つは安倍政権以降に始まった大学ガバナンス改革によるイノベーション型研究，デュアルユース型研究に大学等を取り込む制度や提言において，政界・経済界は学術をどう位置づけているのか．三つは学術と政治・経済における日本固有の問題，すなわち日本の学術研究，その礎としての学術研究基盤は，端的に言えば途上性をもつが，どのような状況にあるのか．総じて学術のあり方，学術と社会との切り結び方について考える．

1　学術と政治の行き違いと学術研究環境の格差構造

　日本の学術研究環境の水準，指標はどのような段階にあるのか．こうした点を考慮して，科学・技術政策は策定される必要がある．本書11章では，研究者数の水準の遅れや国公立研究機関の研究資金面での相対的劣位等について指摘した．したがって，こうした部面に留意した政策化が行われなくてはならないが，はたして日本の科学・技術政策，端的には科学技術基本計画はどのような方向性，政策的指針を示したのか．以下ではこうした点に留意しつつ，振り返ってみる．

　1996年度以降の第１期科学技術基本計画では，基本法の理念を反映して主として研究開発基盤，知的基盤といったインフラ整備に力点を置いた．だが，それは事の一面で，基本方向は「研究開発資源を重点的に投入」することで，「経済フロンティアの拡大や高度な社会経済基盤の整備に貢献し，新産業の創出や情報通信の飛躍的進歩などの諸課題に対応する独創的・革新的な技術の創成に資する科学技術の研究開発を推進する」という，科学技術を道具化し経済社会を拡充するものであった．

　2001年度以降の第２期科学技術基本計画は，その基本的性格となる研究開発の分野・領域の重点化，研究資金の競争化を具現化した[1]．確かに科学技術振興費は基本計画策定前に比すれば増えたが，それは基礎研究の拡充ではなく，しかも国立大学の法人化に伴う運営費交付金の抑制，「評価」にもとづく傾斜配分は大学等を学術行政に迎合させ，それら機関の独立性を侵すものだった．

　日本の「研究力」が相対的劣位，すなわち学術論文数の減少，被引用数（注目度）の低下となっていることが近年話題となっているが[2]，これは前記の重点化・競争化，国立大学法人化等の結果で，第２期基本計画に始まったこの20年

表13- 1　大学等の科研費配分の分布（2019年度）

1 機関数当たり配分総額	機関数	％
100億円〜250億円	3	0.2
50億円〜100億円	4	0.3
10億円〜50億円	29	2.1
1 億円〜10億円	196	14.5
1 千万円〜 1 億円	491	36.3
100万円〜 1 千万円	542	40.1
100万円以下	87	6.4
計	1352	100

（出所）　学術振興会の資料を基に筆者作成.

有余の政策に原因があるといってよい.

　こうした政策が進行したのだが，実際のところ研究力を左右する競争的資金の一つ，科研費の配分状況を見てみよう．その実相は日本の科学技術政策の重点化・競争化の推進がいかに偏在し，学術の基盤どころか学術の基調を掘り崩す，日本の学術行政の基本的性格を現わしている.

　日本学術振興会が公表している大学等の「研究者が所属する研究機関別採択件数・配分一覧（2019年度）」によれば，科研費配分額のトップ機関は採択3995件を数え，約220億円（間接経費含む）を取得し，そのトップ機関の 1 割相当の配分額を取得している機関は16機関（国立大13校，私立大 2 校，研究所 1 機関）で総採択機関数に占める割合1.2％に過ぎない．その一方で採択 1 件にとどまったのは227機関で同16.7％，採択 2 件にとどまったのは130機関で同9.6％，これらを含む採択 5 件以下は568機関で同42.0％，100件以下の場合は1205機関で同89.1％である．この100件以下の各機関の配分総額は 3 億円未満， 5 件以下の各機関の配分総額は 1 千万円を超えるところもあるが，ほとんどは数百万円，なかには数十万円というところもある.

　このように重点化・競争化の科学技術政策の恩恵にあずかるのは，一部の研究機関でしかなく，多くの研究機関は対象から外れる．このような事態になっているというのでは，日本の科学・技術政策は空回りしているともいえる．為政者はこれで日本の学術はステップアップすると考えているのだろうか．これが科学技術基本法下の科学技術基本計画の実態である．基本計画と称するが科学技術を掲げる基本政策にはなってはいない．重点化による競争政策は，研究助成の審査は短期的な実績重視の成果主義的な面が強く，研究環境の格差を固

定化する．これでは学術の水脈は細り学術の地盤沈下をもたらし，多くの機関は機能を発揮しえない事態になる．

　こうした論文生産と研究費の配分についてドイツとの比較を行った文部科学省の科学技術・学術研究所の分析がある．その分析から言えることは，日本の論文生産数は，上位の大学は遜色ないが，6位以下はドイツに比してその減り方は激しく，そして論文生産数の低下傾向は研究費の配分状況とほぼ比例していることである．これは明らかに研究助成政策に問題があることを示している．ドイツの場合，ドイツは10位台でトップ校の2分の1程度，40位程度の大学でもトップ校の5分の1程度ある．これに対して日本の場合，上位の10位台でトップ校の10分の1程度，40位では20分の1にも満たない．米英との比較でもほぼ同様で，日本の競争政策による格差状況は欧米の比ではない．

　日本の学術基盤の改善策の一つとして研究助成の水準をせめてドイツ並みにすることを考慮すべきであろう．この2021年3月決定された第6期科学技術・

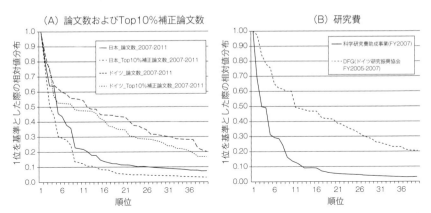

図13-1　日本とドイツの大学システムにおける研究活動の量的規模と質的規模の相対値分布（左図）と研究費の分布（右図）

（注）　論文数および top10%補正論文分数：分数カウント法による集計，トムソン・ロイター社　Web of Science（SCIE, CPC1-5）を基に，科学技術・学術政策研究所にて集計．科学研究費助成事業：研究機関別分配状況一覧より研究者が所属する研究機関別採択件数・配分額一覧（平成19年度新規採択＋継続分）を用いて集計．なお，平成19年度科学研究費のうち，「症例研究」を除く研究課題（新規採択＋継続分）の当初配分について分類したものである．

　　　DFG：Funding Ranking 2009 institutions-Regions-Networks, Table 3-2：Ranking analysis of the 40 HEIS with the highest volume of DFG awards 2005 to 2007 by funding program を用いて集計

（出所）　科学技術・学術政策研究所「研究論文に着目した日本とドイツの大学システムの定量的比較分析――組織レベルおよび研究者レベルからのアプローチ――」（2014年12月）

イノベーション計画には「切れ目ない支援」や科研費「新規採択率30％」と記されているが，2020年度の採択率27.4％台を幾分引き上げるものでしかない．なお，近年，ファンドづくりを含む新たな資金政策が解禁になった．だが，こうした規制緩和は，先に指摘した研究助成による研究環境の格差，国立大学の運営費交付金や私学助成の傾斜配分の上に，さらに科研費の間接経費（科研費のうちの30％の機関配分額）の活用による上位校と中・下位校との資金格差をもたらす．また大学債の発行はスポンサー次第で学術の産業化（科学の商品化）への道を進む恐れもある．なおまた，国との関係を再定義し「自律的契約関係」にするというが[3]，国立大学法人化の半官半民性を利用して資金政策で「経営体」（後述参照）に誘導するものである．

2　国策化したイノベーション型・デュアルユース型研究政策と統制される学術研究体制

　前述のように，日本の科学技術基本計画は第2期に重点化，競争化を本格化させ，「技術革新」なるワードも登場した．2006年度以降の第3期には「イノベーター日本」なるキャッチフレーズとともに科学技術政策はイノベーション創出の色合いを強め，2011年度以降の第4期には「科学技術イノベーション」政策と定型化され，科学技術の成果をイノベーションにつなげ，産業経済に資するものとして推進されるようになった．

　こうした政策のシフトを現わしているものに次のようなプログラムがある．第2期基本計画時に文部科学省の研究拠点形成 COE プログラム[4]が推進されたが，第4期基本計画時ではイノベーション創出 COI プログラム[5]が立ち上げられ，プロジェクトリーダーは企業，研究リーダーは大学所属の研究者が務めるという，産業界が主導し研究者が協力するスタイルに移行し，主導権は学術の側から産業の側へと転じた．

　また，文科省資料「競争的資金制度の変遷」[6]によれば，省庁の研究推進事業は2003年度26制度，2007年度37制度，2013年度20制度で，そのうち継続的に推進されているものは科研費の他トップダウン式の戦略事業を含め6制度で，制度自体の多くに持続性がなく，トップダウン式のもので占められている．制度として持続性があるものも，個々の研究費は数年の短期的なものであることに変わりない．

　こうして重点化・競争化の推進路線は2010年代にこれをさらに具現化させる大学ガバナンス改革が説かれ，基本政策上の日本学術会議の位置づけを変えた．これにかかる大学改革政策の端緒は2005年の中央教育審議会答申「我が国の高等教育の将来像」で，教育，研究とともに「社会貢献」を大学の役割として「第3の使命」としたことに始まる．その後，学校教育法も同趣旨に従って改正され，第4期科学技術基本計画で「科学技術イノベーション」の一体化政策が掲げられた．

　しかし，これらは基本的な政策上の明文化であって，科学研究と技術開発，産業的事業化のプロセスは，一体化政策とはいっても直ちに結び付くものではなかった．そこで，経済界・政府当局は，これらイノベーションへの連携を，法制度の改編と科学技術基本計画に織り込む挙に出た．すなわち，大学のガバナンス改革に焦点化した経済界の提言を受けて，これに政府・文部科学省が政策的措置で呼応した．

　政府は2014年5月，総合科学技術会議を総合科学技術・イノベーション会議に改組したが，文部科学省は通知（2014年8月29日付26文科高第441号）を発した．その冒頭には「人材育成・イノベーションの拠点として，教育研究機能を最大限に発揮していくためには，学長のリーダーシップの下で，戦略的に大学を運営できるガバナンス体制を構築することが重要である」と，イノベーション実現のための組織機構の改編を記した．また，2015年4月，改正・学校教育法・国立大学法人法は，教授会の役割を狭め「学長の求めに応じ意見を述べることができる」とし，学長の意思決定にゆだねる「集権的ガバナンス」へと改編した．なんとも驚くべきことに，法律が民主主義運営に規制をかける事態となった．

　その後の2016年度以降の第5期科学技術基本計画（2016年1月22日，閣議決定）は，その「第4章 科学技術イノベーションの基盤的な力の強化」の「知の基盤の強化」の項に，「①イノベーションの源泉としての学術研究と基礎研究の推進」の中で，「企業のみでは十分に取り組まれない未踏の分野への挑戦や，分野間連携・異分野融合等の更なる推進といった観点から，国の政策的な戦略・要請に基づく基礎研究は，学術研究と共に，イノベーションの源泉として重要である」と，学術研究における基礎研究を企業が進めるイノベーションに寄与するよう説いた．

　また，「総合科学技術・イノベーション会議は，他の司令塔機能（日本経済再

生本部，規制改革会議，国家安全保障会議，IT 総合戦略本部，知的財産戦略本部，総合海洋政策本部，宇宙開発戦略本部……等）や日本学術会議との連携を更に深める」（……は筆者による省略，以下同じ）と記し，日本学術会議の政策上の位置づけを行った．実に「大学改革」と「学術研究」のワードは，第４期基本計画では見られなかったが，第５期基本計画では９件と10件と登場するに至った．

3　経済界の政策提言，文科省政策に見る大学の位置づけ

　経済界の提言や政府の政策には，直接的な政策的措置も記されているが，それを超えて大学のマネジメント，あり方などに踏み込んだ見解も書き込まれるようになってきた．

　経団連（日本経済団体連合会）は「イノベーション創出に向けた国立大学の改革について」（2013年12月17日）の「経営組織体としての大学のあり方」の項で，次のような政策提言を行っている．

　「①企業のガバナンスを参考とした運営体制の強化，②企業など外部組織との連携強化，③社会的ニーズへの機敏な対応，④自らの強みの分析に基づくコアコンピタンスの明確化」など，「経営組織体としての機能強化」を企業経営から学び，高度人材や国際的に卓越した先端基礎研究の質・量，産学連携の社会実装を求めている．この根底には国立大学法人化の制度改編がある．

　ここに記されるコアコンピタンスというのは企業の強みを事業の選択と集中で構築する定型性をもつ競争分野のことである．これに対して，大学はさまざまな学生が集い，多彩な学問領域を究め学ぶことのできる，教育・研究を担う教員によって構成されており，多様性・非定型性にその本質がある．そして，大学は未来を担う多彩な研究課題を究めようとする若き研究者の養成に取り組んでもいるが，このような研究者養成は大学が上述のような性格をそなえているから可能なのである．大学が多様な志向をもつ学生に応える教育機能を前面に掲げ，これに多彩な研究テーマをもつ教員が研究活動を行うことで，大学はその役割を果たしている．これが大学に課せられた，他の機関では代替できない重要な機能なのである．

　大学を経営組織体なのだといって組織転換を説くのは，大学を道具化する，お門違いの見方であり，大学は企業とは性格が異なる．組織体のルールはそれぞれの適用範囲があり，その点の考慮が欠かせない．

　また，同文書には学長選挙の意向投票は「あくまで参考」であって学長選考委員会が選任すべきとか，「職務権限に基づく学長のリーダーシップの発揮」，「法人化を契機に教育研究の重要事項を審議する全学的審議機関が『教育研究評議会』となったこと」など，上意下達のピラミッド構造の運営方式を説く．これは大学のコミュニティが民主主義的運営の下に培ってきた蓄積を掘り崩すものである．産学連携は基本的に開発研究を指向するもので，基礎研究とはいっても目先の利益獲得に役立つ目的基礎研究の成果を学術研究に求めるものでしかない．大学に企業経営の学びを説くこの提言は産学連携どころか産に対する学の従順を説くものである．

　こうした言説は，2018年6月19日の経団連「今後のわが国の大学改革のあり方に関する提言」にもみられる．「大学が，自律的・持続的に維持・拡大できるだけの収益を上げるためには，大学は，知識産業としての経営感覚を身につける必要がある．そのためには，……外部の有能な経営者に大学経営に参画してもらうとともに，民間企業も含め幅広い分野から優秀な教員・研究者を集め，さらに彼らが自由に行き来できるような環境を整備し，人材の流動性を高めるべきである」としている．内容的には研究開発をこえて経営，人材交流など，産学連携を産学融合的な共同・交流へと転じさせている．その上で「大学は，……教育機関であるとともに，最先端の研究機関として知識産業のトップに君臨する存在とならなければならない」と，営利事業を旨とする企業と並ぶ産業体であることを説く．

　もはや企業の研究開発部門は地に落ちたのだろうか．恐らく経営環境をとりまく市場競争の厳しさから研究開発投資を節減したい，だが企業としては研究開発をやめるわけにはいかないので，大学の研究部門（研究者）を自身の下請けにして競争力を強めたいというのが本音であろう．

　確かに教育・研究を担う大学もサービス業の一形態で，その限りで知識産業体ともいえよう．だが，未知の発見に努め，さまざまな大学生の教育を担う大学の機能は，先に指摘したように，非定型的で個別的かつ多様性を極める．その基本は多彩な知的コミュニケーションで，企業が営利を目的として定型的な製品の生産・サービスを提供する事業とは異なる．知識産業ということで同列に置いて，企業と大学の組織機能を区別しないで同質化させるのでは，組織固有の特質を瓦解させる．この点を考慮しない「大学改革」は大学の根幹を揺るがすものとなる．学術を担う大学は，研究環境の整備，学問研究の自由・独立

性が欠かせない．

　さて，文部科学省・中央教育審議会の大学分科会将来構想部会「今後の高等
教育の将来像の提示に向けた中間まとめ」(2018年6月28日) は，さすがに「大
学経営」とはいわず「大学運営」と述べている．だが，国立大学法人化の下，
「経営力」「経営判断」「経営改善」などの言葉が散見され，経済界からの意向
を汲んだものになっている．

　そうした認識からか，本文書には「各大学が，企業との人材獲得競争という
意識を持って組織的・戦略的に学生に対する情報発信や優秀な学生の獲得を図
ること」なのだと，大学院への志願と民間への就職とを人材獲得競争だと同列
に並べる記載がある．文部科学省は未来を担う学生を育成する大学のミッショ
ンを忘れてしまったのかと驚愕させられる．

　今日の文部行政を担う官僚たちは，学術研究ならびに高等教育の整備，基本
的施策のあり方を見失ってしまったのだろうか．これでは，これまで文部科学
省が高等教育政策を国際的に見て低い水準に置き去りにしてきたことを見ない
で，大学にその責任を押しつけているという他はない．この間，大学教育はあ
いも変わらぬマスプロダクション教育に甘んじている．教育の質を上げ，人材
を輩出しようとするならば，現状を脱出するために国立大学の運営費交付金や
私学の公的助成を増やすことで，教育の質を向上させるために S/T（学生数／
教員数）比を押し下げ，学生の学びの質を高め，次代を担う研究者養成を抜本
的に改善するために，大学教員の数も増やすことが求められる．一方，民間企
業は依然として博士課程修了者の雇用に消極的である．第6期科学技術・イノ
ベーション基本計画には，この改善策と見られる記載もあるがはたして実現の
見通しはあるのだろうか．日本は構造的に高度研究人材を育成，活用する仕組
みになってはおらず，これでは日本の学術研究基盤は途上段階どころか脆弱性
を脱却できない．

4　政府・政権与党の学術（科学・技術）の見地

　もう一点，指摘したいことは，科学技術基本計画に見られる，国家的課題で
あればよいという狭小な国家主義的な政策，すなわち科学技術政策の国策化を
強めたことである．その概略を例示すれば，第1期基本計画はバブル経済後の
経済再興の国家的課題（ただし，第1期では「国の最優先課題」というような表現が1

カ所でてくるが，国家を付する用語は「国家公務員」のみ）が据えられていた．第2期基本計画には「国の姿」の具体的な方向性を示し，第1に「知の創造と活用により世界に貢献できる国」，第2に「国際競争力があり持続的発展ができる国」，第3に「安心・安全で質の高い生活のできる国」を記している．資源配分の対象は「国家的・社会的課題」「国家的に重要なプロジェクト」などのフレーズが見られる．

　第3期基本計画で新たに登場したのは「国家的な基幹技術」「国家的な長期戦略」で，第4期基本計画では「国家存立」「国家戦略」「国家安全保障」，さらに第5期基本計画では「国家戦略」「我が国の存立基盤」「安全保障」などのワードが見られる．第6期基本計画では，「国家的又は国際的な要請」と「国家的重要課題」なども見られるが，「国家戦略」が多用され，「国家間・企業間競争」とその関連で「覇権争い」「安全保障」の記載が目立つ．

　基本計画は経済再興を掲げた科学技術イノベーション政策の導入と共に，期を重ねるごとにその色合いをかえ，国家的・社会的課題から国家存立，国家戦略，国家安全保障へ，すなわち，国家的課題としての経済復興・安全保障へと移り，国家的課題意識，戦略目標など，国家色を強めた．

　多様な真理探求こそが拠って立つ学術の核心であり，それを礎に学術組織は汎用性をもって社会に応えられる．にもかかわらず，これは国家的枠組みで学術に介入する成果主義で，当座の役に立つ研究はピックアップされるものの，学術はやせ細っていびつなものとなってしまいかねない．

　このようなイノベーション研究の直接的契機は，官邸・政権与党の企図する，安倍政権以来の学術会議対応政策，また大学改革政策である．そして，これら政策がとられた背景には，21世紀に入っての中国を筆頭とする東アジア市場の成長，この新たなステージにおいて，自国優位を確保しようと技術的覇権や経済的覇権とともに軍事的政治圧力をともなった競争政策をとったことがある．勢い経済環境だけでなく国際的緊張が高められている．

　また，近年の国際緊張の中で軍事技術のハイテク化時代を迎え，民生用技術を軍事技術に取り込み高機能化を進めるデュアルユース政策が展開される．第12章で指摘したように，2015年の集団的自衛権の行使を可能とする安保法制の法制化は，米国を模した国家安全保障会議を設置し「武装平和」路線を強めた．安倍政権の「2014年度以降に係る防衛計画大綱」(2013年12月，国家安全保障会議決定，閣議決定)は，「統合機動防衛力」を掲げ，「研究開発」の項を特記し

た．「大学や研究機関との連携の充実」が記され，「安全保障技術研究推進制度」が具体化された．

　日本学術会議は2017年 3 月，同推進制度は政府による研究への介入，軍事目的への転用の恐れがあると声明を発した．この声明は大学等の制度応募への歯止めとなっている．

　「科学技術創造立国」が叫ばれたが，それは科学技術を創造することに力点があるというよりも，そもそも科学技術を手立てとして「立国」する国家的課題に力点を置いたもので，科学技術基本計画はその枠組みの中にある．

　「日本が世界において経済大国として存在感を取り戻す．……日本の外交力を高める上でも大事である．……イノベーションを通じた付加価値創造……，日本が培ってきた知恵を価値に変えることこそが，……重要な戦略」であると記している．このフレーズには学術を経済大国主義とそのための外交力の道具として利用するとの政権与党の意向が示されている[7]．国家はイデオロギー装置ともいわれるように，これでは政権与党の精神性の押し付けであろう．イノベーションは技術的・経済的な要因の相関によるが，現状は政治的要因がおおいかぶさり，学術が政治的覇権の道具として利用されんとしている．

5　学術研究体制の構造的問題の克服を展望して

（1）競争政策と学術研究基盤の途上性

　ヤング・レポート「世界的競争　新しい現実」と題する米国競争力政策がまとめられたのは1985年である．企業は研究シーズ（Seeds：種）を企業内の中央研究所ではなく，アウトソーシングする時代となり，企業をこえて大学をしてこれに奉仕させようという時代になった．「知識基盤社会」などとささやかれるが，それは端的には産学連携の推進が強化され，今や大学は知識産業，真の経営体への転換が迫られる時代となった．

　しかし，ここには構造的問題が横たわっている．変動為替相場制の円高ドル安の中，日本企業の海外生産比率は21世紀初め15％から2018年には25％に達して GDP を押し下げる要因になったといえようが[8]，科学技術基本計画は25年有余を数えるものの，日本の GDP はほぼ収れんしているといってよい状況にある．主な国の2001年／2017年の GDP（世界の総 GDP に対するシェア）は，米国：10.6兆ドル（31％）／19.5兆ドル（24％），中国：1.3（4）／12.0（15），EU：

9.0 (27)／17.3 (22) に対して，日本：4.3 (13)／4.9（6）である[9]．中国の比重が高まって米国圏や EU 圏のシェアは低減しているにせよ，欧米諸国は GDP の絶対量は確実に増やしている．

重点化・競争化，科学技術イノベーションの一体化政策，その後の大学ガバナンス改革，イノベーション研究・デュアルユース研究への学術研究の誘導，さらには学術研究の扇の要となる日本学術会議を取り込まんとの政府による政治介入，はたしてこれらの一連の科学技術政策は功を奏するのだろうか．競争政策は行き詰まりの道を歩んでいるのではないか．かつての日本の「高度経済成長」「経済大国」は途上国型の歴史状況での現象と見るべきである．そして，第11章で示したように，学術研究体制はいまだ課題を内包しており，途上性を脱しえていない[10]．

前記の科研費の配分状況と同様に，欧米諸国とは明らかな差がある．それだけではない．研究者数，ことに博士号取得者数 (2017年) は人口100万人当たり[11]，イギリス：376人，ドイツ：344人，韓国や米国などが続くが，日本は119人，しかも日本の博士課程進学者は近年漸減している．

皮肉なことに，科学技術基本計画施行後，大学等における教員等の研究活動に充てられる時間は低減している．文部科学省「大学等におけるフルタイム換算データに関する調査」によれば，大学等教員の職務活動時間割合 (**表13-2**参照) は，2002年に比して2018年は教育活動約 5 ％増，社会サービス活動約10％増に対して研究活動に充てられる時間が約13％減，相対的に 3 割減となっている．

日本の学術研究基盤がこうした状況にある中で，欧米との落差を埋めようと国立大学の再編・統合をともなう研究大学構想で対応していこうというのだろうが，一方でアジアの新興国は国内にボリュームゾーン市場を成長させ，中国のように未成熟性ではあるが欧米に匹敵する研究拠点をもつ新興国の存在もあ

表13-2 大学等教員の職務活動時間割合

年	研究活動	教育活動	社会サービス活動	その他
2002	46.52	23.7	9.8	19.9
2008	39.12	26.9	14.7	19.3
2013	35.02	28.4	19.1	17.5
2018	32.92	28.5	20.6	18.0

（出所）文部科学省「大学等におけるフルタイム換算データに関する調査」．

る．この複層的事態にどう向きあうのか．出口志向の目的基礎研究を国家的課
題なのだとして動員する競争力政策は，大学等の教育研究基盤に軋みをもたら
し，研究者養成もおぼつかなくなる．学術研究基盤が抱える構造的問題はさら
に深刻になろう．

　イノベーション論の創始者シュムペーターの指摘を待たずとも，利益を求め
る経済的過程としてのイノベーションと真理を探求する科学研究過程としての
学術研究とは，性格の異なるもので，両者を相関させると経済過程は科学過程
の成果を利用しはするが，学術本来の創造的活動を圧迫しかけない．

（2）学術とその社会的「実装化」との相関

　2020年の「科学技術・イノベーション基本法」への改正に当たって付帯決議
がまとめられている．改正された基本法の目的条項の記載において「科学技術
の水準の向上」と「イノベーションの創出の促進」とを並置していることか
ら，イノベーションの創出に偏重することのないよう両者のバランスに留意す
ることが付された．だが，基本法本体の第三条4項には「イノベーションの創
出の振興は，科学技術の振興によってもたらされる研究開発の成果がイノベー
ションの創出に最大限につながるよう，科学技術の振興との有機的な連携を図
りつつ，行われなければならない」と，イノベーションこそ最大限に創出する
よう図ることが記されている．これは学術とイノベーションとの相関を整理し
えていないのに，基本法の法改正まで「見切り発車」したことを表わしてい
る．

　なお，目的条項のことで指摘しておきたいことは，「科学技術・イノベー
ション創出の振興に関する施策を総合的かつ計画的に推進することにより
……，もって我が国の経済社会の発展と国民の福祉の向上に寄与するとともに
世界の科学技術の進歩と人類社会の持続的な発展に貢献する」とし，科学技術
とイノベーションは「寄与」と「貢献」に資するものであると記している．出
来上がった科学技術の成果は留意されるが，改正・基本法は新たに「学術」を
法文に登場させたものの，科学研究の要である「真理」には言及していない．

　この点で思い起こされるのは，日本学術会議が1962年，科学研究基本法の
法制化を提案したことだ．この科学研究基本法は，その目的・社会的任務につ
いて①真理の探求，②国民生活，人間の尊厳，世界平和，人類福祉，文化の
向上を憲法の精神に即した条文を掲げ，また環境条件として①科学研究の自

由，②科学者の自主性を記し，科学とその社会的貢献，科学研究と科学者の基本的なあり方を示した．科学研究基本法は，前述に示した科学技術基本法や科学技術・イノベーション基本法のスタンスとは異なる．科学を国家の資源と位置づけるならば，憲法の精神に基づいて教育の根本理念を規定した教育基本法と並ぶ科学（学術）の基本法があってしかるべきである．

　学術会議はかつて会員選出制度が政治主導で改編されるに当って，立法府や行政府は時々に改変することは避けられず，すなわち「政治的，行政的見地に規制されるから，とかく狭義の『国力』，『政治力』の維持，強化と結合しがちで」，「科学技術行政も先見性，長期性，一貫性を欠きがちになる」（「日本学術会議改革要綱」1982年）との見地を記した．日本の途上性はシステムとしての学術研究基盤のみならず政治的民主主義にもある．ときに日本学術会議を国の機関から外そうとの意が政府・政権与党から示されるが，これでは日本は途上性を脱しえない．事は民主的気風を醸成させ，学術の独立性を図ることである．

　実に学術は科学研究を基礎に人類社会のあり方を含め新知見を明らかにしてきた．地球温暖化，またコロナ禍など，私たちを取り巻く自然と人類社会の問題に，学術は向き合いその解決の手立てを探っている．真理を探求する学術の対象はきわめて多様で，とかく政治は国際関係では対抗的になるが，学術に国境はなく国際連携をその本性としている．学問の自由を擁護すると共に，人類の未来社会を拓く学術の独立性，その機能を発揮しえる社会であることが求められている．真理は人類社会が進むべき道標であり，学術がすたれば進路を見失う．

　注
　　1）　「重点推進4分野」はライフサイエンス，情報通信，環境，ナノテクノロジー・材料，「推進4分野」はエネルギー，ものづくり技術，社会基盤，フロンティアで，優先的に資源を配分する．
　　2）　文部科学省 科学技術・学術政策研究所「日本の科学研究力の現状と課題　ver.4」2016年．
　　3）　文部科学省「国立大学法人の戦略的な経営実現に向けて〜社会変革を駆動する真の経営体へ」2020年12月25日．
　　4）　文部科学省「大学の構造改革の方針」（2001年）に基づき2002年度開始．
　　5）　10年後の目指すべき社会像を見据えたビジョン主導型のチャレンジング・ハイリスクな研究開発を最長で9年度支援する．

6 ）　文部科学省 HP「競争的研究費改革に関する検討会データ集」に所収.

7 ）　当時・自由民主党知的財産戦略調査会会長甘利明他『INNOVATION ECOSYS-TEM』講談社，2018年 9 月.

8 ）　経済産業省大臣官房調査統計グループ企業統計室「第49回 海外事業活動基本調査概要 2018年度実績 2019年 7 月 1 日調査」

9 ）　内閣府政策統括官（経済財政分析担当）「世界経済の潮流　2018年　II」

10）　拙稿「学術にとってイノベーションとは何か」『学術の動向』2021年 5 月号.

11）　科学技術・学術政策研究所「科学技術指標2020」

あとがき

　今日立ちはだかっている地球環境問題をはじめ，これらの経済的，政治的，社会的諸問題は，どれも国境を超えて共有してこそ初めて解決の糸口を見出せる，まさに国際的諸問題である．しかしながら，一筋縄ではいかないのが現状である．そのうちの一つ，戦争というものは，国家（政府）が暴力で他国に侵攻し破壊し殺戮する行為を何がしかの理由を付けて正当化して行われるものである．こうした論理が国家間で横行するようになったのは，近代になって国民国家が形成され，第4章で触れたように勢力均衡論が当然視されるようになってからのことである．

　近代以降，「国民国家」へと国づくりをシフトさせてきたが，その国民国家がたどった道筋は概してナショナリズム，自国優位の保護主義的政策を推進する傾向が強く，競争，対立・分断へと向かう．武力行使，戦争行為は，国際法において禁止されているが，自国の意を実現しようと，兵器生産を行い軍事的暴力を発動して他国を圧倒しようとする戦争行為が，21世紀なっても歯止めがかかっていない．

　こうした事態を見るときに，国民国家という枠組みには限界があるように見える．国民国家の国家（政府）と国民との二層関係では国家権力が国民を凌駕し，すべては国家権力に委ねられる傾向が強い．これには国際機関の役割が十分に果たされず，国際紛争を回避するというふうには至っていない事情もある．国際政治の場面では，国際連合のような多様性，国際性を旨とする機関がある一方で，しかし一国の社会を統治しようとする国民国家の政治権力においては，単一性，自国性を旨として振舞う傾向が強い．国際関係を新たなステージへと展開して行くには国家間の「対等性」の認識が不可欠である．

　現代国際社会の矛盾をどのように解決するのか．このままでは，再び国家間，国家群間のブロック化を繰り返し，20世紀に世界大戦を引き起こしたように戦争を再来しかけない．先に指摘したように，国民国家における国家と個人の二層に分かれた社会構造を超えるには，社会を構成するすべての人々の尊厳が尊重され，文化的・社会的生活を享受しうる生存権に関わる公共性が承認されること，また社会を構成する多様な見解を保有する人々＝市民が，個人と公共，国家の三層構造を包摂する，さまざまな問題や課題を協力・協働して解決を目指すカルチャーが根付いていくことが求められると指摘されている[1]．す

なわち，「市民的公共性」，いうならば，政治の開放性・透明性の確保によって市民による集合的意思の決定が可能な社会・コミュニティの高揚が欠かせない．国民国家を人々の意思との関係でどう方向付けするのかが問われている．

実に，軍事技術という武力による問題解決，これは野蛮な手法ではたして人間的なものだろうか．そうした手法から，いかに人間的態度に裏打ちされた解決に移行することが求められている．筆者は，人間が手にした道具を二つ挙げろというならば，技術と言語を挙げる．人間の社会的活動は言動を基本としているが，最終的な解決の手立てとして技術にすべてを託す技術主義が何をもたらすのか，この問題性について考慮する必要がある．

ここまで国民国家の問題を戦争発動との関係で見てきたが，生命と生活必要な物資を調達するのに，何でも必要だとして産業技術に託すようでは，地球環境問題はもちろん資源問題も，戦争も克服できない．また，本書で示したように，産業化と都市化が感染症の蔓延を引き起こしているといってもよく，高度な情報通信技術として近年話題となっている生成系 AI は，人間性の根幹ともいうべき言語などの人間の身体性を媒介とした思惟活動を代替する機能をもつ．これは人間の自我意識，世界認識の形成に影響をもたらかねない技術である．

人類社会は，自身と地球的自然の持続可能性を展望し，地球的自然に生息する種の一つとして進むべき未来を構想し，まさに負うべき社会的責任を何かを考える時代となっている．「まえがき」で指摘した「複層的な課題」は，人類社会が引き起こした事柄である．ならば，人類の手によって解決しうる手立ても見つかるだろう．人類の出現から500万年，だが有史以来となるとたかだか１万年有余に過ぎない．産業革命期以降の200年有余の世紀は，「複層的な課題」にさいなまされている時代ともいえようが，未来を眺望した人類社会形成への新しい時代への転換期でもある．数百年どころか，数百万年持続しうる人類社会とはどういうものなのか，この課題は大いに考えてみる価値があろう．

2023年8月

著　　者

注
1）「日本の展望―学術からの提言　2010：提言　21世紀の教養と教養教育」日本学術会議　日本の展望委員会　知の創造分科会，「日本の展望―学術からの提言　2010：提言　現代における《私》と《公》，《個人》と《国家》――新たな公共性の創出」個人と国家分科会．

初 出 一 覧

　下記の章は初出の拙文を翻案したもので，下記に初出が記載されていない章は書き下ろしである．

＊第8章　制御技術の高度化と AI 時代の「到来」
　「AI の時代の「到来」考える」『建設労働のひろば』No. 109，5-14，2019年1月

＊第9章　産業化・都市化の進行と感染症の蔓延
　「感染症が21世紀を生きる人類に問うていること」『農業と経済』臨時増刊号，11-20，2020年12月

＊第11章　「研究力低下」を招いた競争資金政策
　「『研究力劣化』を招いた競争資金政策」『立命館経営学』第61巻第6号，1-25，2023年3月

＊第12章　「安全保障技術」研究と学術界の立ち位置
　「『安全保障』研究と大学の姿勢」『立命館経営学』第57巻第6号，1-25，2019年3月

＊第13章　学術研究を抑制する科学技術政策の国策化
　「学術研究体制の途上性を克服して学術の再生を」『経済』No. 309，101-112，2021年6月

《著者紹介》

兵 藤 友 博（ひょうどう　ともひろ）

1948年生まれ.
名古屋大学理学部卒業.
現在，立命館大学名誉教授.

主要業績

『揺籃の実験科学』（単著）ムイスリ出版，2022年.『科学と技術のあゆみ』（共著）
ムイスリ出版，2019年.『日本における原子力発電のあゆみとフクシマ』（分担執筆）
晃洋書房，2018年.『科学・技術と社会を考える』（編著）ムイスリ出版，2011年.
『技術のあゆみ』（共著）ムイスリ出版，2001年.『増補 原爆はこうして開発された』
（分担執筆）青木書店，1997年.『自然科学教育の原則とは何か』（単著）あずみの書
房，1991年.

現代産業社会の展開と科学・技術・政策
――人類社会形成の新しい時代に向けて――

2023年10月20日　初版第1刷発行　　　＊定価はカバーに
　　　　　　　　　　　　　　　　　　　　表示してあります

著　者　　兵　藤　友　博ⓒ

発行者　　萩　原　淳　平

印刷者　　藤　森　英　夫

発行所　株式会社　晃　洋　書　房

〒615-0026　京都市右京区西院北矢掛町7番地
電話　075(312)0788番(代)
振替口座　　01040-6-32280

装丁　尾崎閑也　　　　　印刷・製本　亜細亜印刷㈱

ISBN 978-4-7710-3790-8